Es werde Licht

ANMERKUNGEN

Die aramäischen Buchstaben auf dem Einband bedeuten: *nehweh nuchra*, „es werde Licht".

Das alte aramäische Symbol ⬥, das in diesem Buch jeweils auf der ersten Seite eines Kapitels erscheint, ist eine schriftliche Abkürzung des Namens Gottes *yah* für *yahweh*. Nahöstliche, assyrisch-christliche Schriftgelehrte setzen das Wort *yah* gewöhnlich an den Anfang eines heiligen Buches und auf die erste Seite einer heiligen Schrift oder eines Manuskripts.

Dr. Rocco A. Errico

Es werde Licht

Die sieben Schlüssel zur
aramäischen Welt der Bibel

VERLAG
H. J. MAURER

Titel der Originalausgabe:
Let There Be Light – The Seven Keys
ISBN 978-0-9631292-4-4
Erschienen bei Noohra Foundation, Smyrna, GA, USA
(www.noohra.com)
© 1994 by Dr. Rocco A. Errico

Deutsche Ausgabe:
© 2002 Verlag Hans-Jürgen Maurer
Alle Rechte vorbehalten

Aus dem Amerikanischen von Isabella Schneider und Adrian Bürgi
Lektorat: Mechthild Weber-Bahr
Redaktion: Hans-Jürgen Maurer
Korrektorat: Ruth Klingemann, Martina Klose
Einbandgestaltung: Peter Krafft

Verlag Hans-Jürgen Maurer
Frankfurt am Main
www.verlaghjmaurer.de

2. überarbeitete und erweiterte Auflage 2011

ISBN 978-3-929345-46-9

Katherine W. Procter
in Dankbarkeit gewidmet.

Danksagung

Ich bin verschiedenen Menschen zutiefst dankbar und möchte ihnen meine Anerkennung aussprechen:

Ms. Jeanne Marie Henigin danke ich besonders für ihre Hilfe, ihre Kommentare und Vorschläge.

Dem Vizepräsidenten der Noohra-Foundation, *Reverend Richard L. Hill,* danke ich für seine konstruktiven Hinweise.

Reverend Ann D. Milbourn, Frau Nell Clement, Frau Linetta Izenmann und allen Mitgliedern der Noohra-Foundation danke ich für ihre fortwährende Unterstützung, die dieses Buch ermöglichte.

Die aramäischen Wörter sind im Deutschen so gut wie möglich lautgetreu wiedergegeben. Ausnahme ist das „th", das wie im Englischen ausgesprochen wird.

INHALT

ANHANG

ABKÜRZUNGEN

TANACH – ALTES TESTAMENT

Gen	Genesis (1. Buch Mose)
Ex	Exodus (2. Buch Mose)
Lev	Levitikus (3. Buch Mose)
Num	Numeri (4. Buch Mose)
Dtn	Deuteronomium (5. Buch Mose)
Ri	Das Buch der Richter
1 Sam	1. Buch Samuel
2 Sam	2. Buch Samuel
1 Kön	1. Könige
2 Kön	2. Könige
Est	Das Buch Ester
Ps	Psalmen
Spr	Sprüche
Hld	Das Hohelied
Jes	Jesaja
Jer	Jeremia
Ez	Ezechiel

NEUES TESTAMENT

Mt	Matthäus
Mk	Markus
Lk	Lukas
Joh	Johannes
Apg	Apostelgeschichte
Röm	Römerbrief
1 Kor	1. Korinther
Phil	Brief an die Philipper
1 Tim	1. Brief an Timotheus
2 Tim	2. Brief an Timotheus
2 Petr	2. Brief des Petrus

1 Joh	1. Brief des Johannes
Jak	Der Brief des Jakobus
Off	Offenbarung
v. Chr.	vor Christi Geburt
n. Chr.	nach Christi Geburt
LB	Lutherbibel, revidierte Fassung von 1984
LB 1912	Lutherbibel, revidierte Fassung von 1912
EÜ	Einheitsübersetzung
KJV	King-James-Version

VORWORT

WIE ALLES BEGANN

Zehn Jahre lang war ich in der äußerst glücklichen Lage, Dr. George Lamsa (1892–1975), einen gebürtigen Assyrer, zum Mentor und Freund zu haben. Dr. Lamsa war nahöstlicher Theologe, Aramäisch-Experte, Bibelübersetzer und Ethnologe. Im Jahr 1957 veröffentlichte er seine englische Übersetzung des aramäischen Peschitta-Textes[1] der Heiligen Schrift.

Im August 1962 begann ich, alle veröffentlichten Werke dieses großen nahöstlichen Bibelgelehrten gründlich zu studieren. Ich leitete auch Kurse über die aramäische Sichtweise der Bibel und über bis heute unveränderte nahöstliche Bräuche.

Nahezu umgehend erhielt ich von verschiedenen Konfessionen Anfragen nach einem Lehrsystem, das den nahöstlichen, aramäisch-kulturellen Standpunkt kurz und prägnant darstellt. So entwickelte ich „Die sieben Schlüssel". Sie sind ein Grundkurs, der die Bibel durch nahöstliche Augen gesehen zeigt und damit zu einem umfassenderen Verständnis der Bibel führt. Seine Inhalte sind nicht auf die Interpretation einer bestimmten Konfession beschränkt. Gerade dieser Ansatz macht es Menschen, die keine biblischen Vorkenntnisse besitzen, leichter, die Aussagen der Bibel zu erfassen.

In den frühen 1970er-Jahren stellte ich dieses Programm in den USA, Kanada und Mexiko vor.

Schon nach der ersten Präsentation der „sieben Schlüssel" wurde ich mit Briefen und Anfragen überhäuft, das Seminarmaterial mit weiteren ergänzenden Informationen in Buchform he–rauszubringen. So entstand dieses Buch.

DER ZWECK DER SIEBEN SCHLÜSSEL

[1] *Peschitta*: siehe Glossar

Dieses Buch basiert auf meiner zehnjährigen intensiven Ausbildung bei Dr. Lamsa, meiner Kenntnis der aramäischen und hebräischen Sprache und meiner fortgesetzten wissenschaftlichen Arbeit auf dem Gebiet nahöstlicher Bibelstudien.

Obwohl sich dieses Buch von den historisch-kritischen und literarischen Methoden der heutigen akademischen Bibelanalyse unterscheidet, schließt es einige ihrer Erkenntnisse und Folgerungen ein. Die Informationen stammen jedoch zusammen mit neuen Daten aus meinem Seminarmaterial.

Die sieben Schlüssel verschaffen einen einfachen und direkten Zugang zur Heiligen Schrift. Sie sollen den Leser mit semitischen Bräuchen und semitischem Denken bekannt machen. Ich schreibe in allgemeinverständlicher Umgangssprache und vermeide theologische Fachausdrücke. Dieser Lehrgang baut eine Brücke, damit jeder in die nahöstliche Welt des Altertums eintreten kann.

Es ist nicht meine Absicht, den Leser zu irgendeinem Glaubens- oder Interpretationssystem der Bibel zu bekehren. Mein Ziel ist, einen alternativen Weg aufzuzeigen, den man im Erforschen und Studieren des Alten und Neuen Testaments beschreiten kann.

BIBELZITATE

Bibelzitate dieser deutschsprachigen Ausgabe sind der Lutherbibel, revidierte Fassung von 1984, abgekürzt „LB", und der Einheitsübersetzung, abgekürzt „EÜ", entnommen. Die wenigen Fälle, in denen auf die Lutherbibel von 1912 zurückgegriffen wurde, sind mit „LB 1912" gekennzeichnet. Einige Texte wurden aus der englischen King-James-Version der Bibel übersetzt und mit „KJV" gekennzeichnet. Die King-James-Bibel wurde im Jahr 1611 fertiggestellt, also 77 Jahre nach der ersten Ausgabe der Lutherbibel von 1534. Sie ist aufgrund ihrer großen sprachlichen Schönheit *die* klassische Bibelübersetzung ins Englische und bis heute auch die in der englischsprachigen Welt am meisten verbreitete. Obwohl die aus der KJV übernommenen Verse vorrangig Probleme behandeln, die in den deutschen Bibelübersetzungen nicht vorhanden sind, ist deren Erklärung doch auch für den deutschsprachigen Leser außerordentlich aufschlußreich.

Ich habe auch die Bibelübersetzung von Dr. George M. Lamsa benutzt: „The Holy Bible from Ancient Eastern Manuscripts"[2] und mit „Lamsa" gekennzeichnet. Bibelpassagen, die ich direkt aus den aramäischen Peschitta-Manuskripten, das heißt, dem Codex Ambrosianus (Altes Testament) und den Mortimer-Mc-Cawley-Rollen (Neues Testament) übersetzte, sind mit „Errico" gekennzeichnet. Verweise auf Zitate anderer Autoren erscheinen in den Fußnoten.

Es sei ausdrücklich betont, daß dieses Buch keine erschöpfende Studie, sondern ein durch nahöstliche Augen gesehener Panoramablick auf die Bibel ist.

ÜBER DIESES BUCH

Dieses Buch ist in zwei Teile und eine Einleitung gegliedert: Teil Eins, Kapitel 1 bis 7, entfaltet jeden einzelnen der sieben Schlüssel, indem er auf biblische Beispiele Bezug nimmt. Kapitel 8 bis 10 in Teil Zwei enthalten je einen Kommentar zu Versen aus dem Alten Testament und aus dem Neuen Testament. Ich wählte Verse aus, die in meinen Seminaren und Vorträgen am häufigsten hinterfragt wurden. Diese Kommentare illustrieren, wie die sieben Schlüssel auf die verschiedenartigsten Textstellen der Heiligen Schrift angewendet werden können.

Eine Kollision mit konfessionellen Interpretationen und theologisch-biblischen Verflechtungen versuchte ich so gut wie möglich zu vermeiden, was bei gewissen zitierten Textstellen jedoch nicht möglich war. Einige Bibelinterpreten haben zu bestimmten Versen gewaltige Dogmen und verwirrende Vorstellungen formuliert, nicht wissend, daß diese nur eine Redewendung, eine

---

[2] *Die heilige Bibel, nach alten östlichen Manuskripten,* siehe Bibliographie

Metapher oder einen Brauch enthalten.

Mein aufrichtiger Wunsch vor allem aber ist, daß die Lektüre dieses Buches Ihnen Freude bereiten möge. Möge es Sie zu weiterem Erforschen und größerem Verständnis der Bibel anleiten. Sein Material wird Ihnen helfen, die Tür zur antiken Welt der Bibel zu öffnen.[3]

---

[3] Siehe die Bibliographie für zusätzliche Studien.

Einführung

Brechen wir nun zu einem großen Abenteuer auf und begeben wir uns auf einem ungewöhnlichen Weg in die geheimnisvolle und oft schwer faßbare Welt des Nahen Ostens. Während wir durch die Seiten der Bibel reisen, werden wir, die sieben Hauptschlüssel anwendend, viele uns verwirrende Textstellen und rätselhafte Verse entschlüsseln und ihre unkomplizierte Bedeutung erkennen. Diese sieben Schlüssel ermöglichen dem Leser, die Schönheit und schöpferische Kraft der Bibel, wie sie nahöstliche Augen sehen, zu empfinden. Sie befähigen uns, wie die semitischen Autoren der Bibel denken und fühlen zu lernen. Durch die sieben Schlüssel werden die Beweggründe und Lehren der hebräischen Patriarchen, Propheten, Jesu und seiner Jünger lebendig.

Die sieben Schlüssel

Ziel dieses Buches ist es, unverständliche Bibelstellen, missverstandene Vorstellungen über den Gott Israels, die Lehren Jesu, die Menschheit und das Universum zu klären. Studieren wir die Bibel aus der nahöstlichen Perspektive, nehmen wir ein authentischeres und ganzheitlicheres Bild unserer selbst und unserer Welt wahr.

Die sieben Schlüssel überbrücken viertausend Jahre Geschichte. Folgen wir dem nahöstlichen Denken und seiner Anwendung der Zahl Sieben, ergeben sich folgende Schlüssel zur Bibel:

1. Die aramäische Sprache
2. Feststehende Redewendungen in der Bibel

DIE ZAHL SIEBEN

Bei den nahöstlichen Semiten haben alle Zahlen eine Bedeutung, die über ihren numerischen Wert hinausgeht. Die Zahl Sieben die heiligste aller Zahlen. Sie ist auch Teil ihrer alltäglichen Sitten, Bräuche und Gespräche. In der Bibel kommt die Sieben sehr häufig vor. In Genesis Kapitel eins zum Beispiel wimmelt es offen und versteckt von dieser heiligen Zahl.

Ein anderes Beispiel ist die Offenbarung des Johannes. Ihr literarischer Aufbau beruht auf Siebenfältigkeit, und in ihrer besonderen Bedeutung kommt die Sieben sehr häufig vor: sieben Kirchen, Engel (Boten), Ermahnungen, Leuchter, Siegel, Trompeten, Kugeln und so weiter.

Einige Forscher behaupten, der Gebrauch der Zahl Sieben habe in der Astronomie ihren Ursprung. Im Altertum kannte man sieben Himmelskörper: Sonne, Mond, Merkur, Venus, Mars, Jupiter und Saturn. Der jüdische wie der muslimische Kalender beruhen auf Mondphasen, und ihre Monate haben 28 Tage. Sieben ist ein Viertel dieser Einheit. In den Kulturen des Nahen Ostens bedeutet „Sieben" Ganzheit und Vollkommenheit. Diese Tradition aufgreifend, erarbeitete ich sieben Schlüssel für meinen Zugang zur Heiligen Schrift.

DER SEMITISCHE HINTERGRUND

Es ist sehr wichtig, das Umfeld, in dem die Bibel entstanden ist, zu kennen. Allzu leicht vergessen wir, daß die Heilige Schrift ein nahöstliches Buch ist, dessen Autoren und Redaktoren in erster Linie für semitische Menschen schrieben. Bildlich gesprochen

sind die biblischen und philosophischen Wahrheiten in nah-
öst–lichen Gewändern in die westliche Welt getreten. Allein diese
Tatsache ist für Bibelleser eine Herausforderung. Diesen Sach-
verhalt beschreibt Dr. Abraham M. Rihbany, ein libanesischer
Geistlicher und Autor, sehr prägnant in seinem Buch *Jesus aus
dem Nahen Osten*:

> „Meiner Meinung nach muss der westliche Bibelleser ler-
> nen, einfühlsam und verständnisvoll in die Atmosphäre ein-
> zutauchen, in der die Bücher der Heiligen Schrift entstanden
> sind, und sich sowohl intellektuell als auch geistig mit den
> Menschen des Nahen Ostens verbinden, die auf ihre eigene
> Weise ernsthaft versuchten, jenen geistigen Wahrheiten greif-
> bare Gestalt zu geben, die stets das kostbarste Erbe der
> Menschheit gewesen sind und es immer sein werden."[1]

Wir sollten immer bedenken, daß die Verfasser der Heiligen
Schrift für ihre Landsleute und nicht für uns, die Menschen der
westlichen Welt, geschrieben haben. Nichtsdestoweniger gelten
die ewigen Wahrheiten, die sie lehrten, der ganzen Menschheit.
Die nachfolgenden Abschnitte skizzieren kurz den Grundgedan-
ken eines jeden Schlüssels und wie diese Schlüssel die sogenannten Rätsel der Bibel erschließen.

DER ERSTE SCHLÜSSEL: DIE ARAMÄISCHE SPRACHE

Im Jahr 1943 veröffentlichte Papst Pius XII. die Enzyklika *Divino
Afflante Spiritu*, in der er die Notwendigkeit unterstrich, die Heilige Schrift aus den zu ihrer Entstehungszeit herrschenden Bedingungen heraus zu interpretieren. Die Enzyklika betonte die
Bedeutung des Studiums der biblischen Sprachen als eine solide
Grundlage für das Verständnis der Heiligen Schrift. Aramäisch
war die Muttersprache Jesu Christi. Im Jahr 1971 wies die rö-

---

[1] Rihbany, *Jesus aus dem Nahen Osten*, S. 15

misch-katholische Kirche mit großem Nachdruck auf den Wert
der Bibel hin.

> „Der Ökumenische Rat des Vatikans gab der Bibel primäre
> Bedeutung in der Kirche. Römisch-katholische Exegeten
> behandeln sie nicht mehr so, als sei jedes ihrer Details ein-
> deutig. Wie ihre protestantischen Kollegen untersuchen sie
> die Möglichkeit, daß die Bibel eher Gedanken zum Ausdruck
> bringt als eindeutig historische Fakten berichtet. Sie arbeiten
> sich in hebräische und aramäische Texte ein. Sie forschen
> nach vielleicht noch versteckten Bedeutungen."[2]

Aramäisch, Hebräisch und Griechisch sind die drei Hauptspra-
chen, aus denen die Bibel übersetzt wurde und die man zu ihrer
Erforschung heranzog. Für meine Studien wählte ich in diesem
Buch Aramäisch, beziehe mich aber, wenn erforderlich, auch auf
die hebräische Sprache. Aramäisch und Hebräisch sind verwandte
(Schwester-)Sprachen. Ungefähr im 8. Jahrhundert v. Chr. war
Aramäisch – eine semitische Sprache – die Sprache dreier mächtiger Königreiche: Assyrien, Babylon (Chaldäa) und Persien (heute
Iran). Auch zu Lebzeiten Jesu wurde in Palästina Aramäisch ge-
sprochen. Bis ins 7. Jahrhundert n. Chr. blieb es im Nahen Osten
die Sprache der Religion und des Handels. Dann begann Ara-
bisch langsam Aramäisch als Verkehrssprache abzulösen.[3]
   Aramäisch ist weit davon entfernt, eine tote Sprache zu sein.
Bis zum heutigen Tag wird es in verschiedenen Teilen der Welt
gesprochen. Überall in den USA, im Libanon, Irak, Iran, in Syrien,
Schweden und Australien gibt es viele assyrische und chaldäische
Gemeinschaften, große und kleine, die diese Sprache sprechen.[4]
Allein in Deutschland leben um die 60.000 Aramäer.[5]

---

[2] *The Daily American* (Tageszeitung), Rom, 10. Juli 1971
[3] Siehe Hitti, *The Near East in History: The Aramaic Language*
[4] Siehe Errico, *The Message of Matthew*, „The Aramaic Language", S. xi–xiii
[5] Ergänzung des Übersetzers

Jesus, seine Jünger und seine Zeitgenossen lehrten und predigten in Aramäisch. Papias (ungefähr 60–130 n. Chr.), Bischof von Hierapolis in Kleinasien, berichtet, daß Matthäus sein Evangelium in Hebräisch[6] (Aramäisch) schrieb.[7] Der Geistliche Dr. phil. Carl Sumner Knoph[8] sagt: „Teile des Matthäusevangeliums weisen definitiv auf eine griechische Wiedergabe eines früheren aramäischen Originals hin."[9] Er sagt auch, daß Jesus und seine Jünger das einheimische jüdische Aramäisch sprachen.

Nach einer von einigen westlichen Wissenschaftlern unterstützten Theorie verfaßten die Autoren von Matthäus, Markus, Lukas, Johannes und der Apostelgeschichte diese Bücher ursprünglich in Aramäisch.[10] Interessanterweise behaupten einige nahöstliche Exegeten, das *ganze* Neue Testament habe, bevor es auf Griechisch erschienen sei, in Aramäisch existiert und zwar in palästinensischem Aramäisch. Es sei dann ins Griechische übersetzt und später in das Ostaramäische rückübersetzt worden.

Wie dem auch sei, ich bin der Überzeugung, der Urtext des Neuen Testaments war Aramäisch und ist nicht aus dem Griechischen rückübersetzt worden[11]. Dennoch ist es nicht die Absicht dieses Buches, Aramäisch als die ursprüngliche Sprache der Evangelien zu beweisen oder zu verwerfen. Mein Fokus liegt auf der semitischen aramäischen Sprache, ihrem Einfluß auf das Neue Testament und ihrer Bedeutung für dessen Untersuchung.

---

[6] Mit „Hebräisch" ist hier „Aramäisch" gemeint, die Sprache, in der die Hebräer sprachen und schrieben. Siehe auch Lamsa, *Ursprung des Neuen Testaments*, Lugano 1988, S. 55 und die Bücher von Joachim Jeremias.

[7] Siehe Errico, *The Message of Matthew:* Fußnote 7, S. xiii–xiv

[8] Dekan der School of Religion und Professor für biblische Literatur und Archälogie an der University of Southern California

[9] *Comrades of the Way* – The Methodist Book Concern, S. 33

[10] Siehe Burney, *The Aramaic Origin of the Fourth Gospel;* Torrey, *The four Gospels, A New Translation,* S. 235–286: *The Origin of the Gospel;* Black, *Aramaic Approach to the Gospel and Acts;* Lamsa, *Ursprung des Neuen Testaments*

[11] Siehe auch Lamsa, *Ursprung des Neuen Testaments*

Ich werde Übersetzungen aramäischer Texte vorlegen und Aspekte nahöstlicher Kultur aufzeigen, damit wir aus dieser Perspektive unser Verständnis der Bibel erweitern können. In den folgenden Kapiteln werden wir den ersten Schlüssel anwenden und im Textvergleich beträchtliche Differenzen zwischen den offiziellen deutschen Bibelübersetzungen und direkten Übersetzungen aus aramäischen Texten feststellen.

DER ZWEITE SCHLÜSSEL: REDEWENDUNGEN

Die Bibel ist voller semitischer Redewendungen. Redewendungen führen in jeder Sprache hin und wieder zu Mißverständnissen. Sprachen, in die die Bibel übersetzt wurde, bilden da keine Ausnahmen. Die Heilige Schrift enthält viele feststehende Redewendungen, die, weil sie wörtlich übersetzt wurden, nicht leicht zu verstehen sind.

Eine Definition von „Redewendung" (Idiom) wird zusammen mit vielen biblischen Beispielen in Kapitel 2, „Redewendungen", gegeben. Ziel dieses Buches ist, den Leser mit verschiedenen wichtigen Redewendungen und idiomatischen Ausdrücken in der Bibel bekannt zu machen.

DER DRITTE SCHLÜSSEL – MYSTIK

Wir würden semitischen Menschen Unrecht tun, würden wir nicht ihre mystische Natur und ihre Fähigkeit, spirituelle Träume und Visionen zu haben, anerkennen. Die Mystik der Bibel ist sehr erdverbunden und praktisch. Geistige Prinzipien und die mystische Atmosphäre jener Prinzipien kommen aus dem Herzen und der Seele eines Volkes. Es ist hilfreich, sich das zu vergegenwärtigen. Semiten sagen oft: „Unsere Sinne können das innige Flüstern des göttlichen Geistes hören."

Über 40 Prozent der Bibel basieren auf Mystik. Das Spektrum der Mystik umfaßt Träume, Visionen, Stimmen, Heilungen, Hellhören (inneres Hören), Hellsehen (inneres Sehen) und außerkörperliche Erfahrungen. In den folgenden Kapiteln werden wir viele Passagen der Heiligen Schrift untersuchen, die sich mit diesen mystischen Erfahrungen befassen.

DER VIERTE SCHLÜSSEL: DIE KULTUR

Wollen wir Menschen verstehen, ist es notwendig, mehr als nur die Geographie ihres Landes zu kennen. Deshalb müssen wir uns mit der Kultur des einfachen Volkes vertraut machen, um mit dem Geist der Bibel mitgehen zu können. Die Verfasser der Bibel waren von ihrer eigenen Kultur stark beeinflußt. Ihre sozialen Gewohnheiten, Sitten und Bräuche, spielten im Leben ihres Volkes eine große Rolle. Untersuchen wir die sozialen Gegebenheiten, die für die Bewohner der biblischen Länder herrschten, können wir den inneren Impuls, der die Autoren der Bibel leitete, erkennen.

Was unseren Zugang zur Bibel über die nahöstliche Kultur ermöglicht und sich von anderen Systemen, die Bibel zu studieren, unterscheidet, ist Folgendes: In den Weiten des Gebirges des heutigen Kurdistan wurde in der Mitte des 19. Jahrhunderts ein Volk entdeckt, von dem man glaubte, es sei längst ausgestorben. Es stammte von den Assyrern ab, die in der Antike den Nahen Osten beherrschten. Diese Nachkommen, deren Blut heute größtenteils mit dem der zehn nördlichen Stämme Israels vermischt ist, leben, denken und sprechen noch wie die Menschen, unter denen Jesus geboren wurde und die er seine Botschaft lehrte. Der britische Gelehrte Dr. W. A. Wigram, der unter diesen Menschen lebte, schreibt:

> „Wir haben nun die Geschichte eines merkwürdigen Volkes von den frühesten Tagen bis in unsere heutige Zeit – genau gesagt, bis zum Anfang des Großen Krieges [der Erste Weltkrieg] verfolgt. ... Dieses Volk, ein seltsamer Überlebender in einem isolierten Winkel der Welt, die letzten Repräsentanten der antiken Assyrer, *hat bis heute ursprüngliche semitische Bräu-*

che so intensiv gepflegt, wie das nirgendwo sonst der Fall ist, auch
nicht im mesopotamischen Sumpfland. Eines ist sicher, daß sich
die Assyrer mit Recht rühmen, das einzige aller christlichen
Völker zu sein, das noch eine Umgangssprache besitzt, die im
1. Jahrhundert anerkanntermaßen die Sprache Palästinas war,
und daß sie daher unter den christlichen Nationen die einzigen sind – abgesehen von den Bewohnern einiger Dörfer im
Libanon –, die noch regelmäßig die Sprache Christi sprechen."[12]

DER FÜNFTE SCHLÜSSEL: PSYCHOLOGIE

Brauchtum und Psychologie sind miteinander verknüpft. Bräuche
entstehen aus der psychologischen Natur eines Volkes. Menschen
des Nahen Ostens (Semiten) denken anders als wir und reagieren
auf Lebensumstände dementsprechend auch anders als wir. Ein
Beispiel: Sie möchten ein berühmter Redner werden. Im Westen
würden Sie einen Agenten für Public-Relation engagieren und
selbst die Werbetrommel rühren. Nicht so im Nahen Osten. Dort
würden Sie sich rar machen und warten, bis man auf Sie zu-
kommt. Jesus sagte: „Wer sich erhöht, soll erniedrigt werden, und
wer sich erniedrigt, soll erhöht werden."

Ein anderes Beispiel: Sie möchten einem Redner gratulieren.
Im Nahen Osten müßten Sie zu ihm sagen: „Ich habe von dem,
was Sie sagten, kein einziges Wort verstanden." Im Westen wäre
der Redner beleidigt. Im Nahen Osten dagegen wendete er sich
gen Himmel, um Gott von ganzem Herzen zu danken. Das bedeutete, der Redner besaß ein so großes Wissen und seine Rede
war so tiefgründig, daß der Zuhörer wiederkommen musste, um
ihn erneut zu hören. Sie haben ihm dann wirklich ein großes
Kompliment gemacht.

[12] Wigram, *The Assyrians and Their Neighbors*, S. 177, 181

Der sechste Schlüssel: Symbolik

Zur Symbolik des Nahen Ostens gehören Parabeln, Gleichnisse, poetische Philosophie und eine bilderreiche Ausdrucksweise. Hebräische Propheten benutzten viele Symbole. Zum Beispiel bezeichneten sie Großmächte als Löwen, Bären und Leoparden und kleinere Völker als Ziegen oder Lämmer.

Ein Symbol prägt sich dem Gedächtnis tiefer ein als viele Worte und wird nicht so leicht vergessen. Die Offenbarung des Johannes enthält mehr als tausend Symbole. Sein Autor beschreibt zum Beispiel ein Lamm mit sieben Hörnern und sieben Augen, ein Bild, das mit Sicherheit einen bleibenden Eindruck hinterläßt. Nahöstliche Menschen konnten diese Symbole natürlich sofort erfassen. Die Sieben steht für Voll- kommenheit und Ganzheit. Das Lamm kündigt Jesus als Messias an. (Metaphysisch: das Lamm ist auch ein Symbol für gechristetes/gesalbtes Bewußtsein). Sieben Hörner bedeuten uneingeschränkte Autorität, und die sieben Augen stellen vollkommene visionäre Kraft und Einsicht dar.

Da nahöstliche Lehrer ihre Vorstellungen und Gedanken in Erzählungen vermittelten, sind Parabeln und Gleichnisse wichtig. Einen nahöstlichen Menschen beeindruckt eine Parabel mehr, als der reale Tatbestand. Der Semite Jesus vermittelte seine Erkenntnisse und Lehren in Gleichnissen, damit das einfache Volk seine Rede verstand und sich an sie erinnerte. Auch die Propheten kleideten ihre Ermahnungen in Parabeln, Gleichnisse, Allegorien und Metaphern.

Das beste Beispiel für poetische Philosophie ist das Buch Hiob. Seine Geschichte von den Katastrophen, die eine nach der anderen über den armen Hiob hereinbrechen, ist eine unvergeßliche Saga im typischen Stil des Nahen Ostens. Sie soll die philosophische Frage beantworten: Warum leiden gute Menschen?

In den folgenden Kapiteln werden wir uns einige symbolische Darstellungen der Bibel anschauen.

DER SIEBTE SCHLÜSSEL: AUSSCHMÜCKEN

Semiten genießen es, in eine Situation mehr „Farbe" hineinzubringen. Ihnen widerstrebt, ein Geschehen einfach als Tatsache mit exakten Details zu schildern. Wie könnte man ein Ereignis besser verherrlichen und unvergeßlich machen, als es auszuschmücken und aufzubauschen!

Rahmt man zum Beispiel ein Gemälde, wird die dargestellte Szene vorteilhaft zur Geltung gebracht. Das Bild hat nun Dimension und Begrenzung erhalten. Menschen des Nahen Ostens lieben, Ereignisse oder Situationen einzurahmen. Ein Redner oder ein Schriftsteller wird seiner Geschichte nicht nur Hunderte, sondern gleich Tausende von Menschen hinzufügen.

Biblische Schriftsteller übertreiben also nicht, um zu täuschen, sondern um ein Ereignis dauerhaft hervorzuheben und es dadurch unvergeßlich zu machen.

ZUSAMMENFASSUNG

Wir sind im Begriff, unsere Reise durch die Heilige Schrift mit Hilfe der sieben Schlüssel zu beginnen. Wir werden verwirrende Bibelstellen aufschlagen und Licht auf sie fallen lassen. Wo immer es möglich ist, werden wir dogmatische und konfessionelle Überzeugungen, Bekenntnisse und strittige Fragen umgehen.

Mit den sieben Schlüsseln in Händen machen wir es uns nun auf einem imaginären fliegenden Teppich bequem. Dieser Teppich wird uns in die antike, rätselhafte, biblische Welt des Nahen Ostens tragen. Auf unsichtbaren Luftwegen geleitet, werden wir durch die Seiten der Bibel reisen und zu einem klareren Verständnis der Heiligen Schrift finden. Brechen wir auf zu vielen Begebenheiten und Episoden dieses faszinierenden Buches, das wir Bibel nennen.

Teil Eins

Die sieben Schlüssel

KAPITEL 1

DER ERSTE SCHLÜSSEL:
ARAMÄISCH

Bevor wir den ersten Schlüssel, Aramäisch, auf spezifische Bibelstellen anwenden, ist es notwendig, den Nahen Osten, aramäische Texte sowie die Semiten, die Aramäisch sprachen, genauer zu betrachten. Beginnen wir mit einem kurzen Blick auf den Nahen Osten und seinen Beitrag zur westlichen Zivilisation.

DER NAHE OSTEN

Dem Historiker, Philosophen und Erzieher Will Durant zufolge hat der Westen dem Nahen Osten viel zu verdanken: die Entwicklung des Rades, von Pferd und Wagen, Landwirtschaft, Handel, Münzgeld und Kreditsystem, Handwerk, Gewerbe, Gesetzgebung, Staatswesen, Mathematik, Medizin, Geometrie und Astronomie, Kalender, Uhr, Tierkreis, Papier und Tinte, Alphabet, Schrift, Büchern, Bibliotheken und Schulen, Kosmetik, Schmuck, Einkommenssteuer, Bier und noch von zu vielem mehr, als daß ich es hier erwähnen könnte[1].

Durch die Vermittlung der Kreter, Griechen und Römer pro-

---

[1] Siehe Durant, *Our Oriental Heritage: The Story of Civilization*, Kapitel VII, „SUMERIA: Orientation – Contributions of the Near East to Western civilization", New York, Simon and Schuster 1954, S. 116

fitierten unsere modernen Gesellschaften in hohem Maße von den Ländern des Nahen Ostens. Auch Griechenland profitierte: Es wurde zum Erben der dreitausend Jahre alten Künste und Wissenschaften des Nahen Ostens, die durch die Wechselfälle von Krieg und Handel in die griechischen Städte gelangten.[2]

DIE ARAMÄISCHE SPRACHE

Wer sprach Aramäisch? Wo liegt der Ursprung dieser semitischen Sprache und welche Bedeutung hatte sie in der antiken Welt?

Gegen Ende des 2. Jahrtausends v. Chr. trat Aramäisch erstmals in Mesopotamien, dem fruchtbaren Halbmond des antiken Nahen Ostens, in Erscheinung. Zu Beginn des 1. Jahrtausends v. Chr. breiteten sich allmählich in allen Ländern des Nahen Ostens aus. Es war die Sprache der Aramäer, Assyrer, Chaldäer, Hebräer und Syrer. Sprachwissenschaftler zählen Aramäisch zur afro-asiatischen Sprachfamilie.

Historiker leiten das Wort „Aramäisch" von Aram ab. Aram war der Sohn Sems, des Stammvaters der Semiten und des Enkels von Noah.[3] Aram gilt als Stammvater[4] der Aramäer, eines bedeutenden westsemitischen Volkes.

Aramäisch ist das bestdokumentierte und nachweislich älteste Mitglied der nordwestlichen Unterfamilie semitischer Dialekte. Mit der Zeit gewann es alle Bevölkerungsschichten, Regierungsvertreter, Kaufleute und Schreiber, denn das aramäische Alphabet war praktisch und seine Schreibweise einfach. So wurde Aramäisch im Laufe des 8. Jahrhunderts v. Chr. von Ägypten über Kleinasien bis nach Pakistan zur meistgesprochenen Sprache. Assyrien und Chaldäa (Babylon) benutzten diese Sprache. Die persische

[2] Siehe Burkert, *The Orientalizing Revolution: Near Eastern Influence on Greek Culture in the Early Archaic Age*

[3] Siehe Gen 10:22

[4] „Stammvater" dient zur Erklärung des Namens einer Stadt oder eines Volkes, welche/s sich von einer konkreten Gestalt der Antike herleitet, die als Vorfahre vermutet wird.

Regierung machte in ihren westlichen Provinzen von ihr Gebrauch. Bis zum heutigen Tage existiert diese semitische Sprache in mündlicher und schriftlicher Form. Moderne Aramäer, Assyrer, Chaldäer und andere semitische Gemeinschaften im Nahen und Mittleren Osten, in Deutschland, den USA, Australien und anderswo sprechen sie regelmäßig zu Hause, in ihren sozialen und politischen Zusammenkünften und halten in ihr Gottesdienst.

In ganz Palästina, im Libanon, in Syrien und Mesopotamien verkündeten und lehrten die Apostel, Jünger und Anhänger Jesu seine frohe Botschaft im galiläischen Aramäisch. Bis ins 7. Jahrhundert n. Chr. blieb Aramäisch die gemeinsame Sprache des Nahen Ostens; dann begann allmählich Arabisch Aramäisch als vorherrschende Sprache des Ostens zu verdrängen. Ungeachtet dessen hielten die Christen in Mesopotamien (Irak), im Iran, in Syrien, in der Türkei und dem Libanon diese Sprache im häuslichen, akademischen, schulischen und liturgischen Bereich am Leben. Trotz des Drucks seitens der arabischen Regierungen, Arabisch zu sprechen, überlebte das Aramäische bis heute in vielen nahöstlichen Dialekten.

Ein weiterer wichtiger Aspekt ist, daß Aramäisch die vorherrschende Sprache für die Entstehung und Verbreitung geistiger und intellektueller Ideen im Nahen Osten war. Professor Franz Rosenthal, ein herausragender Gelehrter des Aramäischen und Arabischen, schreibt im *Journal of Near Eastern Studies*:

„Aus meiner Sicht stellt die Geschichte des Aramäischen den reinsten Sieg des menschlichen Geistes dar, wie er in der Sprache (als der direktesten körperlichen Ausdrucksweise des Geistes) verkörpert wird, über die rohe Zurschaustellung materieller Macht. ... Große Reiche wurden von der aramäischen Sprache erobert, und als sie verschwanden und im Strom der Geschichte untertauchten, hatte diese Sprache Bestand und lebte ihr eigenes Leben weiter. ... Auch weiterhin spielte sie eine wirksame und aktive Rolle in der Verbreitung geistiger Belange. Sie war das Hauptinstrument, religiöse Vorstellun-

gen im Nahen Osten zu formulieren, die sich dann in alle
Richtungen über die ganze Welt verbreiteten. ... Die mono-
theistischen Gruppen leben bis heute mit einem religiösen
Erbe, das in vielem seinen ersten Ausdruck in Aramäisch
fand."[5]

DIE HEBRÄER

Wer sind die Hebräer? Um diese Frage zu beantworten, müssen
wir viertausend Jahre zurückgehen zu einem wandernden Wü-
stenvolk, einer Gruppe von Halbnomaden, die anfänglich „Hebräer" genannt wurden. Höchstwahrscheinlich ist die Bezeichnung „Hebräer" von der ethnischen Zugehörigkeit, „Kinder des
Eber"[6] abgeleitet. In Kleidung und Bräuchen konnten sie von anderen Halbnomaden nicht unterschieden werden.

Diese wandernden Schaf- und Ziegenhirten erreichten – wie
viele andere auch – den westlichen Teil des fruchtbaren Halb-
mondes in der ersten Hälfte des 2. Jahrtausends v. Chr. Sie sprachen
einen westsemitischen Dialekt, eine dem Aramäischen verwandte
Sprache. Zwischen den damaligen kulturellen Zentren hin- und
herziehend, handelten sie auch mit Getreide, Wein und Wolle.

Biblischen Erzählungen nach, stammen die Hebräer aus den
Zentren der mesopotamischen Kultur. Dennoch, ursprünglich
kamen sie aus der arabischen Wüste, und ein Teil von ihnen zog
von dort in das südliche Mesopotamien (Ur). Viel später zogen
sie nach Aram Naharayin, und von dort wanderten sie in Kanaan
und Transjordanien ein.[7] In der *New Standard Jewish Encyclopedia*
(1970) wird eindeutig festgestellt:

---

[5] Rosenthal, „Aramaic Studies during the past thirty years" in *Journal of Near Eastern Studies,* Chicago 1978, S. 81–82

[6] Siehe Gen 10:21. Auch hier handelt es sich um einen Stammvater.

[7] Nähere Informationen zum Ausdruck „Hebräer" siehe Zeitlin, *Ancient Judaism,
Habiru and Hebrew,* S. 52–55; Tarshish, *Not By Power,* S. 15; Silver, *A History of Judaism: From Abraham to Maimonides,* Band 1, „The Fathers and their way", S. 3–9

„Laut Bibel (Gen 10:22) hatten Aram und Israel einen gemeinsamen Urahn, und die israelitischen Patriarchen waren
aramäischer Abstammung und unterhielten eheliche Beziehungen mit den Stämmen Arams."[8]

Die frühe jüdische Christenheit und der Islam haben ihre Wurzeln in den Lehren der hebräischen Patriarchen und Propheten,
die ihrerseits von einer Gruppe semitischer Wüstenstämme ab-
stammten. Der harte Überlebenskampf in der Wüste schuf unter
allen Wüstenbewohnern und -wanderern ein Klima der Einfachheit und Gleichheit. Zutiefst fühlten sie sich für die Mitglieder
ihres Stammes verantwortlich. Naturgemäß waren fest geknüpfte
Familienbande und ein starkes Empfinden für Würde und per-
sönliche Moral das Ergebnis. Diese Halbnomaden sprachen einen
westsemitischen Dialekt des Aramäischen. Die Gottheit, die sie
durch die ausgedehnten pfadlosen Wüsten und unbekannten Länder des Nahen Ostens führte, war als „der Fürsorgende" bekannt.

Aramäisch, oder zumindest einer seiner westsemitischen Dialekte, war die Sprache der hebräischen Patriarchen. Belege aus
dem 1. Jahrhundert beweisen zweifelsfrei, daß die Landbevölke-
rung die in ganz Palästina gebräuchlichste Sprache sprach: Aramäisch.[9] Folglich war Aramäisch auch die Sprache Jesu, in der er
lehrte und seine Botschaft verkündete. Die älteste vollständig er-
haltene Ausgabe des aramäischen Neuen Testaments datiert auf
das 6. oder 7. Jahrhundert n. Chr. Über die Datierung der aramäischen Texte der Tanach[10] (Altes Testament) wird von den Wissenschaftlern noch diskutiert. Einige Textkritiker datieren diese
auf das 5. Jahrhundert n. Chr. Wie dem auch sei, viele dieser Ex-

---

[8] *New Standard Jewish Encyclopedia* (1970), S. 139–140. Obwohl vielfach an der Verwandtschaft von Hebräern und Aramäern festgehalten wird, herrscht unter modernen Bibelwissenschaftlern in dieser Frage Uneinigkeit.

[9] Siehe Fitzmyer, *A Wandering Aramean: Collected Aramaic Essays,* „The Languages
of Palestine", S. 29–56

[10] Siehe Glossar

perten halten aramäische Texte für zuverlässig. Oft bieten sie für viele unklare Bibelverse eine Erklärung.

DIE ARAMÄISCHE SPRACHE ÖFFNET DIE TÜR ZU BIBLISCHEN RÄTSELN

Als Dozent und Lehrer der Heiligen Schrift wurde ich unzählige Male nach der Bedeutung rätselhafter biblischer Textstellen gefragt. Es gibt Hunderte von Versen, die schwer verständlich sind und die viele Leser als verwirrend empfinden.

Haben Sie sich zum Beispiel jemals gefragt, warum Jesus zu beten lehrte: *„Führe uns nicht in Versuchung"*? Bedeutet das, Gott kann uns in Schwierigkeiten führen? Ist Gott ambivalent?

Im August 1982 erschien in der *Newsweek* ein Aufsatz mit dem Titel „Giving the Devil His Due" („Dem Teufel das Seine geben"). Er enthält die These, Jesus habe seine Jünger gelehrt, den Vater anzuflehen, sie nicht in Versuchung zu führen. Dies bestärkte den Verfasser des Artikels, Jesu Lehre bestätige die Ambivalenz Gottes denen gegenüber, die ihn anbeten. [11]

Haben Sie sich schon einmal über folgende Verse den Kopf zerbrochen: „Denn ich, der Herr, dein Gott, bin ein eifersüchtiger Gott"[12]: „Denn Jahwe trägt den Namen ‚der Eifersüchtige'; ein eifersüchtiger Gott ist er"[13]. Wo doch Johannes sagt: „Gott ist Liebe."[14] „Liebe" ist ein Synonym für „Gott". Aber ist die unendliche Gegenwart (Gott) wirklich reine, bedingungslose Liebe, oder zeigt Gott (Liebe) Eifersucht? Wenn dem so ist, auf wen oder was ist Gott dann eifersüchtig? Ist die Liebe Gottes durch Eifersucht begrenzt? Oder beweist sich Gott als Liebe gerade in seiner Eifersucht?

NOCH MEHR RÄTSEL

---

[11] *Newsweek*, 30. August 1982, S. 73

[12] Ex 20:5, EÜ

[13] Ex 34:14, EÜ

[14] 1 Joh 4:8

Vielleicht haben Sie sich über folgende Worte Jesu gewundert: „Wenn jemand zu mir kommt und haßt nicht seinen Vater, Mutter, Frau, Kinder, Brüder, Schwestern und dazu sich selbst, der kann nicht mein Jünger sein."[15] Ermutigt Jesus zum Ungehorsam gegen das fünfte Gebot: „Ehre deinen Vater und deine Mutter, damit du lange lebst in dem Land, das der Herr, dein Gott, dir gibt"[16]? Nach dem Matthäusevangelium lehrte Jesus: „Ich aber sage euch: Liebt eure Feinde und betet für die, die euch verfolgen."[17] Es ist eindeutig: Wir sollen unsere Feinde, Verfolger und jene, die uns verfluchen und hassen, lieben, segnen, ihnen Gutes tun und für sie beten. Doch um sein Jünger zu sein, muß man scheinbar seine Eltern und Familie hassen. Wie ist dieser Widerspruch zu lösen?

Haben Sie auch versucht herauszufinden, warum Gott, der Vater und die Quelle unendlichen Erbarmens, Jesus am Kreuz verlassen haben sollte? Schließlich berichten die Evangelisten, daß Jesus, indem er die Kreuzigung auf sich nahm, dem Willen des Vaters gehorchte.[18] Versagte Gott Jesus seine tröstende Gegenwart, als er ihrer am meisten bedurfte? Welch liebender Vater ließe in einer solchen Leidensstunde seinen eigenen Sohn im Stich? Dennoch lesen wir im Evangelium, daß Jesus schrie: „Mein Gott, mein Gott, warum hast du mich verlassen?"[19]

Ich bin sicher, Sie könnten den Beispielen, die ich angeführt habe, eine Reihe weiterer widersprüchlicher Texte hinzufügen. Ich habe Menschen kennengelernt, die sich aus großer Frustration völlig vom Bibellesen abwandten. Sie glauben, vieles, das sie in ihr lesen, mache ihnen eine positive, allgemeingültige und relevante Lebensphilosophie unmöglich.

Andere glauben, die Heilige Schrift nicht in Frage stellen zu dürfen. Der Versuch, viertausend Jahre zu überbrücken, ist ein zu großes Problem, und das gilt für die meisten Menschen. Ande-

[15] Lk 14:26, LB [17] Mt 5:44, LB [19] Mt 27:46
[16] Ex 20:12, EÜ [18] Mt 26:39

rerseits gibt es aber auch das Dilemma jener Menschen, die allein auf Grund ihres Glaubens biblische Widersprüche akzeptieren.

Sowie wir verschiedene Textstellen unter Zuhilfenahme von Übersetzungen aramäischer Texte untersuchen, kommen wir zu einer klareren Wiedergabe dieser Verse. Wir vermeiden auch, mit alten biblischen Widersprüchen der Vergangenheit zu ringen.

DER RÄTSEL LÖSUNG

Sagte Jesus wirklich „führe uns nicht in Versuchung"? Auf Aramäisch sagte er *(w)la ta'lähn*, „und laß uns nicht *eintreten*", beziehungsweise: „Und laß uns nicht in Versuchung *geraten*."[20] Die Bedeutung ist klar: Jesus lehrt uns, auf der Hut zu sein, damit wir nicht in eine lockende Falle (Versuchung) tappen. Schon Benjamin Franklin[21] hielt die englische Übersetzung dieses Verses für ungeeignet. Er änderte sie in: „Und bewahre uns vor der Versuchung." Ich finde es faszinierend, daß Benjamin Franklin, ohne die aramäische Sprache zu kennen, die Bedeutung dieses Verses intuitiv erfaßt hatte.

EIFERSÜCHTIG ODER LEIDENSCHAFTLICH?

Was ist mit dem Problem von Gottes Eifersucht? *Tanana* bedeutet im Aramäischen „eifrig", „mit leidenschaftlichem Verlangen" sowie „eifernd" und „eifersüchtig". Folglich wäre die sachgemäßere Übersetzung dessen, was Gott zu Moses sagte: „Denn ich bin der Herr [Jahwe], dein Gott, ein leidenschaftlicher Gott."[22] „Leidenschaftlich" zeigt göttliche Sorge. Gott *Jahwe* setzte sich eifrig für sein Volk ein. Unter den Hebräern sollten Recht und

---

[20] Siehe die Übersetzung des Vaterunsers von Lamsa sowie mein Buch *Das aramäische Vaterunser*

[21] Benjamin Franklin, 1706–1790, amerikanischer Politiker, Schriftsteller und Naturforscher, arbeitete an der Unabhängigkeitserklärung und an der Verfassung der USA mit. (Anm. d. Übers.)

[22] Ex 20: 5, Errico. Siehe auch die Lutherbibel

Ordnung, Gerechtigkeit und Rechtschaffenheit herrschen.

Dagegen heißt es in der deutschen Einheitsübersetzung: „Du sollst keinen anderen Gott verehren; denn der Herr [Jahwe], dessen Name „der Eifersüchtige" ist, ist ein eifersüchtiger Gott." Der aramäische Text lautet jedoch: „Du sollst aber keinen anderen Gott verehren, denn der Herr [Jahwe], dessen Name „der Eifrige" ist, ist ein eifriger Gott."²³ Es ist interessant, daß das hebräische Nomen *kin'ah* ebenfalls „der Eifrige" bedeutet. Nach jüdischen Kommentatoren hat die Wiedergabe des Nomens *kin'ah* mit „der Eifernde" beziehungsweise der „Eifersüchtige" im Zusammenhang mit göttlicher Mißbilligung nichts mit unserem Verständnis von Eifersucht zu tun.

> „*Kin'ah* ist eine abgeleitete Form des Verbs *kannah*, ‚sich etwas zu eigen machen'. Es bedeutet in erster Linie die Verteidigung eigener Rechte. Der Satz *semel hakkin'ah hammakneh* (das Bild der Eifersucht, das die Eifersucht erregt)²⁴ hat die Bedeutung ‚das Bild einer frevelhaften Obrigkeit, das ihn provozierte, seine ausschließlichen Rechte geltend zu machen'. Auf ähnliche Weise sollte der Satz *wenathatti kin'ath bach* (Und ich werde meine Eifersucht gegen dich wenden)²⁵ verstanden werden als: ‚Und ich werde meine verletzten Rechte gegen dich wenden'.
>
> Der Ausdruck *kin'ah*, der Gott als den für seine verletzten Rechte Eifernden beschreibt, wird in Hesekiel und anderen Teilen der Bibel nur hinsichtlich der Hauptsünden von Götzendienst und Sittenlosigkeit gebraucht. Gott *kin'ah* zu-

---

²³ Ex 34:14, Errico

²⁴ Ez 8:3, KJV

²⁵ Ez 23:25, KJV

²⁶ Kommentar von Rabbi Dr. Solomon Fisch, M.A., *Ezekiel: with Hebrew Text and English Translation*, London, The Soncino Press, 1972, S. xv

zuschreiben, ist einfach ein Ausdruck für die Vergeltung jener Vergehen, die die Existenz der menschlichen Gesellschaft untergraben."[26]

HASS

Im November 1961 erschien in einer sowjetischen Publikation zu Wissenschaft und Religion ein Artikel, der das Christentum verurteilte. Er bezog sich auf die „widersprüchlichen und scheinheiligen Moralvorstellungen und Lehren der christlichen Kirchen und ihrer Theologie." Unter den vielen Beispielen, gegen die sich dieser Artikel wandte, war auch Jesu Forderung, die eigene Familie zu „hassen", um sein Jünger werden zu können. Dieses Gebot hat schon viele Menschen verwirrt. Auch wenn klar ist, daß die Bedeutung Jesu Gebots darin liegt, seine Lehren an erste Stelle und über alles andere zu setzen, müssen wir uns dennoch mit dem Wort „Haß" in diesem biblischen Text auseinandersetzen.

Vor einiger Zeit beantwortete eine in allen amerikanischen Tageszeitungen gleichzeitig erscheinende, religiösen Themen gewidmete Kolumne die Frage, warum Jesus das Wort „Haß" wählte. In dem Artikel hieß es, Jesus habe nicht „hassen", sondern „weniger lieben" gemeint. Der Autor begründete seine Meinung mit der aramäischen Bedeutung des Wortes. Richtig ist jedoch, daß dieses Wort in keinem aramäischen Wörterbuch mit „weniger lieben" übersetzt wird, auch nicht mit „ein bißchen weniger lieben".

Das aramäische Wort *sna* ist ein sehr ausdrucksstarkes Wort und bedeutet „hassen" im Sinne von „verabscheuen" und „verachten". *Sna* hat fünf Hauptbedeutungen: „hassen", „aufrecht stehen", „eine Kerze oder ein Licht auslöschen", „Dreschboden" und „beiseite stellen" beziehungsweise „sich frei machen von". Ziehen wir die letztgenannte Bedeutung von *sna* heran, verstehen wir, was Jesus wirklich sagte: „Wer zu mir kommt und sich nicht von seinem Vater und seiner Mutter frei macht ..." Jesus wußte, daß jeder, der sein Jünger sein wollte, von der eigenen Familie angegriffen werden konnte.

Jesus warnte die Menschen auch vor den Folgen seiner Lehren. Er sagte:

> „Ihr sollt nicht meinen, daß ich gekommen bin, Frieden zu bringen auf die Erde. Ich bin nicht gekommen, Frieden zu bringen, sondern das Schwert. Denn ich bin gekommen, den Menschen zu entzweien mit seinem Vater und die Tochter mit ihrer Mutter und die Schwiegertochter mit ihrer Schwiegermutter."
>
> *Matthäus 10:34–35, LB*

„Schwert" ist hier eine Metapher. In der aramäischen Sprache bedeutet es auch „Krieg", „Spaltung". Religiöse Führer der damaligen Zeit und später würden die Jünger und Anhänger Jesu ausstoßen und verfolgen, einige von ihnen hart bestrafen oder gar den Tod erleiden lassen. In diesem Sinn ist auch Jesu Ausspruch zu verstehen: „Und die Feinde eines Menschen werden die seines eigenen Hauses sein." Eltern würden ihre Söhne und Töchter an die Obrigkeit ausliefern. Wir verstehen nun, was Jesus meinte, als er sagte: „Wer aber zu mir kommt und sich nicht von Vater und Mutter und Brüdern frei macht ... kann nicht mein Jünger sein." Damit ist aber auch klar, daß „weniger lieben" nichts mit dem zu tun hat, was Jesus sagen wollte.

WURDE JESUS IM STICH GELASSEN?

Eine Äußerung Jesu am Kreuz ist für viele Bibelleser ein ernster Stolperstein. Das Evangelium berichtet:

> „Um die neunte Stunde rief Jesus laut: *Eli, Eli, lema sabachtani?*, das heißt: Mein Gott, mein Gott, warum hast du mich verlassen?"
>
> *Matthäus 27:46, EÜ*

In allen griechischen Texten des Matthäusevangeliums wird dieser Schrei Jesu in seiner aramäischen Muttersprache überliefert.

Im folgenden finden Sie meine Übertragung der aramäischen Äußerung Jesu und im nächsten Abschnitt mit der Überschrift „Psalm 22" eine wörtliche deutsche Wiedergabe. Beachten Sie, daß sowohl in der King-James-Ausgabe als auch in den deutschen Übersetzungen des Evangeliums Jesu Schrei eine Frage ist. Sie zeigt, daß Jesus nicht verstand, was mit ihm geschah, und daß er sich von Gott im Stich gelassen fühlte.

Im Aramäischen kann dieser Satz jedoch genau so gut als Erklärung verstanden werden. Im tiefen Erkennen um den Grund seines Lebens und Sterbens rief Jesus: „ *'el, 'el, l'mana schwaqthani: O Gott, o Gott! Für was (für welchen Zweck) hast du mich aufgespart!*" Sein Schrei war ein Siegesruf. Gott hatte ihn nicht im Stich gelassen.

Eine kurze und wörtliche Wiedergabe dieses Ausrufs wäre: „O mein Erhalter! Wozu (zu welchem Zweck) hast du mich (übrig)gelassen!" „Übriglassen" beziehungsweise „lassen" bedeutet in diesem Zusammenhang nicht „verlassen", „alleinlassen" oder „im Stich lassen", sondern „bleiben, um einen Endzweck oder eine Bestimmung zu erfüllen". In seiner Bibelübersetzung übersetzt Dr. George M. Lamsa diesen Vers so: „Um die neunte Stunde schrie Jesus mit lauter Stimme und sagte: Eli, Eli, lemana schabakthani – Mein Gott, mein Gott, *dafür* wurde ich aufgespart!" In einer Fußnote umschreibt er den letzten Teil des Ausrufs Jesu: „Denn dies war mein Schicksal!"

Psalm 22

Einige Exegeten sind der Meinung, Jesus habe am Kreuz Psalm 22 rezitiert: „Mein Gott, mein Gott, warum hast Du mich verlassen, bist fern meinen Schreien, den Worten meiner Klage?"[27] In seiner „Einleitung zu den Psalmen" („Introduction to the Psalms") vertritt Dr. George M. Lamsa hingegen die Ansicht, Jesus habe, als

---

[27] Ps 22:1, EÜ

[28] Ps 22:1, Lamsa. „My God, my God, why hast thou let me to live? and yet thou hast delayed my salvation from me because of the words of my folly."

er am Kreuz litt, nicht den ersten Vers von Psalm 22 gesprochen.
Lamsas Übersetzung dieses Verses aus dem Peschitta-Text lautet:
„Mein Gott, mein Gott, warum hast Du mich am Leben gelassen?
Und doch hast du meine Rettung hinausgezögert wegen der
Worte meiner Torheit."[28] Er merkt ferner an:

> „Das aramäische Wort *schawaqthani*, das in Psalm 22 vor-
> kommt, wird mit ,laß mich leben' wiedergegeben, das heißt,
> ,verschone mich' und nicht ,mich verlassen'. Wenn Men-
> schen des Nahen Ostens leiden, fragen sie sich, warum sie
> leben, und sie fragen Gott, warum er sie verschonte und sie
> nicht zu sich nahm, wie ihre Väter. Den Satz *l'mana scha-
> waqthani* verwenden nahöstliche Menschen auch, um ihr
> Schicksal bejahend zu bestätigen. [Siehe Mt 27:46, Lamsa]
> *Shawaq* bedeutet ferner ,lassen' oder ,halten', wie in Röm
> 11:4, Jes 10:3, Jes 14:1 des Peschitta-Textes, und ,vergeben',
> wie in Matt. 6:12. Es kann auch mit ,verlassen' im Sinne von
> ,verschonen' übersetzt werden und bedeutet, einen Men-
> schen zwar am Leben zu lassen, aber nichts zu unternehmen,
> um sein Leiden zu erleichtern.
> Gott läßt niemanden im Stich. Er achtet auf all seine Kinder.
> Dennoch fragen wir uns manchmal, wenn wir entmutigt sind
> oder leiden, warum sich unsere Erlösung verzögert und
> warum Gott nicht sofort handelt. Gott ist beharrlich und be-
> wirkt alles auf seine Weise. In Psalm 22 fragt sich der Psalmist,
> warum das Erleiden so vieler Kämpfe ihm oder Israel nicht
> erspart geblieben sei, und Gott nicht eilends ihre Feinde be-
> strafe. Während er mit Gott spricht, ist ihm aber gleichzeitig
> dessen Gegenwart bewußt. Hätte Gott ihn im Stich gelas-
> sen, wie könnte er dann mit ihm reden?"[29]

Der aramäische Text des Neuen Testaments gibt an keiner Stelle
einen Hinweis, daß Jesus Gott in Frage stellte oder an ihm zwei-

---

[29] Lamsa, *The Book of Psalms*, S. XIV

felte. Im Gegenteil: Wird die ursprüngliche aramäische Absicht richtig verstanden, bekräftigt sie geradezu, daß sich Jesus der Gegenwart und Nähe seines Vaters während seiner Kreuzigung immer voll bewußt war.

Das Kreuz war der Sieg über den Tod. Es offenbarte der Menschheit die Bedeutung der Unsterblichkeit. Durch seine Auferstehung hob Jesus die Angst vor dem Tod auf. In seinem Brief an Timotheus ermutigt der Apostel Paulus den jungen Gemeindevorsteher: „Denn Gott hat uns nicht den Geist der Furcht gegeben, sondern den der Kraft und der Liebe und der Selbstdisziplin. ... Und dies wurde nun offenbar durch das Erscheinen unseres Retters Jesus, des Messias, der den Tod vernichtet und uns durch die frohe Botschaft das Leben und die Unsterblichkeit offenbart hat."[30]

Ein alter Kommentar

Ein Kommentar aus dem 9. Jahrhundert n. Chr. erläutert die Worte, die Jesus am Kreuz sprach. Der Titel dieser alten Schrift lautet: „*Das Zeugnis* [oder *der Beweis*] *vom Buch der Kommentare des Herrn Ishodad von Merv, Bischof von Hadatha, Beth Naharain* [Mesopotamien] *850 n. Chr., Bischof der Kirche des Ostens.*" Leider ist dieser faszinierende und erhellende handgeschriebene Kommentar bisher nur in Aramäisch zugänglich. Deshalb habe ich für meine Leser einen kleinen Teil daraus übersetzt. Die Wiedergabe mag holprig erscheinen, da ich mich bemühte, die Aussagekraft und -absicht des Verfassers zu bewahren. So weit dies möglich ist, übersetzte ich Wort für Wort und behielt die ursprüngliche Zeichensetzung bei. Meine Übersetzung lautet:

> „Die Erklärung von *'el, 'el, l'mana schwaqthani*: Nie war er von der Gottheit verlassen. Nicht einmal im Leiden noch im Sterben. *Weil die Gottheit immer mit ihm war* – im Leiden

[30] 2 Tim 1:7, 10, Errico

[31] *scheol*, siehe „Hölle" Seite 58 ff. sowie das Glossar.

[32] *Die Schriften von Ishodad*, übersetzt von Errico

und am Kreuz und im Sterben und im Grab; Und wahrer
Gott selbst erhöhte ihn in Macht und Herrlichkeit, wie im
Psalm Davids: Denn Du hast meine Seele nicht in *scheol*[31] gelassen. Und ebensowenig hast Du zugelassen, daß Dein Heiliger Verwesung schaut."[32]

Der Kommentar von Ishodad ist ein bekräftigendes Zeugnis für
Gottes tröstliche Gegenwart. Die Lektion, die uns diese Schrift
erteilt, ist, daß Gott stets mit uns ist – im Leiden und in der
Freude. Wahrheit ist: Gott läßt niemanden je im Stich, zu keiner
Zeit und an keinem Ort! Seine Wahrheit, Macht und Gegenwart
sind immer am Werk, die ganze Menschheit auf den Pfad der Erleuchtung zu führen.

Schlussbemerkung

Weil fromme Juden angesichts ihres Todes Psalm 22 beten, sind,
wie schon erwähnt, viele Neutestamentler der Meinung, Jesus
habe am Kreuz diesen Psalm gesprochen. Andere weisen jedoch
darauf hin, hätte Jesus Psalm 22 gesprochen, dann hätte Matthäus gesagt: „Damit erfüllt würde, was durch ... gesagt worden
ist."

Jesus wandte sich an Gott meist mit „mein Vater" und „unser
Vater". Ein oder zweimal sagte er auch „mein Gott". Einige Neutestamentler behaupten, Jesus habe diese Anrede niemals gebraucht, der Endredaktor oder ein Abschreiber habe sie dem Text
hinzugefügt. Das Markusevangelium überliefert dieselbe Äußerung, nur daß dort das ostaramäische Wort für Gott, *alaha*, und
nicht *'el* gebraucht wird.

GEGENÜBERSTELLUNG DER UNTERSCHIEDE

Im folgenden werden einige Unterschiede, wie sie sich aus dem

Vergleich der deutschen Bibelübersetzung und meiner Übersetzung aus dem aramäischen Peschitta-Text ergeben, einander gegenübergestellt. Diese direkte Übersetzung aus dem Aramäischen wirft viel Licht auf die angeführten Textstellen, und einige erhalten sogar eine völlig andere Bedeutung.

HIOB 12:6

Die Hütten der Verwüster stehen ganz sicher, und Ruhe haben, die wider Gott toben, die Gott in ihrer Faust führen. (LB)

Die Zelte der Räuber sollen zugrunde gehen und die Sicherheit derer, die Gott herausfordern, denn in ihren Herzen ist kein Gott. (Errico)

HIOB 31:10

Dann mahle meine Frau einem andern, und andere sollen sich beugen über sie. (EÜ)

Dann laß meine Frau [Mehl] für andere mahlen und laß sie Brot im Heim eines anderen Mannes backen.
(Errico)

PSALM 7:12

Gott ist ein gerechter Richter und ein Gott, der täglich strafen kann. (LB)

Gott ist ein gerechter Richter, und er zürnt nicht jeden Tag. (Errico)

PSALM 23:2

Er weidet mich auf einer grünen Aue und führet mich zum frischen Wasser. (LB)

Und er läßt mich auf Weideplätzen der Stärke wohnen. Er führt mich an erfrischenden Wassern entlang.
(Errico)

PSALM 23:6

Gutes und Barmherzigkeit werden mir folgen mein Leben lang, und ich werde bleiben im Hause des Herrn immerdar. (LB)

Deine liebende Güte und dein Erbarmen haben mich alle Tage meines Lebens verfolgt; und ich werde im Haus des Herrn wohnen mein Leben lang. (Errico)

PSALM 46:10
Seid stille und erkennet, daß ich Gott bin! (LB)

Kehrt um zu mir und erkennt, daß ich Gott bin!
(Errico)

JESAJA 43:28
Darum habe ich die Fürsten des Heiligtums entheiligt und Jakob dem Bann übergeben und Israel dem Hohn.
(LB)

Ihr Fürsten habt den heiligen Ort (das Heiligtum) entweiht; darum habe ich Jakob der Verdammnis ausgeliefert und Israel der Schmach.[33] (Errico)

JEREMIA 4:10
Ich aber sprach: Ach, Herr, du hast dies Volk und Jerusalem sehr getäuscht, als du sagtest: „Es wird Friede bei euch sein", wo doch das Schwert uns ans Leben geht! (LB)

Dann sagte ich, ich flehe dich an, o Gott, wahrhaftig, ich habe dieses Volk und Jerusalem über die Maßen getäuscht, denn ich sagte: Du wirst Frieden haben und siehe, das todbringende Schwert reicht soweit die Seele reicht. (Errico)

MATTHÄUS 5:3
Selig sind, die da geistlich arm sind; denn ihrer ist das Himmelreich. (LB)

[33] Der Septuagintatext des Tanach (des Alten Testaments) stimmt mit der Peschitta-Übersetzung von Jes 43:28 überein. Jesaja sagt, daß die Fürsten oder Anführer des Volkes Gottes Heiligtum entweiht hätten. („Entweihen" bedeutet „unreine Taten begehen"). Nach der Lutherbibel behauptet Jesaja, daß Gott selbst die Fürsten entweiht hätte.

Voll Freude sind all die, die sich Gott überlassen, denn ihnen gehört das Himmelreich. (Errico)

MATTHÄUS 5:48

Darum sollt ihr vollkommen sein, wie euer Vater im Himmel vollkommen ist.

Darum sollt ihr einschließend (allumfassend) sein, wie euer Vater im Himmel einschließlich ist.[34] (Errico)

JOHANNES 1:1

Im Anfang war das Wort, und das Wort war bei Gott. (LB)

Das Wort war immer, und Er, das Wort, war immer bei Gott, und Gott war immer genau dieses Wort.[35] (Errico)

JOHANNES 1:14[36]

Und das Wort ward Fleisch und wohnte unter uns, und wir sahen seine Herrlichkeit, eine Herrlichkeit als des eingeborenen Sohnes vom Vater, voller Gnade und Wahrheit. (LB)

---

[34] Das aramäische Wort *gmiera* bedeutet „vollständig", „ganz", „reif", „vollkommen", „gründlich", „vollendet", „einschließlich", „abgerundet". Dieser Vers zielt darauf ab, im Verständnis vollkommen oder vollständig zu sein, gerade so wie Gott seinen Regen auf die Gerechten und die Ungerechten fallen und die Sonne über Gut und Böse scheinen läßt. Eine vertiefende Abhandlung dieses Verses findet sich in meinem Buch *Aramaic Light on the Gospel of Matthew*, S. 89 f.

[35] *Braschieth*, „am Anfang", stellt „das Wort" in einen kosmologischen Rahmen. Nach dem aramäischen und hebräischen Text der Genesis ist die Schöpfergottheit von zeitlichen und räumlichen Dimensionen völlig frei. Aus diesem Grund verwendet der Autor „am Anfang". „Das Wort" ist jenseits von Raum und Zeit, genau wie Gott jenseits von Raum und Zeit ist. Die Wendung „am Anfang" beinhaltet den Gedanken: „in der entferntesten Vergangenheit, die der menschliche Geist sich vorstellen kann". Es gab nicht Anfang, wie wir einen Anfang verstehen. Die Wendung meint, „zeitlos und nicht meßbar". Deshalb kann die Eröffnungswendung auch übersetzt werden mit: „Das Wort war immer." Eine vertiefende Abhandlung dieses Verses findet sich in meinem Buch *Aramaic Light on the Gospel of John*, S. 9 f.

[36] Siehe auch den Abschnitt „Der einzig Gezeugte" auf S. 218

Und das Wort nahm menschliche Gestalt an und wohnte (zeltete) unter uns; und wir sahen seine Kostbarkeit (Herrlichkeit), eine Kostbarkeit wie die eines einzigartigen, geliebten Sohnes des Vaters, der voller liebender Güte und Gerechtigkeit ist. (Errico)

JOHANNES 1:50–51

Jesus antwortete und sprach zu ihm: Du glaubst, weil ich dir gesagt habe, daß ich dich gesehen habe unter dem Feigenbaum. Du wirst noch größeres als das sehen. Und er spricht zu ihm: Wahrlich, wahrlich, ich sage euch: Ihr werdet den Himmel offen sehen und die Engel Gottes hinauf- und herabfahren über dem Menschensohn. (LB)

Jesus antwortete und sprach zu ihm: Du glaubst, weil ich dir gesagt habe, daß ich alles über dich weiß. Du wirst noch größeres als das sehen. Und er sprach zu ihm: Amen, amen, ich sage dir: Du wirst den Himmel geöffnet und Boten zu diesem menschlichen Wesen [Jesus] kommen und gehen sehen.[37] (Errico)

2. TIMOTHEUS 3:16

Denn alle Schrift, von Gott eingegeben, ist nütze zur Lehre, zur Zurechtweisung, zur Besserung, zur Erziehung in der Gerechtigkeit. (LB)

Alle Schrift, die vom Geist geschrieben wurde, ist nützlich zum Lehren, zur Richtigstellung, zum rechten Handeln und für die Unterweisung in Gerechtigkeit (Frömmigkeit). (Errico)

---

[37] Der Satz „du wirst den Himmel geöffnet und Boten zu diesem menschlichen Wesen [Jesus] kommen und gehen sehen" heißt, daß die Jünger freie Kommunikation (Offenbarung) zwischen dem Himmel (der geistigen Welt) und der Erde erleben werden, und daß Jesus der Träger der Wahrheit sein wird. Der Ausdruck „menschliches Wesen" (Menschensohn) bezieht sich auf einen Gegensatz, da himmlische Wahrheit aus dem Mund eines gewöhnlichen menschlichen Wesens kommen wird.

ZUSAMMENFASSUNG

Nachdem wir den ersten Schlüssel – die aramäische Sprache – auf einige Bibelverse angewandt haben, beginnen wir zu erkennen, wie erhellend der aramäische Text tatsächlich ist.

Es gibt Tausende von Bibelversen, die wir vergleichen könnten. Ich müßte einen extra Band schreiben, um alle abzudecken. Allen Lesern, die sich weiter mit Übersetzungsunterschieden auseinandersetzen möchten, empfehle ich *„ The Holy Bible: From Ancient Eastern Manuscripts "* von Dr. theol. George M. Lamsa. Dr. Lamsa übersetzte von der Genesis bis zur Offenbarung aus alten aramäischen Handschriften. Er schreibt, daß es ungefähr 10 000 bis 12 000 große und bedeutende Unterschiede zwischen seiner englischen Wiedergabe der Bibel und der englischen King-James-Ausgabe gibt.

Im folgenden Kapitel werden wir uns einige Redewendungen anschauen, die Jesus benutzte. Es wird eine faszinierende Untersuchung sein, denn es gibt eine Reihe weiterer verwirrender Textstellen, auf die wir den zweiten Schlüssel – Redewendungen – anwenden können.

KAPITEL 2

DER ZWEITE SCHLÜSSEL:
REDEWENDUNGEN

FESTSTEHENDE REDENSARTEN

Was ist eine Redewendung, eine Redensart? Eine Redewendung ist eine lexikalisierte umgangssprachlich feste Wortverbindung, die das eine sagt, aber etwas anderes meint. In allen Sprachen gibt es besondere Redensarten, und jeder, der eine Sprache lernt, muß sich mit ihnen vertraut machen. Schauen wir uns zum Beispiel eine Redewendung aus dem Spanischen an: „No tengo lana." Wörtlich übersetzt bedeutet sie: „Ich habe keine Wolle." „No tengo" – *Ich habe nicht/keine* und „lana" – *Wolle*. Handelt ein Spanier nicht gerade mit Wolle, bedeutet „No tengo lana": *Ich habe kein Geld.*

DEUTSCHE REDEWENDUNGEN

Im Deutschen würden wir sagen: „Ich habe keine Mäuse." Sicher kennen Sie jemanden, der „ohne Mäuse" mit tausend „Flausen im Kopf", „auf mehreren Hochzeiten tanzte", dabei „Kopf und Kragen riskierte", und am Ende „ging es aus wie das Hornberger Schießen". Alles war ihm „durch die Lappen gegangen". Kein Wunder, wenn er sich „nach Strich und Faden ärgerte" und jeden, der „ihn übers Ohr gehauen hatte", gern „in der Pfeife geraucht hätte". Doch leider machte ihm das Leben „einen Strich

durch die Rechnung", zu früh „mußte er ins Gras beißen".Viel-
leicht denken Sie jetzt: So ein „Pechvogel", oder so viel Dumm-
heit „geht auf keine Kuhhaut" und mahnen ihren Sprößling:
„Schreib dir das hinter die Ohren." Oder „kommt Ihnen das alles
spanisch vor"?

Benutzen wir solche Redensarten, haben Zuwanderer Schwierigkeiten, uns zu folgen. Auch Ausländer, die in ihrem Heimatland
Deutsch gelernt haben und hervorragend Deutsch sprechen,
haben, wenn sie Deutschland besuchen, große Schwierigkeiten
mit der Umgangssprache, sie verwirrt sie.

Wir benutzten solche Redewendungen meist, ohne es zu merken. Beobachten Sie einmal einen Tag lang Ihre Gespräche. Sie
werden überrascht sein, wie oft Sie das eine sagen und ganz etwas
anderes meinen. Narren und Clowns nehmen ihr Gegenüber gern
„auf die Schippe", indem sie es wortwörtlich verstehen und buchstäblich handeln.

Ist es nicht interessant, daß wir, wenn wir die Bibel lesen und
auslegen, oft genauso denken wie diese Narren? Irrtümlich nehmen wir biblische Redewendungen wörtlich.

Über tausend Redewendungen gibt es in der Bibel. Sie wurden zwar gewissenhaft und präzise, aber leider wörtlich übersetzt
und folglich in ihrer wahren Bedeutung mißverstanden. Schauen
wir uns einige dieser biblischen Redewendungen an.

BIBLISCHE REDEWENDUNGEN

> „Verflucht sei der Acker um deinetwillen! Mit Mühsal sollst
> du dich von ihm nähren dein Leben lang. Dornen und Di-
> steln soll er dir tragen, und du sollst das Kraut auf dem Felde
> essen. Im Schweiße deines Angesichts sollst du dein Brot
> essen, bis du wieder zu Erde werdest."
>
> *Genesis 3:17b–19a, LB*

Bevor wir die Redewendungen dieserVerse untersuchen, müssen
ein paar Punkte geklärt werden.

Nach jüngsten Erkenntnissen der Textkritik und anderen wissenschaftlicher Untersuchungen gehört Genesis 3:14–19 ursprünglich nicht zum „Sündenfall". In einer älteren Version der Erzählung wurden Adam und Eva direkt, nachdem *Jahwe*, Gott, ihren Ungehorsam entdeckt und ihre Verteidigung angehört hatte, aus dem Garten Eden vertrieben. Die Verbannung war die ursprüng–liche und einzige Strafe, die dem Mann und der Frau auferlegt worden war. Die Verfluchung in Vers 14–19 steht in keinem direkten Zusammenhang mit dem begangenen Vergehen. Diese Verse beschreiben den gegenwärtigen Existenzzustand der Frau, des Mannes, der Schlange und des Ackerbodens. Nachträglich erklärt der biblische Verfasser ihre gegenwärtige Situation als Bestrafung. Deshalb sind die Verse 14–19a ein Zusatz des biblischen Erzählers.

Der Verfasser dieser Verse verwendet semitische Redewendungen. Diese Textstelle erweckt den Anschein, Gott habe Dornen, Disteln und Schweiß extra zur Bestrafung der Menschen erschaffen, obwohl gesunder Menschenverstand uns anderes lehrt. Wir wissen, daß Dornen und Disteln Waffen der Natur sind, mit denen sich bestimmte Pflanzen schützen. Ebenso wissen wir, daß sich der Körper, wenn er überhitzt ist, durch Schwitzen selbst abkühlt und Gifte ausscheidet. Diese Reaktionen sind kein Fluch.[1]

Nun zu uns. Natürlich sind Dornen und Disteln lästig, und wenn sie uns stechen, tut das weh. Diese Redewendung bedeutet also: Für das menschliche Paar würde das Leben beschwerlich werden. Sie mißbrauchte das Vertrauen, das zwischen ihnen und ihrem Schöpfer bestand, indem sie die einzige Einschränkung, die Gott ihnen auferlegt hatte, mißachteten.

In der bildhaften Ausdrucksweise des Nahen Ostens weist „Schweiß" auf das Elend hin, das durch trügerische philosophische Überzeugungen des Menschen entsteht. Gott verflucht in der Geschichte nur die Schlange und den Ackerboden und sonst

---

[1] Nach Gen 3:14–19 verfluchte Gott nur die Schlange und den Ackerboden. Auf keinen Fall verfluchte er die Frau und den Mann. Behalten wir im Gedächtnis, daß es sich hier nicht um einen historischen Bericht handelt.

nichts. In Wirklichkeit verflucht Gott gar nichts, niemals. Die Menschheit selbst erschafft sich durch Unwissenheit und das Ausleben selbstzerstörerischer Gedanken „Dornen" und „Disteln" und ißt ihr Brot „im Schweiße ihres Angesichts". Die Geschichte vom Sündenfall ist eine Parabel (eine Erzählung) und sollte nicht als historischer Bericht mißverstanden werden.[2]

Nabal und Lots Frau

Unter den Aramäisch sprechenden Menschen des Nahen Ostens hat sich bis heute eine sehr alte, eigentümliche Redewendung erhalten: „Jemandes Körper wird zu Stein." Es bedeutet schlicht: Dieser Mensch ist gelähmt. In der Bibel finden wir eine ähnliche Redensart:

> „Als es aber Morgen geworden und die Trunkenheit von Nabal gewichen war, sagte ihm seine Frau alles. Da erstarb sein Herz in seinem Leibe, und er ward wie ein Stein."
>
> *1. Samuel 25:37, LB*[3]

„Sein Herz erstarb in seinem Leibe" bedeutet, er erlitt einen Herzanfall, „und er ward wie ein Stein", er wurde gelähmt. Schon im nächsten Vers teilt uns der Erzähler mit, daß Nabal nach zehn Tagen starb.

In Genesis 19 lesen wir: „Da ließ der HERR Schwefel und Feuer regnen vom Himmel herab auf Sodom und Gomorra und vernichtete die Städte und die ganze Gegend und alle Einwohner der Städte und was auf dem Lande gewachsen war. Und Lots Frau sah hinter sich und ward zur Salzsäule."[4] Die Redewendung „zur Salzsäule werden" bedeutet, sie erlitt einen Schlaganfall, erstarrte und starb.[5]

---

[2] Siehe auch Kapitel 6 „Der Garten Eden, Adam und Eva", S. 164

[3] Die ganze Geschichte: 1 Sam 25:2–38

[4] Gen 19:24–26, LB

[5] Siehe Lamsa, *Old Testament Light*, S. 56

Jakob segnet seine Söhne

Auf seinem Sterbebett rief Jakob, der hebräische Patriarch, auch „Israel" genannt, seine zwölf Söhne zu sich, um sie zu segnen und ihnen und ihren Nachkommen die Zukunft zu weissagen. Nach nahöstlichem Brauch wendet ein alter Patriarch sein Haupt gen Himmel und sagt mit ausgestreckten Händen: „Tretet zusammen und höret, o Söhne Jakobs; und höret auf Israel, euren Vater."[6]

Zuerst wandte sich Jakob, der weise Vater, an Ruben und weis–sagte ihm, danach an Simeon, dann an Levi. Dann sagte er zu Juda: „Er wird sein Kleid in Wein waschen und seinen Mantel in Traubenblut. Seine Augen sind dunkel von Wein und seine Zähne weiß von Milch."[7] Mit diesen Worten segnete Israel seinen Sohn Juda mit großem Wohlstand.

Die Redewendungen „Seine Kleider in Wein und im Blut (Saft) der Trauben waschen" und „Augen dunkel von Wein" versinnbildlichen, daß Juda viele fruchtbare Weinberge besitzen und großen Wohlstand erlangen würde. „Zähne weiß von Milch" bedeutet, er würde viele Ziegen- und Schafherden und Milch im Überfluß haben. Mit anderen Worten, Juda würde durch Weinberge und Viehbestand blühen, gedeihen und erfolgreich sein.[8]

Das Gesetz und Gottes Vollkommenheit

Teppichverkäufer, Kleiderhändler oder Kunsthandwerker des Nahen Ostens handeln mit potentiellen Käufern auch heute noch nach altem Brauch. Ihre Sprache ist lebhaft und bunt. Natürlich bringen sie während des Feilschens die Namen Gottes, seine heiligen Engel, die Heiligen, Propheten und Apostel in das Gespräch ein. Um Eindruck zu machen, sagt der Händler: „Beim überaus kostbaren Namen Allahs (Gottes), seine gesegnete Hand

---

[6]   Gen 49:2, Errico

[7]   Gen 49:11–12, LB

[8]   Siehe dazu: Lamsa, *Old Testament Light*, S. 96–107

hat diesen Teppich geknüpft." Oder, „Allahs Finger hat dieses Gewand genäht" und meint damit: „Der Teppich ist vollkommen", „das Gewand makellos". Die Hand oder den Finger Gottes an etwas beteiligt sein zu lassen, ist eine wunderbare Möglichkeit zum Beispiel zu erklären: „Dies ist die feinste Handarbeit der Welt." Der Teppich, das Gewand und andere Waren werden, um ihre höchste Vollkommenheit, vollendete Schönheit und Qualität zu betonen, mit Gottes Hand oder Finger in eine Gleichung gebracht.

Und so lesen wir in der Heiligen Schrift, als Gott Moses „... auf dem Berg Sinai alles gesagt hatte, übergab er ihm die beiden Tafeln der Bundesurkunde, steinerne Tafeln, auf die der Finger Gottes geschrieben hatte."[9] Die Urkunde in Stein war das Gesetz, das heißt die Zehn Gebote. Nach der Heiligen Schrift hatte der Finger Gottes die Gebote auf die Steintafeln geschrieben.

Moses war von ägyptischen Magiern unterrichtet worden. Er hatte die Weisheit und die esoterischen Lehren der Assyrer, Chaldäer (Babylonier) und Ägypter studiert, war vertraut mit dem Kodex Hammurabi, dem Gesetzbuch Babylons, und dem ägyptischen Zivilrecht. Für ihn war es wahrhaftig eine Offenbarung Gottes, mit nur zehn Geboten und nicht mit Hunderten von Vorschriften, wie sie der Kodex Hammurabi enthielt, vom Berg he–rabzusteigen. Dieses Gesetz war vollkommen, untadelig, verläßlich und deshalb „vom Finger Gottes geschrieben".

POETISCHE REDEWENDUNGEN

Die poetische Sprache der Bibel ist faszinierend. Und sogar hier finden wir umgangssprachliche Redewendungen, die, wörtlich verstanden, verwirrend sein können.

Zum Beispiel schreibt der Verfasser des „Prediger" eine unvergeßliche Mahnung an die Jugend.

---

[9] Ex 31:18, Errico

Die Bedeutung der umgangssprachlichen Redewendungen sind von mir kursiv und in Klammern gesetzt.

„Denk an deinen Schöpfer in deiner Jugend, ehe die bösen Tage kommen und die Jahre dich erreichen, von denen du sagen wirst: „Sie gefallen mir nicht" ... Zu der Zeit, wenn die Wächter des Hauses zittern [*die Beine beginnen zu zittern*] und die starken Männer sich krümmen [*die Arme verlieren ihre Kraft*], die Müllerinnen müßig stehen, weil sie nur wenige sind [*der Verlust der Zähne und der Kaufähigkeit*], wenn dunkel werden, die aus den Fenstern sehen [*die Augen werden trübe*], und die Türen in den Straßen geschlossen werden; wenn der Ton der Mühle leise ist [*die Ohren werden so schwerhörig, daß das Geräusch der mahlenden Frauen leise ist*]. Und er wird mit dem Zwitschern der Vögel aufstehen, und all die Töchter der Musik werden verstummen [*Schwierigkeit, die Geräusche zu unterscheiden, und der Gesang der Vögel erschreckt den Menschen*]; ... Und der Mandelbaum wird blühen und der Grashüpfer wird eine Last sein [*der aramäische Text lautet: „und die Heuschrecke wird sich vermehren", das heißt: deine Kinder werden sich schnell vermehren, und du wirst deine Enkel und Urenkel sehen*] ... Ehe die silberne Schnur zerreißt [*bevor Leidenschaften schwinden und das Leben endet*], die goldene Schale zerbrochen ist, der Krug an der Quelle zerschellt und das Rad an der Zisterne zerbrochen liegt [*bevor das Leben endet oder bevor die sexuelle Potenz und Männlichkeit verlorengeht*].[10]
Kohelet 12:1–6, KJV

Klar, nicht nur schlechte Übersetzungen, sondern auch präzise und wörtliche Übersetzungen haben dazu beigetragen, die Bibel mißverständlich zu machen. Das ist besonders dann der Fall, wenn wir die vielen „farbigen" und anschaulichen Redensarten im Text nicht berücksichtigen.

---

[10] Siehe auch Lamsa, *Old Testament Light*, S. 600–602

HEBRÄISCHE PROPHETEN

Auch die hebräischen Propheten liefern uns gute Beispiele für Redewendungen. Die großen Propheten waren Diplomaten, die ihr eigenes Volk von ganzem Herzen liebten, aber auch um das Wohlergehen anderer Völker besorgt waren. Die Mißstände im eigenen Volk und ihrer Regierung anzuprangern war eine schwierige Aufgabe. Deshalb gestalteten sie ihre Enthüllungen und Mahnungen lebendig und eindrucksvoll. Ihr Stil war knapp, direkt und eindringlich. Ihre Gedanken kleideten sie geschickt in Metaphern und Redensarten.

Diese weisen und ehrwürdigen Seher wollten, daß nicht nur Regierungsbeamte ihre Absichten und Botschaften verstanden, sondern auch das hebräische Volk. Deshalb sprachen und schrieben sie in der Umgangssprache. So gelang es ihnen, ihre Botschaften dem einfachen Menschen des Nahen Ostens klar zu vermitteln.

Dennoch ist die semitische Redeweise besonders für Leser der westlichen Welt schwer zu verstehen. Symbolik ist ein weiteres Ausdrucksmittel von Kommunikation und wird im Westen eher selten angewandt. Eine klare Interpretation der Prophezeiungen ist wegen der vielen Symbole und der Umgangssprache jener Zeit für uns eine schwierige Aufgabe. Viele Exegeten und Laien nehmen die prophetischen Symbole wörtlich. Infolgedessen gibt es verschiedene Interpretationsschulen und unter ihnen zwangsläufig viele Meinungsverschiedenheiten.

Prophetische Redewendungen

Was waren das für Redewendungen, die die Propheten in ihren Schriften benutzten? Folgendes Jesaja-Zitat illustriert mehrere von ihnen; ihre Bedeutung steht in eckigen Klammern:

> „Denn der Tag des Herrn der Heere kommt über alles Stolze und Erhabene, ... über alle hochragenden Zedern des Libanon und alle Eichen des Baschan [*große, noble, starke, stolze und*

einflußreiche Männer], über alle hohen Berge und alle statt-
lichen Hügel *[kleinere Mächte, die sich selbst erhöht haben]*.[11]

Jesaja 2:12–14, EÜ

Und weiter sagt dieser große Staatsmann:

> „Laß doch ab vom Menschen; in seiner Nase ist nur ein Luft-
> hauch. Was bedeutet er schon?"

Jesaja, 2:22 EÜ

Nähmen wir den Propheten beim Wort, müßten wir alle Menschen meiden. Diese Redewendung aber will sagen: „Meide einen
Menschen, der ständig wütend, jähzornig und impulsiv ist". Ein
sehr guter Rat.

Folgende berühmte und oft zitierte Prophezeiung Jesajas enthält viele Redewendungen, die leider wörtlich ausgelegt wurden.

> „Da werden die Wölfe bei den Lämmern wohnen und die
> Panther bei den Böcken lagern. Ein kleiner Knabe wird Käl-
> ber und junge Löwen und Mastvieh [in Aramäisch: *Ochsen*]
> miteinander treiben. Kühe und Bären werden zusammen
> weiden, daß ihre Jungen beieinander liegen, und Löwen wer-
> den Stroh fressen wie die Rinder. Und ein Säugling wird
> spielen am Loch der Otter [in Aramäisch: *Schlange*], und ein
> entwöhntes Kind wird seine Hand stecken in die Höhle der
> Natter."

Jesaja, 11:6–8 LB

Sollen wir politische Führung wirklich von einem kleinen Knaben erwarten? Werden die Tiere der Erde ganz real eine Wandlung
ihres natürlichen Charakters durchmachen? Was bedeuten diese
bildhaften prophetischen Wendungen?

---

[11] Siehe auch Lamsa, *Old Testament Light*, S. 620

„Ein kleine Knabe wird sie miteinander treiben" zeigt, daß die politische Leitung eher in den Händen einfacher, aufrichtiger Führer liegen wird als in Händen durchtriebener, betrügerischer, die Rechtsprechung verdrehender, korrupter Politiker. Auch wenn „ein kleiner Knabe" offen und vertrauensvoll ist, meint diese Redewendung keinesfalls einen Einfaltspinsel, sondern eine Persönlichkeit mit innerem Verständnis für alle Betroffenen.

Der „Säugling, der mit den Schlangen spielt" und das „entwöhnte Kind, das seine Hand in die Höhle der Natter steckt" symbolisieren die Kraft aufrichtiger Führer, die fähig sind, mit den Feinden des Landes (Schlangen und Nattern) zu verhandeln. Nur eine aufrichtige und überzeugende Persönlichkeit mit einem reinen Herzen wie ein Kind kann den Feind seines Volkes umstimmen und einen Krieg, eine Auseinandersetzung, abwenden.

Als Symbol für machtvolle und diktatorische Königreiche verwendeten Propheten oft Tiere, besonders bösartige Raubtiere, die Dörfer in Angst und Schrecken versetzten. „Wolf", „Panther", „Löwe" und „Bär" weisen auf unterdrückende Völker, die danach trachten, hilf- und wehrlose Völker zu vernichten. „Lamm", „Zicklein", „Kalb" und „Kuh" symbolisieren schwächere und kleinere Völker ohne große Streitmacht oder Festung.

Daß all diese Tiere zusammen leben, fressen und von einem Kind geführt werden, bedeutet, starke Völker werden in Harmonie mit wehrlosen Völkern leben, Handel treiben und friedlich auskommen. „Löwen werden Stroh fressen wie die Rinder" steht für den Tag, an dem machtvollen Völkern ihre eigenen Ressourcen genügen werden. Sie werden nicht danach streben, andere Staaten „aufzufressen", indem sie sie ausplündern. Jesaja sah Wahrheit und Gerechtigkeit ausgegossen über alle Völker, weil der Messias sie leiten und lehren würde. Der verheißene Messias sollte Wahrheit, Gerechtigkeit und das Gesetz Gottes der ganzen Menschheit offenbaren, auf daß Frieden und Harmonie unter den Nationen herrsche.

REDEWENDUNGEN JESU

Sehen wir uns im Matthäus-, Markus-, Lukas- und Johannesevangelium einige Redewendungen Jesu aus der Zeit an, als er in
Palästina lehrte. Die aramäische Bibel überschreibt die vier Evangelien interessanterweise mit „Predigt", „Botschaft" oder „Erklärung" von Matthäus, Markus, Lukas oder Johannes.

Jesus sagt: „Wer aber sagt: Du Narr!, der ist des höllischen Feuers schuldig."[12] Kann das wirklich so sein? Die meisten von uns
haben sich selbst oder andere schon mal einen „Narren" ge-
scholten und nach den meisten Übersetzungen dieser Lehre Jesu
„Höllenfeuer" über sich gebracht.

Gehenna dnura, „Höllenfeuer", ist eine aramäische Redewendung, die „bedauern", „mentale Qualen" und „Zerstörung" bedeutet. Für die Aramäisch sprechenden Kirchenväter des 2. bis 5.
Jahrhunderts n. Chr. war „Höllenfeuer" gedankliche Pein und
kein Inferno, in dem Gott Menschen für immer brennen läßt. Erst
später wurde „die Hölle" bekannt als eine für Gottlose und Un-
gläubige vorgesehene Stätte der Bestrafung. Unter den frühen
nahöstlichen Kirchenvätern von Edessa und Nisibin, Mesopotamien, war diese Lehre jedoch nicht verbreitet.

Hölle

Was und wo ist Hölle? Einige glauben, sie sei ein unterirdisches
Folterverlies, in dem lebendige Seelen bis in alle Ewigkeit qual-
voll brennen. Andere lehren, die Hölle sei ein Platz nicht enden-
der Trennung von Gottes Gegenwart. Beide Vorstellungen, Ort
des ewigen Feuers und Stätte der Bestrafung, kommen aus bestimmten mißverstandenen biblischen Passagen und der Interpretation früher Kirchenväter wie zum Beispiel Tertullian und Au-
gustinus. Die Hölle ist kein Ort, an dem Gott ungehorsame
Menschen foltert. Eine solche Vorstellung wurde von Jesus weder

---

[12] Mt 5:22, LB

geäußert, noch war sie Teil seiner Lehre. Wenn er den aramäischen Ausdruck *gehenna dnura* benutzte, dann als Redewendung.

Unser Wort „Hölle" geht auf die indogermanische Wurzel *kel*, „verhüllen", „verbergen", „schützen", mittelhochdeutsch *helle*, althochdeutsch *hell[i]a* zurück.[13] Im Semitischen gibt es zwei inhaltlich völlig unterschiedliche Begriffe: *scheol* und *gehenna dnura*. Unglücklicherweise wurden beide von deutschen wie von englischen Bibelübersetzern mit nur dem einen Wort „Hölle" übersetzt.

Scheol ist vom hebräischen *schalal*, „still oder ruhig sein" abgeleitet. In jener Zeit glaubten die Hebräer, *scheol* sei ein Ort unter der Erde, wo die Verstorbenen, gute wie schlechte, still und untätig verharrten und auf den Tag des Gerichtes warteten. Für die Hebräer hatte Gott jedoch keine Gerichtsbarkeit über *scheol*. Die Verfasser des Tanach (A.T.) setzten in all ihren Schriften *scheol* ein. Die Verfasser des Neuen Testaments verwendeten hingegen *gehenna dnura*. Jesus sprach von *gehenna*, gelegentlich auch von *scheol*. *Ghenna dnura* bedeutet „Tal von Hinnom". Es war ein Ort außerhalb Jerusalems, an dem das Volk Müll verbrannte. In sehr alter Zeit war es eine Opferstätte für den heidnischen ammonitischen Gott Moloch.[14]

> „Der Name *gehenna* – hebräisch *Gei Hinnom* – ist von Ben Hinnom, dem berüchtigten Tal südwestlich von Jerusalem abgeleitet[15]. Nach dem Fall des nördlichen Königreichs Israels zwang Assyrien das südliche Königreich Judäa, Tribut zu zahlen. In 2. Chron. 28 heißt es, daß der judäische König Ahaz (735–715 v. Chr.) wertvolle Silber– und Goldornamente aus dem Tempel nahm, um den assyrischen König zu

---

[13] Das Wort „Hölle", englisch „hell", bezeichnete in altgermanischer Zeit den Aufenthaltsort der Toten. Nach der Christianisierung der germanischen Stämme wurde „Hölle" als christlicher Begriff übernommen. In der nordischen Mythologie kommt *Hel* auch als personifiziertes „Totenreich" vor und als Name der Todesgöttin. (Anm. d. Übers.)

[14] Siehe 2 Kön 23:10 und 2. Chron. 33:6

[15] Siehe Jer 19:2

besänftigen. Ahaz verehrte Götzen und brachte ihnen Opfer dar. Um die Götter freundlich zu stimmen, verurteilte er im Tal von Hinnom seinen Sohn als Opfergabe zum Tod in den Flammen.

Wegen dieser schrecklichen Greueltaten wurde das Tal Gei Hinnom zum hebräischen Inbegriff für „Hölle". Während neutestamentlicher Zeit wurden im Tal von Hinnom Müll und Leichen von Seuchenopfern verbrannt."[16]

Zur Zeit des Neuen Testaments deutet *gehenna* „Bedauern", „Reue", „gedankliche Qualen" und „mentales Leiden" an. Die frühen Aramäisch sprechenden Kirchenväter des Nahen Ostens kannten die eigentliche Bedeutung dieser Redewendung.

Wir im Westen hingegen legten „Hölle" wörtlich aus und mißverstanden unwissentlich diese Redewendung.

Problematische Ermahnungen

> „Wenn dich dein rechtes Auge verführt, reiß es aus und wirf es weg ... und wenn deine rechte Hand dich verführt, hau sie ab und wirf sie weg."
>
> *Matthäus 5:29–30, EÜ*

Dies ist eine bekannte Ermahnung aus der Bergpredigt Jesu. Jesu Worte erscheinen uns hart und gefühllos. Verstünden wir einige seiner Aussagen wörtlich, gerieten wir in ernsthafte Schwierigkeiten.

Hat man zum Beispiel mit seiner Hand eine strafbare Handlung begangen, sollte man sie Jesus zufolge abschlagen. Gott sei Dank haben nicht viele Menschen diesen Befehl befolgt. Dennoch gab es einige, die sich aus Gehorsam Jesu Lehre gegenüber tatsächlich ihre Hände abschlugen. In Ländern des Nahen Ostens, in denen die alten Gesetze noch streng befolgt werden, wird

---

[16] Errico, *The Message of Matthew*, "Hellfire – Gehenna", S. A–17

jenen, die beim Diebstahl erwischt werden, eine Hand abgehackt. Beim zweiten Vergehen wird die verbliebene Hand abgehackt. Gibt es ein drittes Mal, fällt der Kopf. Diese Bestrafung schreckt sehr davor ab, zu stehlen.

Natürlich lehrte Jesus nicht, die Hand vom Körper abzutrennen. Sein Ausspruch ist eine einfache Redewendung, die besagt, von jedwedem Unrecht, das die Hand begehen möchte, abzulassen. „Ausreißen", „abschlagen" mahnt, „einzuhalten", das heißt aufzuhören und es nie wieder zu tun. Jesus lehrte seine Jünger, daß bestimmte Zeichen denen folgen, die an seinen Namen glauben.

> „Und durch die, die zum Glauben gekommen sind, werden folgende Zeichen geschehen: [Wenn sie] in meinem Namen ... Schlangen anfassen oder tödliches Gift trinken, wird es ihnen nicht schaden."
>
> *Markus 16:17–18, EÜ*

Mit diesen ermutigenden Worten befähigte Jesus seine Jünger, „Schlangen aufzunehmen" – das heißt, furchtlos mit Herausforderern und Feinden seines Evangeliums „umzugehen". Der große Meisterlehrer inspirierte seine Jünger mit göttlicher Weisheit. Sie würden fähig sein, religiösen Führern, listigen Beamten und jenen, die die Botschaft ihres Meisters ablehnten, zu antworten.

„Tödliches Gift zu trinken, ohne Schaden zu nehmen" spricht von der Kraft der Jünger, bösartigen Klatsch und falsche Anschuldigungen zu überwinden. Sie würden furchtlos gegenüber arglistigen Verleumdungen sein, denn sie würden „es trinken", das heißt, dem heftigen Verleumdungsangriff standhalten. Keine Diffamierung würde sie verletzen können.

Jesus gebot seinen Jüngern, „Berge zu versetzen", „Schlangen zu zertreten" und „Teufel auszutreiben". „Berge zu versetzen" bedeutet, ernsthafte Hindernisse und Schwierigkeiten zu überwinden, „Schlangen zu zertreten", Angst zu besiegen und fähig zu

sein, sich über die Macht der Feinde hinwegzusetzen. „Teufel aus-
treiben" spricht von der Heilung mentaler und emotionaler
Krankheiten und bestimmter physischer Gebrechen. Jesu Gegenwart und seine Lehren waren für das Bewußtsein der Jünger so
dynamisch und kraftvoll, daß auch sie dieselbe transformierende
Kraft offenbaren würden wie ihr Lehrer.

Paulinische Redewendungen

In seinen Briefen an die Korinther sagt der Apostel Paulus:

> „Unser Mund hat sich euch aufgetan und unser Herz ist weit
> geöffnet. Ihr werdet nicht von uns beengt, aber ihr seid be-
> engt in euren eigenen Eingeweiden."[17]
>
> *2. Korinther 6:11–12, KJV*

Vergleichen wir die Übersetzung dieses Verses mit dem
aramä–ischen Peschitta-Text:

> „Unsere Münder sind euch, Korinther, gegenüber offen, und
> unsere Herzen atmen frei. Ihr werdet nicht von uns genötigt,
> sondern von eurem zarten Mitgefühl stark bedrängt."
>
> *2. Korinther 6:11–12, Errico*

Paulus schreibt frei heraus, wenn er die Redewendung „unsere
Münder sind euch gegenüber offen" gebraucht. Was er mitteilen
will, ist: „Wir haben euch alles gesagt." Im Nahen Osten sagt man
von einem Menschen, der freimütig und klar spricht: „Er oder sie
hat einen großen Mund." Das ist nicht mißbilligend, sondern
macht deutlich, diese Person spricht gerade heraus, legt alles offen.
Im deutschen wie im englischen Sprachraum ist die Redensart
„einen großen Mund haben", abschätzig gemeint. Im Deutschen

---

[17] Die deutschen Übersetzungen (LB und EÜ) sagen statt „Eingeweide" „Herz".

kennzeichnet sie einen Angeber, im Englischen jemanden, der ein Geheimnis nicht für sich behalten kann oder zu viel spricht.

Im Tanach (A.T.) haben wir genau dieselbe Redewendung: „Hanna betete. Sie sagte: Mein Herz ist voll Freude über den Herrn, große Kraft gibt mir der Herr. Weit öffnet sich mein Mund gegen meine Feinde; denn ich freue mich über deine Hilfe.“[18] In ihrem ekstatischen Dankgebet verwendet Hanna mehrere semitische Redewendungen. Hier interessieren wir uns nur für die, die ebenso im Korintherbrief vorkommt. Im aramäischen Text steht: „Und Hanna betete und sagte: Mein Mund ist geöffnet gegen meine Feinde.“[19] Obwohl diese Redewendung identisch ist, hat sie andere Bedeutung.

Hanna war, weil sie keine Kinder gebar, viele Jahre lang verzweifelt. Kinderlosigkeit war für eine verheiratete Frau im Nahen Osten eine große Schande. In der hebräischen Kultur glaubte man, eine Frau, die keine Kinder bekommt, sei vor Gott in Ungnade gefallen. Pannah, die andere Frau ihres Mannes, plagte und verspottete sie deswegen, und zweifellos tratschten auch die Frauen der Stadt über sie. Nach einem Segen des Hohenpriesters Eli gebar Hanna jedoch einen Sohn, den sie Samuel nannte. Nach Samuels Geburt bekam sie viele weitere Kinder. Nun ruft die Frau voller Freude: „Weit tut sich auf mein Mund wider meine Feinde“, das bedeutet: „Meinen Peinigern, die mich verspotteten, kann ich es mit frechen Worten heimzahlen. – Gott hat Gefallen an mir. – Ich habe ein Kind bekommen.“ Die aramäische Redewendung „ein offener Mund“ hat also zwei Bedeutungen: „heimzahlen“ und „nichts verheimlichen“.

Paulus benutzte noch verschiedene andere Redensarten: „Unsere Herzen atmen frei“, und „ihr werdet von uns nicht beengt, aber ihr seid beengt in euren eigenen Eingeweiden.“ „Unser Herz

---

[18] 1 Sam 2:1, EÜ

[19] 1 Sam 2:1, Errico

atmet frei", spricht von einem guten Gewissen, bedeutet aber auch, von jeder Verantwortung frei zu sein. „Eingeweide" in der letzten Redewendung ist eine wörtliche Übersetzung. Diese wörtliche Übersetzung verschleiert die Bedeutung des Textes.

Der Apostel verwendet *rahma*, doch dieses Wort besitzt mindestens ein Dutzend verschiedene Bedeutungen. Wörtlich bedeutet es: „Freunde", „Eingeweide", „Gebärmutter", „Blase", „Hoden" und die weiblichen Geschlechtsorgane. Im übertragenen Sinn bedeutet *rahma* jedoch: „Liebe", „Gnade", „Güte", „Zuneigung", „Mitgefühl", „Barmherzigkeit", „Wohlwollen", „Freundschaftlichkeit" und „Weichherzigkeit". In diesem Vers ist „Mitgefühl" gemeint.

Wo in der Heiligen Schrift haben die Übersetzer *rahma* noch wörtlich mit „Eingeweide" übersetzt? In seinem Brief an die Philipper schreibt Paulus liebevoll: „Gott ist mein Zeuge, wie stark ich mich nach euch allen sehne in den Eingeweiden Jesu Christi."[20] Im aramäischen Peschitta-Text steht:

„Gewiß, Gott ist mein Zeuge, in welcher Weise ich euch glühend liebe, ganz durch die zärtliche Liebe von Jesus dem Messias."[21]

Während sich der Prophet Jesaja vertrauensvoll mit Gott *Jahwe* bespricht, betet er: „Blicke herab vom Himmel ... Wo ist dein Eifer und deine Strenge, die Geräusche deiner Eingeweide und dein Erbarmen für mich? Wurden diese zurückgehalten?"[22] „Die Geräusche der Eingeweide" meint „zärtliche Zuneigung und Liebe". Jesaja bittet also: „Wende dich mir in zärtlicher Zuneigung und Liebe zu."

An anderer Stelle verkündet der prophetische Staatsmann: „Und deshalb sollen meine Eingeweide für Moab tönen [sprechen] wie eine Harfe."[23] „Mein Herz wird um Moab trauern", ist des Propheten wirkliches Anliegen.[24]

---

[20] Phil 1:8, KJV. In den deutschen Bibeln ist diese Stelle richtig übersetzt.

[21] Phil 1:8, Errico

[22] Jes 63:15, KJV. In den deutschen Bibeln wurde diese Stelle richtig übersetzt.

[23] Jes 16:11, KJV. Mit Ausnahme der Elberfelder Bibel wurde diese Stelle in den deutschen Bibeln richtig übersetzt. Die Elberfelder Bibel übersetzt hier tatsächlich „Eingeweide". (Anm. d. Übers.)

[24] Siehe Lamsa, *Old Testament Light,* S. 648

Im Hohen Lied, dem poetischen Buch der Liebe, sagt die Geliebte: „Mein Geliebter steckte die Hand durch das Loch meiner Tür, und meine Eingeweide wurden für ihn bewegt.“[25] Wieder ist die wörtliche Übersetzung nicht klar. Was die Geliebte ausdrücken will, ist: „Meine Leidenschaft wurde für ihn entfacht.“

SATAN

In diesem Abschnitt werden wir uns nicht mit dem Ursprung des Teufels befassen, sondern dem „Satan“ und „Teufel“ als Redensart nachgehen. Kapitel 6, „Symbolik“, wird den Ursprung „Luzifers“ untersuchen. In Kapitel 9 findet sich der Abschnitt „Satan – Eine gewöhnliche Redensart“. Die aramäische Sprache und ihre Redensarten klären das am häufigsten mißverstandene Thema der Bibel: die Macht des Bösen, bekannt als „Satan“. „Satan“, „Teufel“, „böser Geist“, „unreiner Geist“ oder ähnliche Wendungen finden wir ausgesprochen häufig im Neuen Testament. Obwohl es auch einige Stellen im Tanach (A.T.) gibt, sind es doch Jesus und seine Jünger, die diese Begriffe am häufigsten benutzen.

In der deutschen Umgangssprache haben wir ähnliche „teuflische“ Wendungen. Hier nur ein paar Beispiele: „Zum Teufel mit dir!“, „Aus dir spricht der Teufel.“ „Ich werde den Teufel tun“; oder: „teuflisch scharf“, „teuflisch schlau“ und scherzend: „Du kleiner Teufel!“ Niemand denkt, wenn er so etwas sagt, an ein übernatürliches Wesen oder eine übernatürliche Macht. Wenden wir uns wieder dem Apostel Paulus zu. Diesmal werfen wir einen Blick in seinen zweiten Korintherbrief.

---

[25] Hld 5:4, KJV. In den deutschen Bibeln wurde diese Stelle richtig übersetzt.

Ein Stachel im Fleisch

> „Damit ich mich wegen der einzigartigen Offenbarung nicht
> überhebe, wurde mir ein Stachel ins Fleisch gestoßen; ein
> Bote Satans, der mich mit Fäusten schlagen soll, damit ich
> mich nicht überhebe."
>
> *2. Korinther 12:7, EÜ*

Wohin Paulus auch reiste, traf er auf Widerstand und verbale Attacken gegen seine apostolische Autorität. Offensichtlich kamen in bestimmte Gegenden, in denen er gepredigt hatte, nach ihm falsche Lehrer, die ihn unlauterer Führerschaft anklagten und damit seine Mission als Apostel untergruben. Diese Anschuldigungen reizten Paulus und waren eine ständige Quelle von Ärgernissen: „der Stachel im Fleisch". [26]

Die Redensart „Stachel" findet sich in vielen Passagen der Heiligen Schrift, zum Beispiel in Genesis 3:18, Numeri 33:55, Richter 2:3 und Josua 22:13. Der Satz „Ein Bote des Satans, der mich schlagen soll" ist eine weitere Erklärung des „Stachels im Fleisch" und bedeutet „ein Unruhestifter". Heute würde Paulus wohl sagen: „Ich werde von Störenfrieden geplagt." Mit „Satans Botschafter" ist ein betrügerischer Lehrer gemeint, der die Menschen durch verführerische Philosophien und Lehren irreleitet. Er ist ein „teuflischer" Botschafter (Verführer, Unruhestifter), der mit übler Nachrede dem Ansehen des Paulus schadet.

Dem Satan übergeben

Im Timotheusbrief schreibt Paulus:

> „... darunter Hymenäus und Alexander, die ich dem Satan

---

[26] Siehe Lamsa, *New Testament Commentary*, S. 315–316

übergeben habe, damit sie durch diese Strafe lernen, Gott nicht mehr zu lästern."[27]

1. Timotheus 1:20, EÜ

Die semitische Redensart „jemanden dem Satan übergeben" bedeutet, „jemanden sich selbst überlassen" oder „im eigenen Saft schmoren lassen". Eine englische Redensart, die die gleiche Bedeutung hat, ist: „Gib ihnen genügend Seil, und sie werden sich selbst erhängen."

In seinem ersten Brief an die Korinther verwendet Paulus die gleiche Redensart. Der Apostel äußert sich zu einem Bericht über Unmoral und schreibt:

> Übrigens hört man von Unzucht unter euch, und zwar von Unzucht, wie sie nicht einmal unter den Heiden vorkommt, daß nämlich einer mit der Frau seines Vaters lebt. ... Im Namen Jesu, unseres Herrn, wollen wir uns versammeln, ihr und mein Geist, und zusammen mit der Kraft Jesu, unseres Herrn, diesen Menschen dem Satan übergeben zum Verderben seines Fleisches, damit sein Geist am Tag des Herrn gerettet wird.
>
> *1. Korinther 5:1–5, EÜ*

Einem Sohn Unmoral, mit einer der Frauen seines Vaters zu schlafen, vorzuwerfen, war eine schlimme Beschuldigung. Bedenken Sie, Polygamie war damals im Nahen Osten allgemein üblich. Paulus' Anweisung, im Namen Christi zusammenzukommen und den Mann dem Satan auszuliefern, damit „sein Geist gerettet wird", ist schwer zu verstehen.

Die aramäische, semitische Redewendung „dem Teufel ausliefern" bedeutet, „jemanden im eigenen Saft schmoren lassen", das heißt, „jemanden in seinen Missetaten schmoren und die Konse-

---

[27] Für eine vertiefte Einsicht in diesen Vers siehe Lamsa, *New Testament Commentary*, S. 406

quenzen ausbaden lassen". Eine vergleichbare deutsche Redewendung ist „fahr zur Hölle". Aber warum erteilt Paulus ein derart scharfes Gebot? Hatte er kein Mitleid?

Im Gegenteil, und deshalb heißt es im letzten Teil des Verses:
„Damit sein Geist am Tag des Herrn gerettet werde." Offensichtlich lernen manche Menschen nur durch selbst zugefügtes
Leid. Erst wenn der Leidensdruck groß genug ist, sind sie bereit,
aufzuwachen, sich ihrer Selbstzerstörung bewußt zu werden und
ihr selbstzerstörerisches Verhalten zu beenden. Das heißt, sie können ihr zerstörendes Verhalten ablegen und Erlösung von weiterem Übel und Leid finden.[28]

Der Begriff „Teufel"

In 75 Prozent der Fälle ist im Neuen Testament mit „Teufel"
„verrückt" oder „wahnsinnig" gemeint. Von der allgemeinen Bevölkerung des Nahen Ostens wird ein Wahnsinniger oder eine
verrückte Tat „Teufel" oder „Tat des Teufels" genannt. Hebräer
hielten zum Beispiel Götzendienst für Teufelsanbetung. Sie glaubten, derjenige, der Götzen verehre, sei verrückt oder wahnsinnig.
Abgötter, so argumentierten sie, seien von Menschenhand gemacht und könnten deshalb nicht von Leben erfüllt sein. Und
doch verehrten, küßten und verbeugten sich Menschen vor leb-
losen Statuen aus Stein oder Holz. Für die Hebräer war das verrückt und deshalb „Teufelsanbetung".

Im Johannesevangelium heißt es, daß bestimmte religiöse Autoritäten wütend auf Jesus waren und ihm vorwarfen, ein ver-
rückter und ungläubiger Jude zu sein. „Sagen wir nicht mit Recht,
daß du ein Samariter bist und einen Teufel hast?"[29]

Menschen dieser Zeit hielten mental oder emotional Kranke
für „Teufel" oder „vom Teufel besessen". Weil sie sich nicht mehr

[28] Siehe auch Lamsa, *More Light on the Gospel,* S. 202
[29] Joh 8:48, KJV. Die LB sagt: „böser Geist", die EÜ sagt: „Dämon".

normal verhielten, sagten die Leute, sie hätten einen „bösen" oder „unreinen Geist". Auch von Menschen, die ihr Temperament nicht unter Kontrolle hatten, dachte man, sie seien von einem „Dämon besetzt". Jesus sprach oft mit diesen „Teufeln", den Geistesgestörten, und heilte sie. Ein Mann erzählte Jesus, sein Name sei „Legion". Das bedeutet, er hatte „viele Teufel", und meint, er war in vielerlei Hinsicht gestört.

Die Schrift sagt, Maria von Magdala hatte „sieben Teufel". Sieben ist im Nahen Osten eine heilige Zahl und bedeutet „Ganzheit", „Vollständigkeit". Demnach befand sich Maria von Magdala vollständig auf dem Irrweg. Ihre schlechten Lebensgewohnheiten waren völlig destruktiv. Nun, für Maria hätte es, um derart destruktiv zu sein, wahrlich keiner „sieben Teufel" bedurft, einer hätte genügt. „Sieben Teufel" bedeuten sieben verrückte Einstellungen und sieben schädliche Gewohnheiten. Maria brauchte Hilfe, und Jesus heilte sie. Dankbarkeit erfüllte ihr Herz, und sie wurde eine begeisterte Anhängerin Jesu und seiner Lehren. Zweifellos erwies sich Jesu Gegenwart als kraftvoll, anziehend und dynamisch. Sein Verhalten und seine Friedfertigkeit übten auf Menschen, die physisch oder psychisch krank waren, einen großen Einfluß aus. Er hatte absolutes Vertrauen in die heilenden und wiederherstellenden geistigen Kräfte, die Menschen innewohnen.

Das Lukasevangelium berichtet von den siebzig Jüngern, die nach einer erfolgreichen Heilungsmission zu Jesus zurückkehrten. Sie waren ausgelassen und fröhlich. Sie hatten ihren geistlichen Auftrag erfüllt, die Kranken waren gesund geworden. Sie sagten zu ihm: „Herr, sogar die Teufel unterwarfen sich uns durch deinen Namen."[30] „Durch deinen Namen" bedeutet, die Jünger hatten Jesu Weise zu heilen angewendet.

---

[30] Lk 10:17

Vom Himmel fallen

Jesus freute sich über den Erfolg seiner Schüler: „Ich sah den Satan vom Himmel fallen wie einen Blitz."[31] Auch dies ist eine Redewendung und bedeutet: „Ich sah die Wahrheit das Böse besiegen." „Vom Himmel fallen" kündigt an, „seine Kraft und seinen Einfluß zu verlieren."

Jesaja prophezeit dem König von Babylon mit dem Ausspruch: „Wie bist du vom Himmel gefallen"[32], daß er sein Reich verlieren werde. Entsprechend bedeutet die Redewendung „in den Himmel aufsteigen", mehr Macht und Einfluß erlangen. Jesus wußte, seine kraftvolle Wahrheit würde über die sogenannten bösen Kräfte und Einflüsse triumphieren. Das Wort der Wahrheit, Liebe und Vollmacht erfüllte seine einfachen Jünger. Dies war die Quelle, die die Herzen und Gemüter der Menschen verwandelte. Diese Jünger waren der sichtbare Beweis, daß das Reich Gottes wahrhaftig auf die Erde gekommen war.

ABSCHLIESSENDE BEMERKUNGEN

Redewendungen zu erkennen und zu verstehen ist in jeder Sprache sehr wichtig. Wer mit anderen Menschen kommuniziert und verstehen will, was sie meinen, für den ist die Kenntnis von Redewendungen unerlässlich. Dieses Prinzip gilt auch für die Heilige Schrift. Wir sehen nun, wie entscheidend dieser zweite Schlüssel für das Verständnis vieler biblischer Passagen ist. Für ein vertiefendes Studium biblischer Redewendungen empfehle ich Dr. George M. Lamsas *Idioms in the Bible Explained*.[33]

Wenden wir uns nun dem dritten Schlüssel zu: der Mystik.

---

[31] Lk 10:18, LB

[32] Jes. 14:12–22, LB

[33] Siehe Bibliographie

KAPITEL 3

DER DRITTE SCHLÜSSEL:
MYSTIK

Was ist Mystik? Das Wort ist von Mysterium, „Geheimnis",
abgeleitet. Das American-Heritage-Wörterbuch definiert
„Mystik" wie folgt: „Eine spirituelle Disziplin, die durch tiefe
Meditation oder Kontemplation auf die unmittelbare Verbindung
oder Gemeinschaft mit der Wirklichkeit oder Gott abzielt."

Ich möchte „Mystik" anders definieren: Mystik ist Wissen, das
durch subjektive, intuitive Erfahrung erlangt wurde. Sie ist eine
Form des *Wissens*, die über gewöhnliche Umstände, Personen,
Orte und Dinge hinausgeht. Mit anderen Worten, sie ist *Wissen*,
das durch transzendentale Erkenntnisse enthüllt wird.

In diesem besonderen, erhöhten Bewußtseinszustand sind wir
fähig, die gewöhnliche Welt feinfühliger und von einer metaphysischen Perspektive aus wahrzunehmen. Philosophische Terminolo-
logie bezieht sich auf diese Stufe der Wahrnehmung oder des Be-
wußtseins als ein „Noumenon"[1].

Die Heilige Schrift berichtet von vielen mystischen Ereignis-
sen. In meinem Zugang zur biblischen Mystik unterteile ich sie
in zwei Typen. Den einen Typus nenne ich weltliche Mystik, der
andere ist eine innere, geistige Form der Mystik.

---

[1] Griechisch von *nous*, geistige Wahrnehmung, Verstand; *Noumenon*: das geistig
Wahrgenommene, Erkannte, Verstandene. (Anm. d. Übers.)

WELTLICHE MYSTIK

Wie 1. Samuel 9:1–20 berichtet, war Saul, ein junger Israelit vom
Stamme Benjamin, auf der Suche nach den Eseln seines Vaters. Er
und sein Diener hatten schon lange nach ihnen Ausschau gehal-
ten, sie aber nicht finden können. Darum beschlossen sie, Samuel,
den ortsansässigen Seher, um Hilfe zu bitten. Doch noch bevor sie
den Propheten fragen konnten, verkündete dieser ihnen, die Esel
seien gefunden und zu Sauls Vater gebracht worden. Samuel war
hellsichtig, und durch seine innere Schau *wußte* er um den Verbleib
der Tiere. Die psychische Sensibilität dieses hebräischen Sehers
(der auch einer der letzten Richter Israels war) hatte für Saul und
seinen Diener ein weltliches Problem gelöst.

INNERE, GEISTIGE MYSTIK

Die Bücher der Propheten geben uns gute Beispiele für den zweiten Typ der Mystik: die der geistigen Führung. Der Beistand dieser Propheten geleitete das Volk durch gefahrvolle Zeiten. Sie erzählten ihre Träume und Visionen auch den Königen von Israel
und Judäa, um diesen Herrschern moralisch und politisch den
Weg zu zeigen. Durch ein inneres Gespür für das moralische
Klima und die geistige Struktur ihres Volkes konnten die Propheten erkennen, welche Zucht und Korrektur erforderlich war.

TRÄUME UND VISIONEN

Träume, Visionen und Offenbarung spielen in der Bibel eine
wichtige Rolle. Wenn Gott sich zum Beispiel den Patriarchen,
Propheten und Königen offenbarte, geschah es meist durch
Träume, Visionen und Offenbarungen. Woher wissen wir das? Die
Bibel bestätigt dies in zahlreichen Textstellen. Daraus schließe ich
aber nicht, daß Träume und Visionen die einzige Art geistiger Führung und Kommunikation sind.

Im Buch Hiob heißt es: „Denn Gott spricht nur einmal, er spricht kein zweites Mal; *durch einen Traum und durch ein Gesicht der Nacht,* wenn der Schlaf auf die Menschen fällt, während sie tief schlummernd auf ihrem Lager liegen, öffnet er die Ohren der Menschen und demütigt sie ganz nach ihrer Widerspenstigkeit."[2]

Auch Moses erklärt, wie sich Gott den Propheten zu erkennen gab: „Und der Herr [Jahwe] sagte zu ihnen: Hört nun meine Worte: Wenn ihr Propheten seid, *werde ich, der Herr* [Jahwe], *mich euch in einer Vision offenbaren, und ich werde zu euch im Traum sprechen.*"[3]

Der Psalmist verkündet:

> „Denn der Herr [Jahwe] ist unsere Hoffnung, und der Heilige Israels ist unser König. Damals sprach Er in *Gesichten* zu Seinem Frommen und Er sagte ..."
>
> *Psalm 89: 18–19, Errico*

Als König Salomo um Weisheit betete, berichtete der Chronist der königlichen Regierung: „Und der HERR [Jahwe] erschien Salomo zu Gibeon im *Traum* des Nachts, und Gott sprach: Bitte, was ich dir geben soll!"[4]

Viele weitere Bibelverse bestätigen, daß Träume und Visionen einer der Wege waren, durch die sich Gott seinem Volk mitteilte.

Dr. George M. Lamsa behauptete, 40 Prozent der Bibel beruhten auf Träumen, Visionen und Offenbarungen. Die überraschenden Erscheinungen Gottes und der Engel (Boten) geschahen im Geist der Hebräer, nämlich meist während des Schlafes oder in Trance. Alle biblischen Propheten empfingen geistliche Ideen und Erleuchtung in Träumen und Visionen.

Soweit wir wissen, führte keiner der frühen hebräischen Patriarchen ein heiliges Buch mit sich, um Verhaltensrichtlinien oder

---

[2] Hiob 33:14–16, Errico

[3] Num 12:6, Errico

[4] 1 Kön 3:5, LB

Belehrungen zu erlangen. Gottes Wort manifestierte sich über Träume und Visionen in den Herzen dieser Patriarchen. Die Bibel enthält also ihre *lebendigen* Begegnungen mit geistigen Kräften. Der Geist der Wahrheit schrieb auf die „Tafeln ihrer Herzen" und nicht nur auf Schafshäute.

Die Verfasser der Evangelien berichten, daß Jesus den Schriften der Propheten vertraute, um sich von ihnen in seiner Aufgabe als Messias (Christus) leiten zu lassen. Sie sagen, er habe Jesaja mehr als irgendeinen anderen Propheten zitiert. Der Messias studierte die Prophezeiungen Jesajas und gestaltete nach den Träumen und der Weltanschauung dieses großen Propheten und Führers sein Leben.

Die Bedeutung des Wortes „Traum"

Das Wort „Traum" kommt aus dem Altgermanischen und bedeutet „trügen", „täuschen". Doch in allen drei semitischen Sprachen, dem Aramäischen, Hebräischen und Arabischen, hat die Wurzel dieses Wortes eine erstaunlich andere Bedeutung.

Helma, „Traum", ist von *hlm* abgeleitet und bedeutet „heilen", „gut oder heil oder ganz machen" sowie „integrieren". Wenn die alten Semiten das Wort „Traum" benutzten, dann versuchten sie, jenes merkwürdige Phänomen, das sich während des Schlafes ereignete, zu erklären. Offensichtlich verstanden sie diesen Vorgang als eine Art Heilung, Führung und Integrationsmechanismus des Geistes (engl. *mind*), was heute auch viele Psychologen und Psychiater erkannt haben.

REDEWENDUNGEN ALS SCHLÜSSEL

Wie können wir, wenn wir die Bibel studieren, erkennen, ob es sich um ein mystisches Erlebnis oder um eine historische Begebenheit handelt? Es gibt Redewendungen, die uns helfen, den Unterschied zwischen einem übersinnlichen Geschehen und einem physischen Ereignis erkennen lassen. In vielen Bibelstellen sagen die Verfasser direkt, daß das jeweilige Ereignis ein Traum

oder eine Vision ist. Wird es von ihnen nicht ausdrücklich erwähnt, verwenden sie eine der folgenden Redewendungen:

Der Engel des Herrn [Jahwe] *erschien* ...
Ich war im Geist [in Trance] ...
Der Geist des Herrn kam über mich ...
Das Wort des Herrn kam zu mir, sprach, und ich sah ...
Der Herr Gott erschien Moses in ...

Es gibt aber auch Bibelstellen, in denen übersinnliche Erfahrung nicht durch eine besondere Redewendung eingeleitet
wird. Dann muß man sich, um unterscheiden zu können, vergegenwärtigen: Wann immer Gott und Menschen, Engel und
Menschen oder Gott und Engel eine Unterhaltung führen, ist
dies mit Sicherheit als ein Traum, eine Vision oder Offenbarung
zu interpretieren.

Das Wort „erscheinen", auf Aramäisch *ethgli*, bedeutet interessanterweise „durch Offenbarung kommen." *Eth* bedeutet „kommen" und *gli* „offenbaren", „enthüllen" und „aufdecken". Deshalb heißt es auch „in einer Vision oder einem Traum kommen",
besonders mit einem vorangehenden Satz wie „und der Engel des
Herrn erschien". Man kann diese biblische Redewendung auch
folgendermaßen übersetzen: „Und der Bote Jahwes kam in einer
Offenbarung zu ..."

Im folgenden werden wir Textstellen untersuchen, die eher
als reale Ereignisse denn als Träume oder Visionen verstanden
wurden.

ABRAHAM

Das 22. Kapitel der Genesis beschreibt eine schwere Prüfung, die
dem hebräischen Patriarchen Abraham auferlegt wurde.

„Nach diesen Begebenheiten stellte Gott Abraham auf die
Probe. ... Gott sprach: Nimm deinen Sohn, deinen einzi-

gen, den du liebst, Isaak, ... und bring ihn dort ... als Brand-
opfer dar."

Genesis 22:1–2, LB

Diese Verse sind schwer zu verstehen und werfen außerdem mehrere Fragen auf. *Versucht* Gott seine getreuen Gläubigen? War Gott
an Menschenopfern interessiert? War der Gott Abrahams genau
wie die anderen Götter Kanaans, die zur Beschwichtigung Menschenopfer forderten?[5]

Jakobus, der Bruder Jesu, schreibt in seinem Brief: „Keiner, der
in Versuchung gerät, soll sagen: Ich werde von Gott in Versuchung
geführt. *Denn Gott kann nicht versucht werden zum Bösen, und er
selbst versucht niemand.*"[6] Wie kommt es, daß Jakobus sagt, Gott
versucht niemanden, und doch schreibt der Verfasser der Genesis:
„Gott versuchte Abraham"? Viele moderne Exegeten glauben,
dieses Ereignis habe so nie stattgefunden. Diese Geschichte sei
eine traditionelle Erzählung mit religiöser Absicht.

Aramäisch sprechende Kirchenväter gelangten zu dem Schluß,
es handele sich um eine Vision Abrahams.[7] Abraham glaubte, Gott

---

[5] Menschenopfer und insbesondere Kindesopfer gehörten zu den erschreckendsten
Mißbräuchen des Altertums. Die entsetzliche Wahrheit ist, daß sich in der Geschichte der Religionen an zahlreichen Orten Menschenopfer nachweisen lassen. Die Phönizier, die Ammoniter, die Moabiter, die Völker Ägyptens, Kanaans
und Griechenlands brachten Kindesopfer dar. Historiker haben nachgewiesen,
daß sie fast ausschließlich in den höher- und weiterentwickelten Religionen und
selten in den sogenannten primitiven Religionen vorkamen. Zum Verständnis
des Grundgedankens von Menschenopfern empfehle ich: Willams, *The Bible, Violence and the Sacred* (s. Bibliographie). Offensichtlich herrschten Menschenopfer
nur in zeitlich begrenzten Zeiträumen vor, Tieropfer ersetzten Menschenopfer.
Aber Tieropfer sind ebenfalls Mißbrauch. In Ex 22:29 und 34:10 wird die Opferung des Erstgeborenen angeordnet. Doch zur gleichen Zeit hob die Tora die
Opferung des Erstgeborenen durch seine Auslösung auf – Ex 34:20, 13:13. Das
Gesetz billigte Tiere als Ersatz.

[6] Jak 1:13, LB

[7] Zu jener Zeit gab es keine historisch-kritischen Bibelschulen. Diese nahöstlichen
Kirchenväter haben Abrahams tatsächliche Existenz nie in Frage gestellt. Sie
glaubten, daß Gott durch Offenbarungen (in Visionen und Träumen) zu den Patriarchen sprach.

verlange seinen Sohn als Opfer. Doch im weiteren Verlauf des Traumes lernte er, daß Gott Menschenopfer weder braucht noch fordert. Der Traum lehrte ihn, niemals Kindesopferungsriten durchzuführen. Er lernte, würde er auf die Probe gestellt, würde er vor allem anderen Gott gehorchen. Israel gab diese Lektion an alle nachfolgenden Generationen weiter.

Wir dürfen nicht vergessen, daß es in jener Zeit bei den Hebräern keine heiligen Bücher oder schriftlich niedergelegte Gesetze gab. Der Vater Abraham leitete sein Stammesvolk durch seine geistlich informativen Träume. Der Verfasser erzählt in erster Linie Abrahams Visionen und Träume[8] und nicht des Patriarchen chronologische, historische Lebensgeschichte. Sein Anliegen ist, Abrahams geistige Begegnungen mit Gott und seine Beziehung zu ihm hervorzuheben.

Mar Narsai

Mar Narsai, ein Aramäisch sprechender Kirchenvater, überliefert uns in seinen Kommentaren, daß Gott den Patriarchen und Propheten in Träumen und Visionen erschien. Dieser große Lehrer gehörte einem aramäischen Zweig der frühen christlichen Kirche an. Er war Theologe, ein produktiver Schriftsteller und Bibelkommentator. Vermutlich wurde er um 399 n. Chr. geboren. Dieser herausragende Lehrer wurde Oberhaupt der berühmten aramäischen Bibelschule von Edessa.

Aufgrund seiner Kenntnisse der aramäischen Sprache, Sitten und Bräuche, Metaphern und Allegorien konnte Mar Narsai viele schwierige Bibelstellen erklären. Er war sich bewußt, daß bestimmte biblische Erzählungen keine in unserem Sinn historischen Tatsachen waren, sondern überlieferte Träume und Visionen der Patriarchen und Propheten.

---

[8] Es ist interessant zu bemerken, daß sogar, als Israel im Besitz der Tora war, seine großen Seher und Propheten von Träumen und Visionen geleitet wurden.

Es folgt eine Übersetzung aus den Schriften Mar Narsais, eine wörtliche Wiedergabe des aramäischen Textes. Um das Verständnis bestimmter Sätze zu erleichtern, habe ich einige Wörter in Klammern hinzugefügt. Der Text erläutert Abrahams Gottesvision.

Gott erscheint Abraham

„In einer stillen Vision offenbarte Er [Gott] seinem geliebten Freund Seinen Willen. Und er redete freundlich mit ihm, nach seinem Verständnis. ...

Es geschah nicht durch etwas, das man erwartet, sondern *in einer Vision* und wie die Erscheinung eines Menschen, daß Abraham Gott sah, und er [Abraham] empfing ihn in seinem Haus wie einen Menschen, den man sehen kann. Als Mensch empfing er ihn, aber nicht menschlich, denn es ist unmöglich, Gott mit menschlichem Auge zu sehen. Es war nicht Gottes [geistiges] Wesen, das Abraham *in seiner Vision sah*, sondern in einem Mysterium kommunizierte er allein mit seinem Körper. Dennoch konnte ihn Abraham nicht real sehen.

Es war nicht Wirklichkeit, was im Hause Abrahams geschah, sondern eher ein Mysterium, das nicht von denen erklärt werden kann, die nur mit der Kraft der Sprache ausgestattet sind. Das Wesen Gottes kann von denen, die nur mit der Kraft der Sprache ausgestattet sind, nicht beschrieben werden. Deshalb kann das, was geschrieben steht, nicht buchstäblich verstanden werden.

Es geschah nicht in [einem] leiblichen [Sinn], daß Abraham [Gott] mit Essen und Trinken erfrischte. ... All das, was sich in dieser *Offenbarung* mit Abraham ereignete, geschah bildlich, eine menschliche Vision, menschliches Sprechen und menschliches Essen. Gott führte all dies sehr weise aus, wie es die Art seiner Macht ist, in allen Generationen zu wirken."[9]

---

[9] *Die Schriften von Mar Narsai*, vom Autor ins Englische übersetzt.

Drei Boten halten Mahl mit Abraham

Abrahams Begegnung mit den drei Fremden, wie sie in Kapitel 18 der Genesis erzählt wird, ist eine sehr menschliche, herzerwärmende Geschichte und in ihrer Schilderung typisch für den Nahen Osten. Wir interpretieren diese Begebenheit wiederum als eine Vision (einen Traum) Abrahams. Interessanterweise verstanden nicht nur die Aramäisch sprechenden Kirchenväter diesen Passus als Vision, sondern auch der berühmte jüdische Lehrer Maimonides.[10]

Abraham saß in der Mittagshitze am Ausgang seines Zeltes. Wie es im Nahen Osten Brauch ist, lehnen sich die Menschen in den heißen Stunden des frühen Nachmittags zurück und entspannen. Gewöhnlich ruht die Arbeit vom Mittag bis zur Abkühlung am späten Nachmittag. Den leichten Wind genießend, entspannen sich die Stammesoberhäupter am Eingang oder auf der schattigen Seite ihres Zeltes. Abraham war eingeschlafen, und in einer Vision sah er in einiger Entfernung drei Männer stehen.[11]

Auch hier haben wir es wieder mit einem Brauch zu tun. Oft erscheinen Oberhäupter von Wüstenstämmen plötzlich und unangemeldet vor dem Zelt eines anderen. Diese drei Männer waren scheinbar auf dem Weg nach Sodom und Gomorrah (Amorrah). Es begann schon spät zu werden, und Abraham näherte sich diesen drei Männern, wie es für einen nahöstlichen Menschen Sitte war. Sieben Mal bat er sie, sich zu erfrischen. Er hieß sie, sich unter dem Schatten der Bäume auszuruhen, damit er ihre Füße wa-

---

[10] Moderne Exegeten deuten diese Begebenheit nicht als Traum. Für sie ist sie ein Stück ausgesprochen traditioneller, religiöser Literatur.

[11] Einige Exegeten deuten die drei Männer als Gott *Jahwe* und zwei Boten. Liest man Kapitel 18, kann man selbstverständlich diesen Eindruck gewinnen. Moderne Interpretation akzeptiert jedoch, daß die Erzählung das überarbeitete Werk eines Redaktors ist. Das Original will nichts anderes berichten, als daß drei Männer Abraham besuchen und die Neuigkeit und den Segen eines kommenden Kindes überbringen. Ein späterer Redaktor fügte den Gedanken einer Theophanie hinzu: „Und *Jahwe* erschien ihm (Abraham)... Gen 18:1. Die Tora, wie sie uns heute vorliegt, läßt Abraham mit Gott *(Jahwe)* als einem der Männer kommunizieren.

schen lassen konnte. Seinen Dienern trug er auf, Wasser und einen Bissen Brot zu bringen, um ihre Herzen zu laben. Er selbst reichte ihnen frischen Kuchen vom Blech, Kalbfleisch und Buttermilch[12].

Als Dank für seine edle Gastfreundschaft offenbarte Gott Abraham, er und seine Frau Sarah würden übers Jahr ein Kind haben. Sarah hatte sich am Zelteingang versteckt und die Unterhaltung belauscht. Als sie Gottes Ankündigung, ein Kind zu bekommen, vernahm, lachte sie.

Offensichtlich hatte Gott Sarahs Lachen gehört, und sogleich rief er, sie solle hervorkommen. Er fragte, warum sie gelacht habe. Hastig leugnete Sarah, sie schämte sich. Aber Gott der Herr versicherte ihr, sie werde ganz bestimmt ein Kind bekommen.

Die Einfachheit und Wärme dieser Geschichte veranschaulicht die Art der Beziehung, die Abraham zu seinem Gott hatte. Können Sie sich vorstellen, einen Tagtraum zu träumen, wie Gott, der Herr des Himmels und der Erde, mit Ihnen zusammensitzt und mit Ihnen speist? Würden Sie den Traum so weiter träumen, daß Ihre Frau über die Ankündigung Gottes lacht? Es ist kein Wunder, daß die Bibel von Abraham als von einem „Freund Gottes" spricht. Seine Beziehung zu Gott war nicht von Ehrfurcht geprägt, sondern von innerer Verehrung, Freundschaft und einem starken Band der Liebe.

Was in Abrahams Seele vor sich ging, wird uns durch seine Träume und Visionen ganz klar offenbart. Betrachten wir diese Träume näher, sehen wir das Bewußtsein Abrahams in vielerlei Hinsicht wachsen. Seine Träume sind sehr alltäglich, schlicht und direkt; das heißt, die Mystik, die wir in Abrahams Leben finden, ist weder mysteriös, noch begegnen wir geheimnisvollen Redewendungen. Seine Offenbarungen waren klar und unkompliziert.

---

[12] Manche Bibelkommentatoren meinen, es habe sich um Joghurt gehandelt.

MOSES

Der Bibel zufolge wurde Moses von der Tochter des Pharao an den sagenhaften Höfen Ägyptens großgezogen. Die Offenbarungen dieses großen Gesetzgebers und Propheten haben deshalb einen Hauch von ägyptischer Pracht und Erhabenheit. Gott erscheint Moses in einem brennenden Busch. Er weist ihn an, seine Schuhe auszuziehen, denn der Boden, auf dem er stehe, sei heilig.

Mose Offenbarungen erwecken den Eindruck, als spiele sich Moses als Gottes Ratgeber auf. Andererseits ist Gott der große Monarch, der den Ratschlag seines weisen Beraters braucht. Das ist das Verblüffende an den vielen Gesprächen zwischen Gott und Moses. Aber warum sollte Gott sich von Moses beraten lassen? Die Antwort ist einfach. Der Erzähler schildert die Offenbarungen Mose aus seiner Sicht und mit seiner Absicht. In Exodus 33:1–4 gibt es eine erstaunliche und unglaubliche Stelle, in der Gott seinem Volk die Führung aufkündigen will. Jahwe ruft, wie ein mächtiger König, Moses auf den Berg und spricht zu ihm:

> „Geh, zieh fort von hier, du und das Volk, das du aus Ägypten herausgeführt hast, in das Land, das ich Abraham, Isaak und Jakob zugeschworen habe, indem ich sagte: Deinen Nachkommen will ich es geben. Und ich will einen Engel vor dir her senden und die Kanaaniter, Amoriter, Hetiter, Perisiter, Hiwiter und Jebusiter vertreiben; in ein Land, darin Milch und Honig fließen, denn ich will nicht in deiner Mitte mitziehen, weil du ein halsstarriges Volk bist; aus Furcht, ich könnte dich unterwegs vertilgen. Als das Volk diese harte Rede hörte, trauerte es, und keiner legte seinen Schmuck an."
>
> *Exodus 33:1–4, LB*

Mose Austausch mit Gott Jahwe war eine besondere Form von Kommunikation: eine direkte Offenbarung. Nichtsdestoweniger kam die Offenbarung in Form einer Vision. Gott erschien Moses an verschiedenen Orten und zu unterschiedlichen Zeiten. Wir müssen uns bewußt machen, daß eine Theophanie (Erscheinung Gottes) in einem veränderten Bewußtseinszustand auftritt – in einer Vision. Der Unterschied zwischen Mose Offenbarungen und denen anderer ist, daß Gott mit Moses „von Angesicht zu Angesicht" sprach. Das bedeutet, die an Moses gerichteten Offenbarungen Gottes waren immer klar, offen und frei von rätselhaften Worten. Oft hörte Moses nur die Stimme Gottes, eine Vision war nicht nötig.

Wir dürfen diese Unterhaltung zwischen Moses und Gott nicht mißverstehen. In Wirklichkeit war Gott weder zornig noch entmutigt. Der Erzähler hatte einen bestimmten Grund, diese Begebenheit so zu schildern. Betrachten wir den Text einmal näher.

Er scheint zu sagen, daß Gott vom ungesetzlichen, aufrührerischen und ungehorsamen Verhalten Israels genug hatte. Er war über die zwölf Stämme dermaßen erzürnt, daß er beschloß, nicht mit ihnen nach Palästina zu ziehen. Außerdem machte er Moses dafür verantwortlich, das Volk aus Ägypten herausgeführt zu haben. Der Herr wollte, daß Moses die Verantwortung übernimmt, dieses eigensinnige und halsstarrige Volk (so der Text) in das gelobte Land zu führen. Mit anderen Worten: Gott scheint zuzugeben, daß nicht einmal Er ein solch störrisches Volk weiter führen und regieren kann.

Im weiteren Verlauf der Geschichte beschwört Moses Gott, mit Israel mitzuziehen. Obwohl Gott Moses zusicherte, statt seiner einen Engel – das heißt einen Boten – zu senden, ist Moses nicht gewillt, ohne Jahwe weiterzuziehen. Schließlich erklärt sich Gott bereit, mitzugehen.

Ist dies möglich? War der Schöpfer des Universums zornig, hilflos und nicht fähig, sein Volk zu regieren? Oberflächlich betrachtet, erscheint Gott in dieser Begebenheit tatsächlich als schwacher und mutloser Führer. Viele andere Bibelstellen lehren uns jedoch, daß Gott weder schwach, noch daß ihm, dem Schöpfer, irgend etwas unmöglich ist.

Die Verfasser der Bibel waren sehr geschickt darin, Geistliches in menschliche Ausdrucksweise zu übersetzen. Oft stellten sie Gott als Hirten dar, der seine Herde weidet, oder als Adler, der seine Jungen unter seinen Fittichen birgt. Manchmal beschrieben sie Gott auch als zornig, glücklich, traurig oder enttäuscht.

Bei diesem Anlaß schildert der Verfasser Gott als sehr zornig, um deutlich zu machen, wie schwer es für Moses war, das Volk während des Auszugs und des Trecks durch die Wüste zu führen und an Disziplin zu gewöhnen. Wir müssen uns vor Augen halten, welch großer Mut und welch starke Führereigenschaft in jenen Tagen nötig waren, um zwölf rivalisierende semitische Stämme zu vereinigen.[13] Nach der biblischen Geschichtsschreibung hielten die Rivalitäten zwischen den israelitischen Stämmen so lange an, bis die Assyrer zehn der zwölf Stämme in den Norden verschleppten.

Welch unvergeßliches Vermächtnis war für die Nachkommen Israels diese biblische Geschichte, die seine Vorfahren als so störrisch beschrieb, daß nicht einmal Gott es mit ihnen aufnehmen wollte! Für alle nachfolgenden Generationen war es eine wertvolle Lektion, die alten Verhaltensmuster nicht zu wiederholen, sondern Gottes Gesetze zu beachten.

JOSUA

Gott Jahwe sprach zu Josua, dem Sohn Nuns und dem Diener und Nachfolger Mose:

> „Mein Knecht Mose ist gestorben; so mach dich nun auf und zieh über den Jordan, du und dies ganze Volk, in das Land, das ich ihnen, den Israeliten, gegeben habe."
>
> *Josua 1:2, LB*

---

[13] Damit sind die zwölf Stämme Israels gemeint.

Jahwe hatte sich Josua in Visionen und Träumen als Oberbefehls-
haber der Heerscharen des Herrn zu erkennen gegeben und ging
ihm wie jedes andere militärische Oberhaupt mit gezücktem
Schwert voran. Er führte ihn.

> „Und es begab sich, als Josua bei Jericho war, daß er seine
> Augen aufhob und gewahr wurde, daß ein Mann ihm ge-
> genüberstand und ein bloßes Schwert in seiner Hand hatte.
> Und Josua ging zu ihm und sprach zu ihm: Gehörst du zu
> uns oder zu unsern Feinden? Er sprach: Nein, sondern ich
> bin der Fürst über das Heer des HERRN [Jahwe] und bin
> jetzt gekommen. Da fiel Josua auf sein Angesicht zur Erde
> nieder, betete an und sprach zu ihm: Was sagt mein Herr sei-
> nem Knecht?"
>
> *Josua 5:13–14, LB*

Nahezu alle Führer Israels wurden von Träumen und Visionen geleitet: die Prophetin Debora, die Mutter Samsons, Gideon, der
Knabe Samuel, Nathan und viele andere Propheten, die die Könige Israels leiteten.

Wenden wir uns jetzt zwei besonders bedeutenden hebräischen
Propheten zu: Jona und Ezechiel.

JONA[14]

Manche Propheten warnten vor drohenden Kriegen, andere sagten bedeutende politische Ereignisse voraus. Propheten, wie zum
Beispiel Jona, empfingen Offenbarungen, die dazu beitrugen, Israels religiöses Gewissen zu erweitern.

> „Das Wort des Herrn erging an Jona, den Sohn Amittais:
> Mach dich auf den Weg, und geh nach Ninive, in die große

---

[14] Zum Buch Jona siehe auch Seite 147 ff.

Stadt, und droh ihr (das Strafgericht) an! Denn die Kunde
von ihrer Schlechtigkeit ist bis zu mir heraufgedrungen."
Jona 1:1–2, EÜ

Der Prophet Jona trat während des 8. Jahrhunderts v. Chr. in Erscheinung. Seine genauen Lebensdaten sind nicht bekannt. Unter
den Exegeten ist diese prophetische Geschichte Gegenstand vieler kritischer Diskussionen, unterschiedlichster Interpretationen
und wirft mehr Fragen auf, als hier erwähnt werden können.
Doch wie auch immer der gegenwärtige Stand der Textkritik dieses prophetischen Buches sein mag, Jona empfing eine Offenbarung, einen göttlichen Auftrag, nach Ninive, der Hauptstadt As-
syriens, zu gehen und ihren Untergang anzukündigen.

Statt der Stimme zu gehorchen, schiffte sich Jona in Jafo ein.
Er hoffte, nach Tarschisch (Spanien) fliehen zu können. Doch mit-
ten auf See kam ein gewaltiger Sturm auf. Das Schiff und alle an
Bord schwebten in Lebensgefahr. Voller Angst warf die Mann-
schaft die Lose, um zu erfahren, warum dieses schreckliche
Schicksal über sie gekommen war. Natürlich fiel das Los auf Jona.

Als die Mannschaft den Propheten verhörte, wuchs die Angst
der Seeleute. Angestrengt bemühten sich alle, das Schiff zurück an
Land zu bringen, doch die Mühe war erfolglos. Schließlich wies
Jona die Besatzung an, ihn über Bord zu werfen. Die Männer beteten, Gott möge diese furchtbare Tat, die sie im Begriff zu begehen waren, nicht gegen sie richten. Dann warfen sie den Propheten in das tobende Meer. Sofort kam ein von Gott gesandter Fisch
und verschlang Jona. Im Bauch des Fisches eingeschlossen, betete
und bereute Jona. Plötzlich gebot Gott dem Fisch, Jona auszu-
speien. Jona tauchte auf und erreichte das trockene Land.

Nun war er bereit, nach Ninive zu gehen. In der großen Stadt
angekommen, weissagte er und erzählte den Assyrern von dem
drohenden Unheil. Die Menschen von Ninive bereuten ihre Un-
taten, und Gott verschonte die Stadt. Wegen Gottes Gnade und
Barmherzigkeit trat Jonas prophezeite Zerstörung nicht ein. Das
beunruhigte den Propheten sehr, ließ es ihn doch als falschen Pro-

pheten erscheinen. Tatsächlich hatte er schon die ganze Zeit über befürchtet, Gott könnte den Assyrern Gnade, Mitleid und Barmherzigkeit erweisen. Und genau so handelte Gott an den Menschen von Ninive.[15]

Bibelleser stellen gewöhnlich die Frage: „Wurde Jona wirklich von einem Wal verschlungen?"

Erstens: Nicht die hebräische Bibel, sondern das Neue Testament verwendet das Wort „Walfisch". Im Buch Jona heißt es: „Der Herr schickte einen großen Fisch, der Jona verschlang. Und Jona war drei Tage und drei Nächte im Bauch des Fisches."[16]

Zweitens müssen wir das Thema von Jonas Botschaft klären. Dabei spielt es keine Rolle, ob man das Dargestellte für einen Traum, eine Parabel, eine Geschichte, eine Parodie oder ein tatsächliches Ereignis im Leben des Propheten hält. Thema der Botschaft war, Gottes Allgegenwart zu offenbaren – Gottes Gnade und Sorge für alle Völker. Gott schließt keinen aus, sondern alles ein. Stets will er Gerechtigkeit, Liebe, Frieden und Vergebung für alle Menschen, ungeachtet ihrer Nationalität.

Drittens gibt die Formulierung „das Wort des Herrn erging an Jona" zu verstehen, daß dieses Erlebnis eine Vision war. Jona sollte in dieser Geschichte eine wertvolle Lektion lernen: über seinen nationalistischen wie auch zeitgenössischen hebräischen Glauben hinauszuwachsen. Jonas Vision sollte das Mittel sein, durch das Israel zu einem umfassenderen Verständnis von Gott gelangte. Doch nicht nur Israel sollte aus ihr lernen, sondern jeder, der diese kraftvolle Offenbarung liest.

In nahöstlicher Interpretation war die Erzählung von Jona eine Vision und keine Dokumentation tatsächlicher Ereignisse. Jonas Erfahrungen auf dem Schiff unterwegs nach Tarschisch (Spanien), sein Zusammentreffen mit dem Fisch und seine Lektion in Ninive waren Visionen. Hebräische Schriftgelehrte zeichneten diese Offenbarung auf, um Israel eine ganz besondere Lektion zu erteilen.

---

[15] Siehe Jona 4:1–3   [16] Jona 2:1, LB

Viele Leser wunderten sich, wie Jona, während er im Bauch des Fisches steckte, wissen konnte, daß drei Tage und drei Nächte vergangen waren. Er konnte die Sonne weder auf- noch untergehen sehen, noch hatte er einen Zeitmesser! All dies sind gute Hinweise, daß diese Geschichte nicht wirklich geschehen ist.

Ein weiterer hilfreicher Gesichtspunkt ist, daß in der nahöstlichen Traumdeutung ein Fisch Probleme oder Kummer symbolisiert. Interessanterweise ist der Name *Ninive* vom Fischgott *Ninos* abgeleitet. Die alten Assyrer verehrten den Fisch als einen ihrer Götter.[17] „In einem Fisch stecken" ist eine semitische Redewendung und bedeutet „in einer verzwickten Lage" oder „in einem Dilemma sein". Bis zum heutigen Tag sagen nahöstliche Menschen oft: „Er steckt im Grund des Meeres"; und in manchen aramäischen Dialekten: „Er ist im Ohr eines Fisches." Unsere Entsprechung, Jonas mißliche Lage zu beschreiben, wäre, „er sitzt in der Patsche", „in der Klemme", „ihm steht das Wasser bis zum Hals" oder „er steckt bis über beide Ohren im Dreck".

Ich fasse zusammen: Für einige moderne Interpreten ist das Buch Jona eine Parabel oder Allegorie. Ihrer Meinung nach ist vieles in diesem Buch von zweiter Hand bearbeitet und hinzugefügt worden. Dennoch, sei das Geschehen nun ein Traum, eine Parabel oder ein bearbeitetes Stück Literatur, es ist seine Botschaft, die zählt. Für nahöstliche Fachleute sind Parabeln sehr viel anschaulicher, kraftvoller und ansprechender als die sachliche Darlegung einer Doktrin. Die zentrale Aussage dieser Geschichte, egal als was man sie interpretiert, ist, daß auch Nichtjuden Gottes Liebe, Sorge und Vergebung verdienen. Jedes Volk, das Gerechtigkeit, Gnade, Mitgefühl und Verständnis übt, das seine falschen Taten erkennt und sie wiedergutmacht, befolgt die zentrale Prämisse der Tora.

---

[17] Siehe Lamsa, *Old Testament Light*, S. 793–795

EZECHIEL[18]

> Am fünften Tag des vierten Monats im dreißigsten Jahr, als
> ich unter den Verschleppten am Fluß Kebar lebte, *öffnete sich*
> *der Himmel*, und *ich sah eine Erscheinung Gottes*. Am fünften
> Tag des Monats – es war im fünften Jahr nach der Ver-
> schleppung des Königs Jojachin – erging das Wort des Herrn
> an Ezechiel.
>
> *Ezechiel 1:1–3, EÜ*

Drei Redewendungen leiten hier das mystische Geschehen in Ezechiels Prophezeiungen ein: „[*es*] *öffnete sich der Himmel*", „*ich sah*
eine Erscheinung Gottes" und „[*es*] *erging das Wort des Herrn*". In den
semitischen Sprachen ist „die Himmel taten sich auf" eine Redensart, die sich häufig in der hebräischen Bibel und dem Neuen
Testament findet. Sie bedeutet „Offenbarung" und „Enthüllung".

Während Ezechiels babylonischer Gefangenschaft am Fluß
Kebar besuchten ihn in einer Vision einige seltsame Geschöpfe.
Der Prophet erblickte:

> „Ein Sturmwind kam von Norden, eine große Wolke mit
> flackerndem Feuer, umgeben von einem hellen Schein. Aus
> dem Feuer strahlte es wie glänzendes Gold. Mitten darin er-
> schien etwas wie vier Lebewesen. Und das war ihre Gestalt:
> Sie sahen aus wie Menschen. Jedes der Lebewesen hatte vier
> Gesichter und vier Flügel. … Und ihre Gesichter sahen so
> aus: Ein Menschengesicht blickte bei allen vier nach vorn,
> ein Löwengesicht bei allen vier nach rechts, ein Stiergesicht
> bei allen vier nach links und ein Adlergesicht bei allen vier
> nach hinten."
>
> *Ezechiel 1:4–10, EÜ*

---

[18] Ezechiel, auch Hesekiel (Luther), engl. Ezekiel, hebr. Jecheskel.
(Anm. d. Übers.)

Diese Verse haben zu vielerlei ungewöhnlichen Schlußfolgerungen geführt. Einige glauben, Ezechiel habe ein Flugzeug gesehen, andere, er beschriebe ein UFO. Läßt man all diese Vorstellungen beiseite, sah Ezechiel mit Sicherheit etwas, das für sein Volk von großer Bedeutung war. Wer waren diese seltsamen Geschöpfe, und was war die Bedeutung dieses Phänomens? Welche Ereignisse hatten zu dieser mysteriösen Vision geführt?

Jeremia und Ezechiel hatten vorausgesagt, daß die chaldäischen Heere Jerusalem erobern und zerstören würden. Diese beiden mutigen Gottesmänner hatten der Politik der Hofpropheten in Jerusalem widersprochen, weil diese für ein Bündnis mit Ägypten, Syrien und anderen benachbarten Ländern eintraten. Die Könige von Juda waren ratlos, welchen Weg sie einschlagen sollten. Der Staat war schwach und zwischen zwei mächtigen Königreichen eingeklemmt.

Als der babylonische König Nebukadnezar entdeckte, daß der Staat Juda das Bündnis mit ihm gebrochen hatte, indem er ein geheimes Bündnis mit Ägypten eingegangen war, fiel er in Palästina ein. Nebukadnezars Heere eroberten Jerusalem, entthronten Jojachin und ersetzten ihn durch einen seiner Brüder. Während dieser Invasion verschleppten die Heere Fürsten, Generäle, Adlige und Künstler. Dann kam plötzlich die Nachricht, daß ägyptische Truppen in Palästina einmarschierten, und Nebukadnezars Streitkräfte mußten sich zurückziehen.

In Juda verspotteten falsche Hofpropheten sowohl Jeremia als auch Ezechiel. Diese Betrüger waren fest davon überzeugt, daß der König von Babylon nicht siegen würde, obwohl Ezechiel sicher war, daß Nebukadnezar zurückkehren und ganz Palästina unterwerfen würde.

Während dieser kritischen Zeit, als Ezechiel Gefangener des einfallenden chaldäischen Heeres war, erschienen ihm die seltsamen Geschöpfe. Diese Vision war ein Omen der unmittelbar bevorstehenden, endgültigen Katastrophe, die über Palästina und Ägypten hereinbrechen sollte.

In seiner Vision sah er die seltsamen Geschöpfe aus einem Wirbelwind kommen, die wie eine Art Wagen mit Flügeln und Rä-

dern gestaltet waren. Auf den Felgen der Räder waren mensch-
-liche Augen und unter den Flügeln menschliche Hände. Die
Kreaturen hatten vier Gesichter – das eines Menschen, eines
Löwen, eines Stieres und eines Adlers. Darüber hinaus besaßen sie
viele weitere besondere Merkmale.[19]

Diese Geschöpfe symbolisieren die größte Kriegsmaschinerie,
die je in der Geschichte der antiken Welt mobilisiert worden war.
Nebukadnezar rüstete sich, ein zweites Mal gegen Juda und Ägypten zu ziehen. Die Flügel der Kreaturen deuteten auf die Ge-
schwindigkeit der einfallenden Kavallerie, die arabische Pferde,
schnell wie Adler, ritt.

„Hoben sich die Lebewesen vom Boden, dann hoben sich
auch die Räder", sagt der Prophet. Das bedeutet, daß der vor-
rückenden Kavallerie die Infanterie folgte. „Ihre Felgen ... waren
voll Augen" versinnbildlicht ihre Intelligenz. Das heißt, das Heer
wurde von in taktischer Kriegsführung geschulten Strategen,
Astrologen, Ingenieuren und Wahrsagern geführt.

„Sie liefen, wohin der Geist sie trieb" symbolisiert, daß, wohin
die intelligente Strategie der Offiziere die angreifenden Streitkräfte auch schickte, sie ziehen würden. „Jedes ging in die Richtung, in die eines seiner Gesichter wies" sagt aus, sie würden nicht
zurückweichen. Dieses Heer würde seine Marschrichtung nicht
ändern, bis der vollständige Sieg erreicht war.

Das Gesicht eines Menschen bezieht sich wieder auf „Intel-
lekt". Das eines Löwen symbolisiert „Herrschaft". Der Stier deutet „Ausdauer" und „Stärke" an; der Adler stellt „Schnelligkeit"
und „Allgegenwart" dar.

Ezechiels Vision offenbarte, daß der König von Babylon nicht
besiegt war, auch wenn dieser sich nach der ersten Invasion zurück-
gezogen hatte. Im Gegenteil, er traf sogar noch größere Vorberei-
tungen, um seine Drohung gegen die Völker jenseits des Euphrats
wahr zu machen. Er stattete sein Heer mit Wasser und Vorräten aus,
die Jahre reichten. Als die zweite Invasion begann, erschlugen baby-

---

[19] Die detaillierte Beschreibung findet sich in Ezechiel, Kapitel 1.

lonische Streitkräfte den Pharao Necho und eroberten Jerusalem. Er plünderte die Schatzkammer, steckte die Stadt in Brand und riß den heiligen Tempel nieder, genau wie es Jeremia und Ezechiel vorausgesagt hatten. Für die Menschen jener Tage hatte die Vision also Bedeutung. Die prophetische Innenschau diente als Mahnung, daß Israel sich rüsten und vermeiden sollte, zum Spielball der großen Mächte Ägypten und Babylon (Chaldäa) zu werden.[20]

DAS NEUE TESTAMENT

Das erste mystische Ereignis, dem wir im Neuen Testament begegnen, ist die Verkündigung, die Erscheinung Gabriels vor Maria, der Mutter Jesu. Es ist interessant, daß im Nahen Osten der Besuch des Engels bei Maria bis zum heutigen Tag nicht als ungewöhnliches Ereignis betrachtet ist.

Allgemein machen verheiratete Frauen mit Empfängnisschwierigkeiten Wallfahrten zu bestimmten Schreinen, Kirchen, Moscheen, heiligen Bergen oder zu anderen bestimmten Orten, wo sie die Nähe Gottes spüren können. Sie müssen überzeugt sein, daß Gott ihre Bitte erhören wird. Dem Brauch entsprechend werden sie so lange warten, bis sich „eine Gegenwart" offenbart – zum Beispiel ein Zeichen in einem Traum oder einer Vision.

Meist erscheint im Traum ein Engel oder Schutzheiliger und verkündet, daß die Bittstellerin schwanger werden wird. Manchmal nennt dann der Bote auch den Namen des Kindes, das geboren werden wird. Dort, wo im Nahen Osten die alten Bräuche noch gelebt werden, geschieht dies auch heute noch so.[21]

Im Lukasevangelium erschien Maria der Engel Gabriel, derselbe Gabriel, der Daniel und später Mohammed erschien. *Gabriel* bedeutet im Aramäischen „Mann Gottes" und *Engel* „Ratgeber", „Bote" oder bildlich „Gedanke Gottes". Ein Engel ist die

---

[20] Siehe Lamsa, *Old Testament Light,* S. 793–795

[21] Siehe Rihbany, *Jesus aus dem Nahen Osten,* S. 26

Gegenwart Gottes, die einem Menschen, der bereit ist, den Traum oder die Vision zu empfangen, einen Rat erteilt.

Der Besuch

Das erste Kapitel des Lukasevangeliums berichtet über den Besuch des Engels bei Maria: „Im sechsten Monat wurde der Bote Gabriel von Gott nach Galiläa gesandt, in eine Stadt mit Namen Nazareth."[22]

Hier müssen wir uns klar machen, daß wir es hier erstens mit der Mystik des Nahen Ostens zu tun haben, und zweitens, daß Maria in einem veränderten Bewußtseinszustand war, als die Erscheinung stattfand.

Lukas fährt in seiner Erzählung fort: „Und als er bei ihr eintrat, sprach der Bote zu ihr, Friede sei mit dir[23], o voller Gnade; unser Herr ist mir dir, o Gesegnete unter den Frauen. ... Und der Bote sprach zu ihr: „Fürchte dich nicht, Maria; denn du hast bei Gott Gefallen gefunden."[24] Dieser ganze Erscheinungsbericht ist unserem Verständnis fremd. Doch für das Verständnis der Menschen des Nahen Ostens enthält er absolut nichts Ungewöhnliches. Es gibt keinen einzigen Aspekt, der nicht in völligem Einklang mit dem vorherrschenden Denken, den Sitten und der Redeweise des Nahen Ostens ist.[25]

Selbst heute sprechen Menschen des Nahen Ostens noch von „himmlischen Boten", die als Schutzheilige erscheinen, oder von Engeln, die in Träumen und Visionen zu frommen, kinderlosen Frauen kommen. Diese Boten machen kinderlosen Frauen mit dem Versprechen, dass sie Mutter werden, Mut. Wie ich schon sagte, warten, d.h. fasten und beten, viele nahöstliche Frauen, bis

---

[22] Lk 1:26, Errico

[23] „Friede sei mit dir" ist im Nahen Osten eine Begrüßungsformel und bedeutet soviel wie „Sei gegrüßt" oder „Grüß dich" im Deutschen oder „Hello" im Englischen. (Anm. d. Übers.)

[24] Lk 1:28–30, Errico

[25] Siehe Rihbany, *Jesus aus dem Nahen Osten*, S. 26

sich ihnen „die Gegenwart" in einem Traum zeigt und die frohe
Botschaft der Empfängnis bringt.

Ein Kind zu empfangen gilt im Nahen Osten als „heilig" und
„gesegnet". Für Semiten ist die menschliche Fortpflanzung zutiefst heilig, denn sie ist „das Leben Gottes, das sich selbst im
Menschen und in der ganzen Schöpfung hervorbringt".[26] Auch
läßt sich die Schande, die eine Semitin empfindet, wenn sie nicht
empfangen kann, nicht beschreiben. Deshalb bedeutet ein spe-
zieller Bote, der eine Frau im Traum mit den Worten „Gnade"
oder „voller Gnade" begrüßt, daß göttliches Wohlgefallen auf der
„gesegneten Frau" ruht. Ich wiederhole, die Menschen sind der
tiefen Überzeugung, daß Kinder ein Erbe des Herrn sind und
jede Empfängnis oder Geburt ein Wunder ist.[27]

Die Botschaft

> „Siehe, du wirst schwanger werden und einen Sohn gebären,
> und du sollst ihm den Namen Jesus geben. Der wird groß
> sein und Sohn des Höchsten genannt werden; und Gott der
> Herr wird ihm den Thron seines Vaters David geben, und er
> wird König sein über das Haus Jakob in Ewigkeit, und sein
> Reich wird kein Ende haben."
>
> *Lukas 1:31–33, LB*

Gabriel offenbart Maria, daß der Sohn, den sie empfangen wird,
den Namen Jesus, „Retter", tragen wird. Der himmlische Besucher weissagt weiterhin, daß das Kind *„der Sohn des Höchsten genannt werden wird"*. Bibelleser fragen häufig: „Warum sagte der
Engel nicht, daß Er der Sohn des Höchsten *ist*?"

> „... Sowohl der Engel als auch der Verfasser des Evangeliums
> wußten um die Sitten und das Temperament der nahöstli-

---

[26] Siehe Rihbany, *Jesus aus dem Nahen Osten*, S. 32
[27] Ebd. S. 29 f.

chen Menschen, besonders der Juden. Einen Menschen „Sohn Gottes" zu nennen schließt ein, daß der Gott der Juden wie die Götter der Heiden verheiratet war. Dies ist Gotteslästerung und wird als heidnische Lehre angesehen. Gott ist Geist, Leben und Wahrheit; und diese Eigenschaften sind nicht abhängig von Empfängnis und Geburt. Jesus nannte Gott seinen Vater, und er ist bekannt als Gottes Sohn in einem geistigen, aber nicht in einem körperlichen Sinn."[28]

Der Engel prophezeit also, ihr Sohn werde göttliche Sohnesschaft offenbaren und deshalb „Sohn des Höchsten" genannt werden. Jesu Lehren, Heilungen und seine wunderbare Auferstehung vom Tod waren die Zeichen dieser Sohnesschaft.

Gabriel sagt ferner voraus, daß das Reich des Messias keine Grenzen haben werde. In jener biblischen Zeit hielten die Menschen Palästinas den Euphrat und das Mittelmeer für das Ende der Welt. Da die Könige des Nahen Ostens durch die Größe ihrer Königreiche bekannt wurden, hatten sie den Ehrgeiz, die Grenzen über ihr Reich hinaus auszudehnen. „Je größer das Land, desto berühmter der König", war ein geflügeltes Wort.

Das Reich Christi aber ist ein geistiges Reich und darum grenzenlos. Es umfaßt die ganze Welt und schließt Menschen aller Rassen und Länder ein. Dieses Reich überschreitet nicht nur die irdischen, von Menschen geschaffenen Grenzen, sondern auch Raum und Zeit. Kein Herrscher dieser Welt, vergangen oder gegenwärtig, könnte jemals ein solches Königreich erschaffen; für des Messias Herrschaft und Macht wird es keine Begrenzung geben, denn dieses Reich hebt alle Grenzen der Zeit, Rasse und Geographie auf.

Die Menschen des Nahen Ostens glauben, Gott sei insoweit am Zeugungsakt beteiligt, daß er der Frau erlaubt, schwanger zu werden.

[28] Lamsa, More Light on the Gospel, S. 90

„Und Gott segnete sie, und Gott sprach zu ihnen, seid fruchtbar und mehret euch und füllt die Erde und macht sie euch untertan und herrscht über die Fische des Meeres und über die Vögel des Himmels und über das Vieh und alle wilden Tiere, die sich auf der Erde bewegen."

Genesis 1:28, Errico

Interessanterweise werden keine Träume Jesu erwähnt. Jesu Amt war, die messianischen Erwartungen zu erfüllen. Deshalb war sein Leben für die hebräischen Propheten die Erfüllung ihrer Träume und Visionen.

DIE APOSTELGESCHICHTE

In der Apostelgeschichte finden sich viele Begebenheiten, die mit Mystik zu tun haben. Die frühe christliche Kirche wurde nicht ausschließlich von Kirchenvorstehern und Kirchenausschüssen geleitet. Intuition, Träume, geistige Offenbarung leiteten die Ausbreitung der Kirche und missionarische Bestrebungen.

Ein Beispiel: Auf seinem Weg nach Bithynien hatte der Apostel Paulus einen Traum. Ein Mazedonier erschien ihm und sagte: „Komm zu uns nach Mazedonien." Als Paulus am nächsten Morgen erwachte, machte er sich auf den Weg nach Mazedonien, anstatt nach Bithynien zu gehen. Er gehorchte seinem Traum.[29] Die Apostelgeschichte ist voll solcher Begebenheiten.

Die Vision des Petrus

Eines Tages stieg der Apostel Simon, dessen Spitzname Petrus war, um die Mittagszeit auf das Dach des Hauses, um zu beten. Die Bibel erzählt, daß er sehr hungrig wurde und zu essen wünschte. Während ihm die Frauen Essen zubereiteten, fiel er in Trance.

[29] Siehe Apg 16:1–10

Im Nahen Osten ist es üblich, daß sich die Männer, während die Frauen Brot backen oder Mahlzeiten zubereiten, auf das Dach des Hauses zurückziehen und ungeduldig warten. Sie wollen auch dem Rauch der Herdfeuer entgehen und sich die Zeit vertreiben. Im Nahen Osten dienen die Hausdächer als Spielplatz und Treffpunkt für Kinder und Männer. Der aufsteigende Duft von Brot oder anderen frisch zubereiteten Speisen macht die Männer nur noch hungriger. Als Simon in Trance fiel, sah er ein großes Tuch vom Himmel herabkommen, mit allerlei Getier gefüllt. Da der Apostel hungrig eingeschlafen war, hörte er eine Stimme als erstes sagen: „Schlachte und iß." Aber Simon lehnte ab. Auf typisch nahöstliche Art antwortete er: „Das sei fern von mir, Herr! Noch nie habe ich etwas Unheiliges und Unreines gegessen." Mit „unrein" waren Nahrungsmittel gemeint, die nach mosaischem Gesetz verboten waren. Die Stimme kam ein zweites Mal. Sie bestand darauf, er solle aufstehen, schlachten und essen, denn was Gott gereinigt habe, sei nicht unrein. Das geschah dreimal, dann wurde die Schale in den Himmel hinaufgezogen.

Als Petrus von seiner Vision erwachte, war er verwirrt und fragte sich, was sein Traum bedeutete. Da hörte er eine Stimme, die sagte: „Siehe, drei Männer suchen dich. Steh auf, geh hinunter und geh ohne Bedenken mit ihnen; denn ich habe sie gesandt." Petrus machte die Erfahrung des Hellhörens; er wurde von einer Stimme geleitet. Er gehorchte der Stimme, ging hinunter und begrüßte die neu angekommenen Gäste. Diese drei Männer kamen aus dem Haus des Cornelius, eines Nichtjuden. Simon Petrus sollte bald erfahren, daß die Heiden bereit waren, das Evangelium seines Herrn anzunehmen.[30]

Aus der Apostelgeschichte habe ich nur zwei Beispiele für Mystik angeführt, es gibt in ihr jedoch viele weitere übersinnliche Geschehnisse. Um es zusammenzufassen: Die Ausbreitung der frühen christlichen Kirche ist aus einer geistlichen Bewegung innerer Ein-

[30] Siehe Apg 10:1–48

drücke, innerer Stimmen, Träume, Visionen und Offenbarungen erwachsen.

DAS BUCH DER OFFENBARUNG

Zum Schluß möchte ich das letzte Buch des Neuen Testaments, die Offenbarung oder Apokalypse, kurz erwähnen. Dieses Buch ist eine Folge von Träumen und Visionen. Das aramäische Wort für „Offenbarung", *giliana*, bedeutet auch „Vision" und schließt „Traum" ein. Seine Wurzel *gla* bedeutet „aufdecken", „offenlegen", „verkünden", „zeigen" und „bekannt machen".

Die Visionen dieses großartigen und anziehenden Buches sollten nicht wörtlich verstanden werden. Die nahöstliche Bildersprache dieses Buches ist eine symbolische Darstellung geistiger und historischer Ereignisse. Diese Bildersprache weist auf eine sehr viel größere Realität hin.

Ein Beispiel: Der Offenbarende sieht Jesus am Himmel auf einem weißen Pferd reiten.[31] Der Name des Reiters lautet „Das Wort Gottes". Wahrheit reitet immer ein weißes Pferd, es bedeutet, Wahrheit wird immer siegen. Es wird nicht buchstäblich ein weißes Pferd am Himmel geben. All dies sind Symbole und Sprachfiguren des Nahen Ostens.[32]

ABSCHLIESSENDE BEMERKUNGEN

Bevor ich dieses Kapitel abschließe, möchte ich uns einigen Gedanken Dr. Rihbanys zu Träumen und Visionen überlassen.

„Wohin führt uns der Geist unseres gegenwärtigen Zeitalters? Entfernen wir uns vom Berg der Vision? In unserem weiten und komplexen Leben scheint es nur wenig Raum

---

[31] Siehe Off 19:11–16

[32] Eingehend erläutere ich das Buch der Offenbarung in *Aramaic Light on James through Revelation*. Siehe Bibliografie

für spirituelle Träume und Visionen zu geben. Die Vereinigung unserer kommerziellen Aktivitäten und das unaufhör-
liche Surren des Räderwerkes unserer Industrien verschließen unsere Sinne für das innige Flüstern des göttlichen
Geistes. Wir sehen, aber mit den nach außen gerichteten
Augen. Wir hören, aber mit den nach außen gerichteten
Ohren. All unsere inneren Sinne sind in ernster Gefahr, durch
Mangel an Übung abzusterben. Die Dinge dieses Lebens beschäftigen uns viel zu sehr und machen uns blind gegenüber
den gnadenvollen Winken einer höheren Welt. Lasst nicht
die unbedeutenderen Interessen dieses Lebens unser Gehör
vor dem Gesang der Engel verschließen, der auf der Erde
niemals erstirbt. Der Stern der Hoffnung geht niemals unter,
und Gottes Offenbarungen dauern von Ewigkeit zu Ewigkeit."[33]

Setzen wir nun unsere Reise durch die Schrift mit den sieben
Schlüsseln fort. Im folgenden werden wir weitere Bibelstellen
mit dem vierten Schlüssel, der Kultur des Nahen Ostens, entschlüsseln.

[33] Rihbany, *Jesus aus dem Nahen Osten*, S. 42 f.

98

Kapitel 4

Der vierte Schlüssel:

Die Kultur des Nahen Ostens

D as Studium der Sitten und Bräuche des Nahen Ostens ist nicht nur interessant, sondern auch sehr wichtig. Fehlt das Verständnis für eine Kultur, nicht nur die biblische, kann ein falscher Eindruck entstehen, und es kommt zu Mißverständnissen. Selbst in unserer heutigen weltweit vernetzten Informationsgesellschaft mißverstehen wir noch oft viele Aspekte anderer Kulturen.[1]

Ein Beispiel: Die wichtigsten Zeitungen der USA veröffentlichen Artikel, die die Beerdigung des ägyptischen Präsidenten Gamal Abdel Nasser (1918–1970) anschaulich schilderten. Die Berichterstatter schrieben, die Beerdigung sei „von der Raserei" der Massen „gestört" worden. Diese peinlich genauen Berichte waren für alle Leser irreführend. Ihnen und uns fehlte das Verständnis für nahöstliches Brauchtum.

Die Menschen des Nahen Ostens erweisen einem Verstorbenen gerade dadurch angemessenen Respekt, indem sie offen zur Schau stellen, wie sehr sie von Gefühlen überwältigt werden. An einem nahöstlichen Begräbnis in „respektvollem Schweigen" teilzunehmen würde bedeuten, daß man keinerlei Gefühle für den

---

[1] So ist beispielsweise die Kultur der Ureinwohner Amerikas mißverstanden worden, was zu Vorstellungen und Eindrücken führte, die viel Schaden anrichteten.

Verstorbenen hegte. Das aber wäre eine Beleidigung der trauernden Familie.

Wenn wir heute trotz unseres multikulturellen Umfeldes Schwierigkeiten haben, andere Kulturen zu verstehen, und uns falsche Vorstellungen machen, wieviel mehr müssen wir dann erst die biblische Kultur mißverstehen und mißverstanden haben?

In diesem Kapitel werden wir einen Blick auf Sitten, Bräuche und Verhaltensweisen während des biblischen Zeitalters werfen. In dem Zugang zur nahöstlichen Kultur, verwenden wir ein Wissen, das wir von den Nachfahren eines alten assyrischen Volkes gewonnen haben.[2]

> „Es war nur natürlich, daß dieser alte semitische Stamm [die Assyrer], *die alten semitischen Bräuche bewahren konnte*, weil er an einem Ort lebte, wo niemals je etwas geschehen war, das seine Lebensgewohnheiten störte. *Sie lebten immer noch das Leben des Alten Testaments*, bis durch den großen Krieg [den ersten Weltkrieg] eine Veränderung eintrat. ‚Biblische Sitten‘, oder was wir als solche bezeichnen, waren nicht nur charakteristisch für die Hebräer, sondern stellten das gemeinsame Erbe des Stammes dar, zu dem sie gehörten, und waren Teil der Atmosphäre des Landes. So geschah es, daß ein Mann mit großer Erfahrung, der von einem jungen Burschen gefragt wurde, welche Bücher er am besten lesen solle, um sich auf den Irak vorzubereiten, antwortete: ‚Lies vor allen Dingen die Bibel. Studiere das Buch der Richter, um die Politik des Landes zu verstehen. Um die Philosophie und das religiöse Gedankengut zu verstehen, lies das Buch Hiob. Und wenn du das soziale Leben und die Bräuche verstehen willst – nun, dann füge der Bibel *Die arabischen Nächte* in der unzensierten Ausgabe von Burton hinzu.‘ Selbst in Fragen der Kleidung haben sich die Bräuche aus alter Zeit erhalten.“[3]

---

[2] Vergleiche dazu Einführung – „Der vierte Schlüssel“, S. 23

[3] Wigram, *The Assyrians and Their Neighbors*, S. 179, 185 f.

BROT

Jesus hatte volles Verständnis für die Geisteshaltung mit der sein Volk das Brot achtete. Deshalb sagte er: „Ich bin das Brot des Lebens." Seine Zuhörer konnten sich sofort mit diesem Ausspruch identifizieren, denn Brot war heilig für sie.

Ein Mensch des Nahen Ostens sagt zum Beispiel häufig: „Mögen Brot und Salz zwischen uns sein", was bedeutet, „wir sind eins durch eine feierliche Abmachung". Die Redensart „Brot und Salz" ist heilig. Bricht jemand die Übereinkunft von „Brot und Salz", gilt er als niederträchtig und des Vertrauens unwürdig. Von einem solchen Menschen sagt man: „Er kennt die Bedeutung von Brot und Salz nicht", ein Stigma, das für immer an ihm haften bleibt.

Bestimmte Wüstenbeduinen behandeln selbst ihre größten Feinde mit großer Höflichkeit. Besteht zwischen ihnen eine „Brot-und-Salz-Abmachung", versorgen sie sie mit Nahrung, schützen sie mit dem Schwert und gewähren ihnen Zuflucht – allerdings nur für drei Tage. (Wenn der Feind klug ist, wird er nach drei Tagen um sein Leben rennen.)

Normalerweise lügt ein Mensch des Nahen Ostens nicht, so lange Brot auf dem Tisch liegt. Er glaubt, Brot besitze eine mystische Heiligkeit, weil es Gottes Vorkehrung für eines der grundlegenden Bedürfnisse der Menschheit ist. Von wo sonst könnte das tägliche Brot kommen, wenn nicht aus der für die ganze Menschheit sorgenden und liebenden Hand Gottes? Wenden wir uns nochmals Dr. Rihbany zu. Er schreibt in seinem Buch *Jesus aus dem Nahen Osten*:

> „Als Sohn einer syrischen Familie wuchs ich mit dem Glauben auf, daß Brot eine mystische, heilige Bedeutung hat. Ich würde niemals auf ein auf die Straße gefallenes Stück Brot treten. Ich würde es aufheben und, um ihm Verehrung zu erweisen, an meine Lippen führen und es dann auf eine Mauer

oder an irgendeinen anderen Platz legen, wo es nicht zertreten werden kann.

Die Ehrfurcht vor dem 'aish (Brot; wörtlich übersetzt „der Lebensspender") schien mir immer eine der edelsten Traditionen meines Volkes zu sein. Während wir zusammen das Brot brachen, wäre niemand von uns aufgestanden, um einen ankommenden Gast zu begrüßen, egal welchen gesellschaftlichen Rang er innehatte. Dass wir nicht aufstanden und uns nach der herzlichen Weise der Orientalen [des Nahen Ostens] begrüßten, bevor das Mahl beendet war, lag – ausgesprochen oder nicht – in unserer Ehrfurcht vor dem Lebensmittel (hir-metel-'aish) begründet. Wir konnten aber und haben dies auch immer getan, den Neuangekommenen sehr nachdrücklich einladen, am Mahl teilzunehmen.

... Das 'aish war weit mehr als nur Materie. Insofern es Leben erhielt, war es Gottes eigenes Leben, seinem Kind, dem Menschen, berührbar gemacht, um ihn zu nähren. Der Höchste selbst stillte unseren Hunger. Sagt nicht der Psalmist ‚Du tust deine Hand auf und sättigst alles, was lebt, nach deinem Wohlgefallen' (PS 146:16)?"[4]

Wenn Jesus von sich selbst als dem Brot des Lebens spricht, dann weist er auf die Heiligkeit seiner Lehren hin, darauf, daß seine Botschaft die Herzen und Seelen der Menschenfamilie nährt. Sein Wort schafft Frieden, Gedeihen und eine lebendige, liebende Beziehung zu Gott, der das Leben selbst ist.

Das tägliche Brot

Das ganze Leben eines Semiten ist auf Gott gegründet; alles, was er tut, geschieht im Namen Gottes. Im Namen Gottes sät er seine Saat in den frisch gepflügten Boden. Ist die Zeit gekommen, die Ernte einzuholen und die Garben auf der Tenne

---

[4] Rihbany, *Jesus aus dem Nahen Osten*, S. 120 f.

auszubreiten, wiederholt er den Namen Gottes. Unter Anrufung des gepriesenen Namen Gottes mahlt er in der Mühle sein Getreide.

Im Namen Gottes kneten nahöstliche Frauen ihren Teig und backen Brot. Im Bewußtsein, daß sie und ihre Nahrungsmittel unter Gottes beständigem Segen stehen, reichen sie ihr Brot ihren Familien. „Gib uns an diesem Tag unser tägliches Brot", heißt es deshalb im Vaterunser. Diese Bitte ist die ständige Erinnerung, daß es Gott ist, der uns mit Brot versorgt. Aus ihr spricht ein Gefühl tiefer Dankbarkeit zu dem Spender aller guten und vollkommenen Gaben.

Ich habe diesen Vers des Vaterunsers folgendermaßen übersetzt: „Von Tag zu Tag versorgst du uns mit Brot nach unseren Bedürfnissen." Das aramäische *lachma* bedeutet sowohl „Brot" als auch „Lebensmittel". Die Redewendung „Komm und laß uns zusammen Brot essen" meint: „Komm und laß uns zusammen eine Mahlzeit einnehmen."

Das tägliche Brot ist eine Erinnerung an Gottes Gegenwart, die immer mit uns ist und uns mit allem Nötigen versorgt. Ein semitischer Dichter drückt dies so aus:

Vor dem Brot ist das schneeweiße Mehl;
Vor dem Mehl der Mühlstein,
Vor der Mühl ist die Saat, die Sonne, der Regen,
Und der Wille des Vaters allein.[5]

Nahöstliches Brot ist nicht wie deutsches oder französisches Brot zu einem langen Laib geformt. Es ist rund wie eine sehr große Pizza (etwa 25 bis 30 cm Durchmesser) und so dünn wie ein Crêpe-Pfannkuchen. Von einem solchen „Beduinenbrot" können durchaus bis zu vierzig Menschen essen.

---

[5] Rihbany, *Jesus aus dem Nahen Osten*, S. 122

DER APFEL

Manche Bibellehrer meinen, der Apfel sei ein Symbol für das Böse, weshalb er der Menschheit als die Frucht des Sündenfalls bekannt wurde. Betrachtet man jedoch das Brauchtum des Nahen Ostens, könnte nichts weiter von der Wahrheit entfernt sein. Für einen Semiten ist ein Apfel ein Symbol für Schönheit, Zuneigung und Freundschaft. In literarischen Werken des Nahen Ostens ist der Apfel ein Symbol der Liebe.

Nahöstliche Frauen legen ihre Kinder häufig in den schützenden Schatten von Apfel- und Feigenbäumen, der, scheint die Sonne sehr heiß, kühl und erfrischend ist. Kranke und Schwache suchen zur Heilung oft den Schatten bestimmter Bäume, besonders den des Apfelbaumes, auf.

> „Wer ist sie, die aus der Steppe heraufsteigt, auf ihren Geliebten gestützt? Unter dem Apfelbaum hab' ich dich geweckt, dort, wo deine Mutter dich empfing, wo deine Gebärerin in Wehen lag."
>
> *Hoheslied 8:5, LB*

Das Konfekt auf Hochzeiten sind Äpfel und Datteln. Nahöstliche Menschen errichten einen künstlichen Baum, dessen Zweige sie mit wunderschönen Äpfeln, feinen und köstlichen Leckerbissen schmücken, die sie unter den Gästen verteilen.

Bei den assyrischen Bergbewohnern des nördlichen Irak schenkt ein Mann einer Frau einen Apfel als Zeichen seiner Liebe. Nähert sich eine Braut ihrem zukünftigen Heim, steht der Bräutigam auf dem Dach und wirft ihr einen Apfel zu. Meist wird dieser Apfel von einem der jungen Leute aufgefangen, die den Hochzeitszug begleiten.

Wie man sich leicht überzeugen kann, wünschen, begehren und schätzen nahöstliche Menschen in den biblischen Ländern den Apfel mehr als jede andere Frucht. Im Hohenlied, dem poetischen Buch der Liebe, lesen wir: „Erfrische mich mit Zuneigung, *umgib mich mit Äpfeln*, denn ich bin krank vor Liebe."[6]

Der Garten Eden

Wir kommen nun zu einer Frage, die mir von Bibellesern häufig gestellt wurde: Aßen Adam und Eva einen Apfel? Es ist hilfreich, sich klar zu machen, daß im Garten Eden der Baum der Erkenntnis von Gut und Böse kein realer Obstbaum und mit Sicherheit auch kein Apfelbaum war. Der Verfasser von Genesis, Kapitel 2 und 3 benennt den Baum, indem er ihn metaphorisch als „das Wissen von Gut und Böse" beschreibt. Weder ein Apfel noch überhaupt irgendeine Frucht waren der Missetäter.

Für den „Baum der Erkenntnis" gibt es Hunderte von unterschiedlichen Interpretationen, und unter den Exegeten ist die Diskussion über seine Bedeutung anhaltend und endlos.

Ein Autor grenzte sie in drei grundlegende Erklärungsaspekte ein: ethisch, intellektuell und sexuell.[7] Ich finde folgende metaphysische Interpretation interessant:

Als Adam und Eva am Wissen von Gut und Böse teilhatten, begannen sie, Leben als gegensätzlichen Dualismus zu *erkennen* (verstehen). Die Geschichte ist ein Symbol für die falsche Vorstellung, die die Menschheit von Leben hat. Anders ausgedrückt, die Menschen begreifen die Einheit des Lebens nicht mehr in seiner Vollständigkeit und Ungeteiltheit. Sie beschreiben Leben in Begriffen wie: Gegensatz von Geist und Materie, Geburt und Tod und so weiter. Aus diesem Grund werden sie ihr Leben so lange in beständigem Konflikt leben, bis sich ihre Wahrnehmung grundlegend ändert und ihr Denken alte Muster überwindet.

Wie auch immer man die biblische Geschichte von den „Bäumen des Garten Eden" verstehen mag, wir wissen, daß es sich dabei nicht wirklich um Obstbäume gehandelt hat.

---

[6] Hld 2:5, Errico
[7] Siehe Plaut, *The Torah: Genesis – A Modern Commentary*, S. 34–36

WINDELN

> „Und sie gebar ihren erstgeborenen Sohn und wickelte ihn
> in Windeln und legte ihn in eine Krippe, weil dort, wo sie
> übernachteten, kein Platz für sie war."
>
> *Lukas 2:7, Errico*

Im Nahen Osten war das Wickeln von Neugeborenen ein sehr
alter und weit verbreiteter Brauch, der in manchen Gegenden bis
heute noch lebendig ist.

Nach dieser Sitte baden die Mütter zuerst ihr neugeborenes
Kind, reiben es dann sanft mit einer geringen Menge Salz ab, die
für diesen bedeutenden Anlaß mit einem Steinmörser ganz fein
puverisiert wurde. Sie pudern die Babys auch mit einem Puder
aus getrockneten Myrthenblättern. Nahöstliche Eltern glauben,
das Fleisch des Kindes festige sich, wenn sein Körper mit Salz eingerieben wird. Diese kleine Zeremonie ist auch ein symbolisches
Zeugnis, daß die Eltern ihr Kind zur Wahrheitsliebe und Zuver-
lässigkeit erziehen wollen.

Die Windel ist ein etwa ein Quadratmeter großes Tuch, an dessen
einer Ecke die Mutter ein langes, schmales Band befestigt. Meist
wickelt sie ihr Kind so, daß seine Arme eng am Körper anliegen
und seine Beine ausgestreckt sind; dann schlingt sie von den Schul-
tern bis zu den Knöcheln das schmale Band um seinen Körper.
Das Kind sieht wie eine kleine ägyptische Mumie aus.[8] Mehrmals
täglich und mindestens sechs Monate lang wickeln Semiten ihre
Säuglinge. Sie glauben, dies fördere das gerade Wachstum und das
Erstarken der kleinen Körper. Es ist auch wiederum ein Zeichen,
daß die Eltern ihr Kind lehren wollen, ehrlich und redlich zu leben
und mit Betrügereien nichts im Sinn zu haben. Allgemein stillen
Mütter ihre Kinder bis ins zweite oder dritte Lebensjahr.[9]

---

[8] Rihbany, *Jesus aus dem Nahen Osten*, S. 33

[9] In manchen Gegenden des Nahen Ostens werden Kinder gestillt, bis sie vier
     oder fünf Jahre alt sind.

Die Bemerkung, jemand sei bei der Geburt nicht „gesalzen"
worden, kann in bestimmten Gegenden des Nahen Ostens eine
Menge Ärger hervorrufen. Bedenken Sie, symbolisch repräsen-
tiert Salz Aufrichtigkeit. Nicht mit Salz eingerieben oder gewikkelt worden zu sein besagt, das Kind war nicht erwünscht und
sein Vater unbekannt.

Der hebräische Prophet Ezechiel bezieht sich in seiner Prophezeiung auf diesen Brauch. Unerschrocken spricht er sich gegen
die Bewohner Jerusalems aus, die Gott und seinen Geboten un-
treu geworden waren. Ezechiel tadelt:

> „So spricht Gott, der Herr, zu Jerusalem: Deiner Wurzel und
> deiner Geburt nach bist du aus dem Land Kanaan; dein Vater
> war ein Amoriter und deine Mutter eine Hethiterin. Und
> die, die dich geboren hat, hat am Tag deiner Geburt *deine
> Nabelschnur nicht durchgeschnitten, sie hat dich weder mit Was-
> ser gewaschen noch deinen Körper mit Salz eingerieben und dich
> auch nicht in Windeln gewickelt.*"
>
> *Ezechiel 16:3–4, Errico*

Wir sehen, daß dieser Brauch sehr wichtig und von großer symbolischer Bedeutung ist. Es wäre nur natürlich, wenn Maria, die
Mutter Jesu, ihr neugeborenes Kind mit Salz abgerieben und ge-
wickelt hätte. Jesus sollte Gott und seinem Wort gegenüber wahrhaftig sein. Sein Wickeln bedeutete Treue und Aufrichtigkeit seinem himmlischen Vater wie auch seinen Eltern gegenüber. Dieser
Brauch und seine geistige Bedeutung galt allen Kindern, die ge-
wickelt wurden.

ÜBER DAS BETRETEN EINES HEIMES

Betritt man im Nahen Osten ein Heim, gelten andere Sitten als
bei uns im Westen. Bei uns legt man beim Betreten eines Hauses
oder einer Wohnung beispielsweise den Hut ab. Betritt man im
Nahen Osten ein Heim, zieht man die Schuhe aus, und der Hut

bleibt auf dem Kopf. Die Begrüßung zwischen Gastgeber und Gast ist überschwenglich und ungezwungen.

Der Gast ruft, bevor er mit einem Stock an die Tür klopft, den Hausbewohnern zum Beispiel eine Redewendung zu wie: „O ihr guten Bewohner dieses Hauses!" Eine Antwort aus dem Haus könnte sein: „Sei willkommen. Bitte sei so gut und tritt ein." Der Gast zieht dann sofort seine Schuhe aus, läßt sie draußen an der Türschwelle zurück und lehnt vielleicht seinen Wanderstab an den Türpfosten.

In dem Moment, wo der Gast das Haus betritt, wünscht er überschwenglich Glück und Frieden. Ausführlich und eifrig fragt er dann nach Gesundheit, Wohlergehen und Glück der Familie. Selbstverständlich beantwortet der Gastgeber diese Fragen, und stehen sich beide recht nah, sagt der Gastgeber etwa:

> „Du erweist mir eine große Ehre, indem du in meine Woh-
> nung kommst. Ich bin dessen nicht wert. Dieses Haus ist
> deins, du kannst es verbrennen, wenn du willst. Meine Kin-
> der stehen zur deiner Verfügung. Ich werde sie alle opfern,
> wenn es dir Freude macht!"[10]

Dieser ausgedehnte und ausschweifende Empfang bedeutet schlicht: „Ich bin froh, dich zu sehen. Bitte fühle dich wie zu Hause." Ein Mensch des Nahen Ostens würde unsere westliche Art der Begrüßung jedenfalls ziemlich langweilig finden. Er freut sich an seinen blumigen und äußerst höflichen Worten der Zuneigung seinem Gast gegenüber.

Gewöhnlich wird der Gast darum bitten, an einem bescheidenen (unteren) Platz bei der Tür sitzen zu dürfen, aber der Gastgeber wird ihn am Arm nehmen und sagen: „Nein, das ist unmöglich. Du mußt mitkommen und edler (höher) sitzen." Er wird ihn zu einem Platz mit einem guten, weichen Kissen in seiner Nähe führen.

---

[10] Rihbany, *Jesus aus dem Nahen Osten*, S. 86

Herkömmlicherweise wird der Gast nach einer kurzen, aber sehr höflichen Weigerung etwa so antworten: „Ich bin nicht würdig, dicht bei dir zu sitzen", „ich bin nicht gut genug" oder „in deiner Nähe zu sitzen geht über meinen Rang im Leben hinaus". Nach einigen Überredungsversuchen wird er dem Drängen seines äußerst wohlwollenden Gastgebers schließlich glücklich „nachgeben". Wir können nun verstehen, was Jesus meinte, als er seine Jünger in nahöstlichen Umgangsformen unterwies und sagte:

> „Wenn du eingeladen bist, setz dich lieber, wenn du hinkommst, auf den untersten Platz; dann wird der Gastgeber zu dir kommen und sagen: Mein Freund, rück weiter hinauf! Das wird für dich eine Ehre sein vor allen anderen Gästen. Denn wer sich selbst erhöht, wird erniedrigt, und wer sich selbst erniedrigt, wird erhöht werden."
>
> *Lukas 14:10–11, EÜ*

Hier ein typisches Einladungsritual zwischen Gastgeber und Gast:

Erweise uns die Ehre deiner Gegenwart.

Ich würde mich sehr geehrt fühlen, aber ich kann das nicht annehmen.

Das kann nicht sein.

Doch, doch, es muß sein.

Nein, ich beschwöre dich bei unserer Freundschaft und beim Leben Gottes. Ich möchte dich nur mit meinem Brot und meinem Salz bekannt machen.

Und ich beschwöre dich ebenfalls, daß es mir ganz unmöglich ist, dies anzunehmen. Dein Brot und Salz sind allseits bekannt.

Doch, tu es nur uns zuliebe. Wenn du zu uns kommst, kommst du in dein eigenes Haus. Laß uns deine Freigiebigkeit uns gegenüber zurückzahlen.

Astaghfero Allah (beim barmherzigen Gott), ich habe euch nichts geschenkt, was des Erwähnens wert wäre.

An diesem Punkt des Einladungszeremoniells wird der Gastgeber seinen Gast beim Arm nehmen und ihn mit einem entschiedenen ‚Ich werde dich nicht gehen lassen' persönlich ins Haus ziehen. Der Gast wird, glücklich darüber, ‚ehrenvoll' unterlegen zu sein, die Einladung annehmen."[11]

Ist das gepflegte und ausführliche nahöstliche Zeremoniell vorüber, wird der Gast in würdevoller Freiheit neben dem Gastgeber sitzen, gewöhnlich im Schneidersitz, die Hände auf den Knien.

REISEN

„Danach suchte der Herr zweiundsiebzig andere aus und sandte sie zu zweit voraus in alle Städte und Ortschaften, in die er selbst gehen wollte. Er sagte zu ihnen: Die Ernte ist groß, aber es gibt nur wenig Arbeiter. Bittet also den Herrn der Ernte, Arbeiter für seine Ernte auszusenden. Geht! Ich sende euch wie Schafe mitten unter die Wölfe. Nehmt keinen Geldbeutel mit, keine Vorratstasche und keine Schuhe! Grüßt niemand unterwegs!"

Lukas 10:1–4, EÜ

Jesu Anweisung an seine Jünger, während ihrer Reise von Stadt zu Stadt niemanden zu grüßen, erscheint ziemlich eigenartig. Die Menschen des Nahen Ostens sind sehr sozial und, ob sie sich in ihrer Heimatstadt befinden oder von Ort zu Ort reisen, grüßen sie einander oft und herzlich. Dr. Abraham Rihbany schildert, wie eine Unterhaltung zweier sich auf der Straße begegnender Fremder in der Regel abläuft:

„Die Begrüßung der Menschen des Nahen Ostens ist ein wort-

---

[11] Rihbany, *Jesus aus dem Nahen Osten*, S.129

reicher Seelenerguß, dessen Vertraulichkeit und Wißbegier der westlichen Mentalität fremd ist. ...

Möge Gott (Allah) dir Gesundheit und Stärke verleihen.

O, möge Gott (Allah) dein Leben erquicken und stärken.

Von woher kommt deine ausgezeichnete Gegenwart und wohin wirst du dich wenden?

Ich komme aus Nazareth und bin auf dem Weg nach Damaskus.

Wie lautet dein werter Name?

Dein demütiger Diener ist Mas'ud, Sohn des Yusuf vom Geschlecht Hiobs und mein Alter, Freund, beträgt vierunddreißig Jahre.

Möge dein Leben lang und glücklich sein.

Wie viele Kinder hast du?

Drei Söhne in der Obhut Gottes.

...

So dauert die wechselseitige höfliche Unterhaltung und Herzenserforschung fort, bis jeder der Reisenden gründlich über die Rolle, die häuslichen und sozialen Verhältnisse des anderen informiert ist. Bevor sich ihre Wege wieder trennen, haben sie sich gegenseitig mit dem Gewerbe, dem Einkommen, dem Beruf, den Sorgen und Nöten, sogar mit den Vorlieben und Abneigungen des anderen bekannt gemacht.“[12]

Manchmal erhält der Reisende auch eine mündliche Einladung in das Haus der Person, die er gerade getroffen hat, und es kann drei oder mehr Tage dauern, ehe der Reisende es verläßt.[13]

Grüßt jemand auf der Straße nicht, nehmen Menschen des Nahen Ostens an, der Reisende sei in sehr dringenden Angelegenheiten unterwegs.

[12] Rihbany, *Jesus aus dem Nahen Osten*, S. 155 f.

[13] Siehe Ri 19:4–9

Jesus wollte nicht, daß seine Apostel aufgehalten werden, weil dies die Verbreitung seines Evangeliums verzögert hätte. Aus diesem Grund gebot er, niemanden auf der Straße zu grüßen.

Elischa[14], ein Prophet Gottes, gab seinem Diener Gehazi einen ähnlichen Befehl. Sein Diener hatte einen Heilungsauftrag. Elischa wollte nicht, daß Gehazi unterwegs aufgehalten wird; darum verbot er ihm, jemanden auf der Straße zu grüßen.[15]

Ohne Angst reisen

Jesus gebot seinen Jüngern auch, weder Geldbeutel noch Tasche oder Schuhe mit sich zu führen. Geld wurde gewöhnlich in Beuteln oder Gürteln verwahrt, die die Männer um die Taille gewikkelt hatten. Mit „Tasche" ist ein Reisebeutel gemeint. Der aramäische Ausdruck dafür ist *tarmala*.

Es ist üblich, daß nahöstliche Männer ihre Essensvorräte in der *tarmala* tragen. Ein extra Paar Schuhe oder Kleidung mitzunehmen würde Räuber einladen, sie anzugreifen und auszurauben. Jesus wollte nicht, daß sich seine Jünger einer solchen Gefahr aussetzten.

Die Jünger sollten das lehren, was Jesus sie gelehrt hatte, Kranke heilen und das Kommen des Reiches Gottes ankündigen. Die Bevölkerung versorgte die Jünger mit Verpflegung, Unterkunft und allem, was sonst noch nötig war – schließlich dienten sie den geistigen und körperlichen Nöten der Menschen. All dies geschah in Übereinstimmung mit den Sitten des Nahen Ostens. Weil sie sich nicht mit zusätzlichem Gepäck beschwerten, konnten die Jünger ohne Furcht reisen und den Auftrag ihres Meisters erfüllen.[16]

---

[14] auch Elisa

[15] Siehe 2 Kön 4:29

[16] Siehe Lamsa, *Die Evangelien in aramäischer Sicht*, S. 123–127

HOCHZEITSBRÄUCHE

Die Hochzeitsbräuche des Nahen Ostens sind wirklich faszinierend. In diesem Buch werden wir nur Traditionen erörtern, die sich auf einzelne Lehren der Bibel beziehen. Untersuchen wir eines der Gleichnisse Jesu, das von den zehn Jungfrauen.

> „Dann wird es mit dem Himmelreich sein wie mit zehn Jungfrauen, die ihre Lampen nahmen und dem Bräutigam entgegengingen. Fünf von ihnen waren töricht, und fünf waren klug. Die törichten nahmen ihre Lampen mit, aber kein Öl, die klugen aber nahmen außer den Lampen noch Öl in Krügen mit.
>
> Als nun der Bräutigam lange nicht kam, wurden sie alle müde und schliefen ein. Mitten in der Nacht aber hörte man plötzlich laute Rufe: Der Bräutigam kommt! Geht ihm entgegen! Da standen die Jungfrauen alle auf und machten ihre Lampen zurecht.
>
> Die törichten aber sagten zu den klugen: Gebt uns von eurem Öl, sonst gehen unsere Lampen aus. Die klugen erwiderten ihnen: Dann reicht es weder für uns noch für euch; geht doch zu den Händlern und kauft, was ihr braucht. Während sie noch unterwegs waren, um das Öl zu kaufen, kam der Bräutigam; die Jungfrauen, die bereit waren, gingen mit ihm in den Hochzeitssaal, und die Tür wurde zugeschlossen. Später kamen auch die anderen Jungfrauen und riefen: Herr, Herr, mach uns auf! Er aber antwortete ihnen: Amen, ich sage euch: Ich kenne euch nicht. Seid also wachsam! Denn ihr wißt weder den Tag noch die Stunde."
>
> *Matthäus 25:1–13, EÜ*

In vielen Gegenden des Nahen Ostens, in denen die Menschen das alte Brauchtum noch pflegen, spielt Zeit, anders als im Abendland, keine Rolle. Ein Beispiel: Eine Hochzeitsfeier, die für sechs Uhr abends festgesetzt ist, wird möglicherweise nicht vor Mitternacht, drei Uhr früh oder gar zwei bis drei Tage später stattfinden. Wir können nun verstehen, warum Jesus die fünf klugen Jungfrauen lobte, die einen Ölvorrat mitgebracht hatten. Aber warum mußten die Jungfrauen überhaupt Öl mitbringen?

Nahöstliche Hochzeiten finden normalerweise im frühen Herbst oder im Winter statt. Eine Hochzeitsfeier beginnt am Abend und dauert die ganze Nacht. Die Feier einer reichen Familie dauert gewöhnlich sieben Tage und sieben Nächte, die einer armen Familie dagegen nur drei Tage und drei Nächte.

Kerzen oder Öllampen dienen den Menschen als Beleuchtung. Auch Butter wird als Lampenöl verwendet. Die Gäste bringen Kerzen und Lampen in das Empfangshaus. Sie liefern das benötigte Licht. Haben sich Braut und Bräutigam zurechtgemacht und sind bereit, mit der Prozession das Festhaus zu betreten, dürfen nur die Gäste eintreten, die Kerzen und Lichter mitgebracht haben. Ohne reichlich Licht ist eine Hochzeitsfeier unpassend ausgerichtet.

Auch viele Besucher aus nahe gelegenen Ortschaften werden kommen, um Öl zu kaufen. Vielleicht müssen diese Besucher dann bestürzt feststellen, daß die Geschäfte geschlossen sind, da auch die Ölverkäufer auf die kommende Braut warten. Für den Fall, daß Braut und Bräutigam sich verspäten, nehmen kluge Jungfrauen darum immer einen Ölvorrat mit.

Die Arrangements für die Festlichkeiten, insbesondere die Vorbereitung von Braut und Bräutigam, können lange dauern. Nach altem Brauch ist dem Paar ein rituelles Bad vorgeschrieben. Es kann zum Beispiel Schwierigkeiten geben, Wasser zu beschaffen, was das Fest verzögern würde. Die Braut trägt gewöhnlich nicht weniger als sieben Kleider, ihr Gesicht ist verschleiert und jeglichem Blick entzogen. Über diese normalen Verzögerungen hinaus glauben nahöstliche Menschen, daß sie sich viel Zeit lassen können.

Die Bedeutung von Jesu Gleichnis ist klar: Seine Jünger, Apostel und Nachfolger sollen stets vorbereitet sein. Sie sollen für die Ziele des Reiches Gottes arbeiten. Seine Jünger konnten sicher einen Bezug zu diesem Gleichnis herstellen. Bestimmt hatten sie selbst Jungfrauen gesehen, denen der Eintritt in das Empfangshaus verwehrt worden war, weil sie sich verspätet hatten.

Die Hochzeit zu Kana

Johannes berichtet in seinem Evangelium von einer Hochzeit in Kana in Galiläa, zu der er seinen Meister begleitet hatte. Maria, die Mutter Jesu, und einige seiner Jünger waren ebenfalls mitgekommen.

> „Und als der Wein ausging, sagte seine Mutter zu Jesus: ‚Sie haben keinen Wein.‘ Jesus sprach zu ihr: ‚Was hat das mit mir und dir zu tun, Frau, ich bin noch nicht an der Reihe.‘ Seine Mutter sagte zu den Helfern: ‚Was immer er euch sagt, das tut.‘“
>
> *Johannes 2:3–5, Lamsa*

In deutschen Bibeln ist dieser Text anders übersetzt. In der Lutherbibel lautet er: „Jesus spricht zu ihr: Was geht's dich an, Frau, was ich tue? Meine Stunde ist noch nicht gekommen"[17], und in der Einheitsübersetzung heißt es: „Jesus erwiderte ihr: Was willst du von mir, Frau? Meine Stunde ist noch nicht gekommen."

Es scheint, als habe Jesus seine Mutter zurechtgewiesen, was aber keineswegs den Tatsachen entspricht. Jesus hatte einen sehr sanften Umgangston mit seiner Mutter. Sie „Frau" zu nennen ist typischer Ausdruck aramäisch semitischer Höflichkeit. *Attah*, „Frau", entspricht dem respektvollen amerikanischen Ausdruck „Ma'am" und dem deutschen „gnädige Frau" oder „meine Dame".

---

[17] Anm. d. Übers.: In einer Lutherbibel von um 1750 findet sich folgende Übersetzung mit Fußnote: „Weib/* was habe ich mit dir zu schaffen? ... *Was geht es mich und dich an." –
(*Weib* war zu Luthers Zeiten eine achtbare Bezeichnung für eine erwachsene Frau.)

Eine bessere Übersetzung des Satzes „meine Stunde ist noch nicht gekommen" ist „ich bin noch nicht dran" oder „mein Zeitpunkt ist noch nicht gekommen". *Schaa* bedeutet „Stunde", „Reihenfolge", „Zeitpunkt" und „Zeit". In dieser Textstelle ist „Zeitpunkt", nicht „Stunde" gemeint. Dieser Abschnitt des Johannesevangeliums bezieht sich auf die nahöstliche Sitte, für Hochzeitsfeiern Wein zu kaufen und zur Verfügung zu stellen. Was Jesus zu seiner Mutter sagte, war: „Ist das unsere Sorge? Noch bin ich nicht an der Reihe, Wein für die Gäste zu kaufen."

Um diese Geschichte zu verstehen, muß man wissen, wie Gäste auf Empfängen jener Zeit bewirtet wurden. Im Haus, in dem das Fest stattfindet, sitzen die Männer nach Alter und gesellschaftlichem Rang in einer Reihe auf dem Boden. Die Frauen sitzen auf der gegenüberliegenden Seite, aber in einem Kreis. In der Nähe der Tür stehen Diener bereit, die Gäste zu versorgen. Auch die Musiker haben einen Platz in der Nähe der Tür.

Der Bräutigam stellt das Essen zur Verfügung. Nachbarn bringen als Geschenk für das Paar auf Tabletts ausgewählte Lieblingsspeisen mit.

Die einzelnen Gäste stellen Wein zur Verfügung. Das heißt, jeder Gast ist einmal an der Reihe, die Diener zu beauftragen, Wein zu besorgen. Während dieser ausgeschenkt und verteilt wird, verkündet der Diener den Namen der Person, die den Wein gekauft hat. Dann trinken alle auf das Wohl und Glück der Neuvermählten.

Alle Gäste tragen zum Gelingen des Hochzeitsfestes bei. Jeder Gast muß, ist er an der Reihe, der Braut und dem Bräutigam seine Freundschaft und Treue durch eine großzügige Gabe beweisen. Er muß aber auch strikt darauf achten, die Diener nicht eher zu rufen, bis er an der Reihe ist. Sollte einem Gast unbeabsichtigt das Mißgeschick unterlaufen, zur Unzeit Wein zu bestellen, kann es Ärger unter den Gästen geben, vor allem unter jenen, die einen höheren gesellschaftlichen Status haben. Die Gäste betrachten jeden, der aus der Reihe tanzt, als Feind. Auf einer Hochzeitsfeier muß die Etikette bewahrt werden.[18]

Jesus wußte, wann er an der Reihe war, den Wein zu servieren. Und nichts anderes meinte er, als er zu seiner Mutter sagte: „Meine Stunde (mein Zeitpunkt) ist noch nicht gekommen." Maria hatte verstanden, daß ihrem Sohn der richtige Zeitpunkt bewußt war. Deshalb gab sie den Dienern sofort Anweisung, ihrem Sohn Folge zu leisten, sobald dieser nach Wein rief. Für die Diener war dies die Versicherung, daß sie den Wein bezahlen werde. Ist im Nahen Osten eine Mutter mit ihrem Sohn unterwegs, verwaltet meist die Mutter die Familienkasse. Eine Frau zu berauben gilt unter nahöstlichen Räubern als feige.

DIE LETZTE ABENDMAHLZEIT

Die meisten Bibelleser haben die bedeutsame Szene des letzten Abendmahls mit einem vollkommen westlichen Hintergrund vor Augen. Warum? Es ist Leonardo da Vincis berühmtes Gemälde „Das letzte Abendmahl", das unsere Vorstellung von diesem biblischen Geschehen immer wieder beeinflußt. Dieser berühmte italienische Künstler schenkte der Welt eine beachtenswerte Charakterstudie Jesu und seiner Apostel. Trotzdem müssen wir uns bewußt machen, daß da Vinci kein historisches Milieu des Nahen Ostens porträtierte. Seine gesamte künstlerische Darstellung – der Raum, der Tisch, die Kleidung der Apostel und Jesu und selbst die Sitzordnung entspricht seinen Tagen und seiner Zeit. Sein Gemälde ist die Darstellung eines provinziellen italienischen Ambientes.

Wie aber sieht der nahöstliche Schauplatz des letzten Abendmahls aus? Jesus und seine Jünger saßen typisch für damals in einem Kreis auf dem Boden. Sie hatten sich in einem der kleinen Räume einer *balachana*, einer reinen Männergaststätte, versammelt. Während des Mahls trugen die Apostel und ihr Meister Hüte. In der Mitte des Raumes war die *pathora*, ein Tuch, auf dem Boden ausgebreitet. Auf der *pathora* standen zwei oder drei große

---

[18] Lamsa, *Die Evangelien in aramäischer Sicht*, S. 365–368

Teller, eine irdene Schale und ein kleines Gefäß mit Wein. In Reichweite eines jeden im Kreis stand in der Mitte die Schale und in Jesu Nähe der kleine Krug.

Wie bei solchen Gelegenheiten Brauch, liegen auf den großen Tellern jeweils verschiedene Speisen. Brot wird von einem zum anderen gereicht, auch in dünne Brotscheiben gewickeltes Fleisch, ein sogenannter „Bissen", mag herumgereicht werden. Häufig stecken sich die Feiernden das eingewickelte Fleisch in ihre Tasche und nehmen es mit nach Hause. Die Männer haben auch keine Scheu, sich Essen vom Teller anderer Gäste zu nehmen.

Die Körperhaltung des Lieblingsjüngers Johannes, der sich an Jesu Brust lehnte, ist ebenfalls eine alltägliche Sitte. Bis zum heutigen Tag nehmen einander sehr nahe stehende nahöstliche Freunde während eines gemeinsamen Essens diese Stellung ein. Für sie ist das ebenso üblich wie das Händeschütteln für zwei westliche Freunde. Und nehmen zwei vertraute Freunde voneinander Abschied, besonders wenn sie ahnen, dass sie sich wahrscheinlich nicht wiedersehen werden, dann bekunden sie einander ihre tiefe Zuneigung. Dieser Austausch der herzlichen Gefühle findet am Vorabend einer Reise statt oder wenn einer der beiden vor einem gefährlichen Auftrag steht.

Während des Abendmahls ging Jesus „aus sich heraus". Frei offenbarte er seinen Jüngern seine Gefühle. Er ließ sie auch seine Enttäuschung wissen über den einen, der ihn verraten würde. Und weil diese Zwölf nie mehr so zusammensein würden, brachte Jesus auch Gefühle zum Ausdruck, die bei einem nahöstlichen abendlichen Abschiedsessen üblich waren. Das was Jesus während dieses letzten Abendessens sagte und tat, waren keine vereinzelten oder ungewöhnlichen Dinge. Eine brüderliche Atmosphäre und innige, gefühlvolle Äußerungen sind für ein Abendessen dieser Art charakteristisch, besonders im Schatten einer herannahenden Gefahr.

Es ist Sitte, daß ein Gastgeber um einen freudigen Abschluß des Festes bittet. Er läßt die versammelte Männerrunde zum Zeichen ihrer Freundschaft aus einem Becher trinken. Der Satz: „Tut dies in Erinnerung an mich", ist eine herzliche Bitte und besagt: „Ich liebe euch; und deshalb werde ich immer bei euch sein." Als Jesus diese Bitte an seine Jünger richtete, wußten sie, seine liebevolle Aussage bedeutete, daß zwischen ihnen ein machtvolles Band der Liebe bestand. Und wegen dieser Liebe konnten sie nicht voneinander getrennt werden.[19] Jesus bereitete seine Jünger auf seinen Weggang vor.

Bei Festen im Nahen Osten, und besonders in Galiläa, war es üblich, jene am Essen teilhaben zu lassen, die bereitstehen, den Gästen Wein und Wasser auszuschenken. Allerdings hat Essen mit Freunden auszutauschen eine noch viel tiefere Bedeutung. Freunde reichen einander als Zeichen enger Vertrautheit auserlesene Happen. Ein herzlicher Austausch von Speisen findet nie mit einem Gegner statt.

Als Jesus seinen *Bissen* Judas, seinem Verräter, reichte, ließ er auch ihm gegenüber seinen Gefühlen freien Lauf. „Und er [Jesus] nahm den Bissen, tauchte ihn ein und gab ihn Judas, dem Sohn des Simon Iskariot."[20] Verstehen wir diesen nahöstlichen Brauch, begreifen wir schnell den Akt der Liebe, den Jesus durch das Teilen seines Bissens mit Judas bewies. Jesus praktizierte wirklich seine eigene Lehre: „Liebe deine Feinde." Dadurch, daß er seinen Bissen mit Judas teilte, bedeutete er ihm, daß er ihn nicht als Feind sah. Jesus liebte Judas, und er hatte tiefes Erbarmen mit ihm. Mit der symbolischen Geste, sein Essen mit ihm zu teilen, sagte er: „Hier ist mein Brot der Freundschaft, und was du tun mußt, tue schnell."[21] Kurze Zeit später verriet Judas Jesus für dreißig Silberstücke an dessen priesterlichen Gegner.

Bei diesem Abendessen besiegelte Jesus seine Liebe und Freundschaft zu seinen Jüngern. Zuerst wies er auf das Lamm und das Brot, dann auf den Wein. Während er dies tat, sagte er, sein

---

[19] Rihbany, *Jesus aus dem Nahen Osten*, S. 51

[20] Joh 13:26, LB

[21] Rihbany, *Jesus aus dem Nahen Osten*, S. 53

Körper mußte wie das Lamm und das Brot sein, gebrochen und verzehrt. Und er sagte, sein Blut sei wie der Wein — alle sollten davon trinken. Er gab sein Leben hin, um einen neuen Weg des Lebens für die ganze Menschheit zu offenbaren.

KINDERN NACHTS ZU ESSEN GEBEN

Eine andere Sitte, auf die sich Jesus bezieht, ist, Kindern Essen zu geben.

Im Lukasevangelium lehrt Jesus:

> „Wo ist unter euch ein Vater, der seinem Sohn, wenn der ihn um einen Fisch bittet, eine Schlange für den Fisch biete? Oder, der ihm, wenn er um ein Ei bittet, einen Skorpion dafür biete? Wenn nun ihr, die ihr böse seid, euren Kindern gute Gaben geben könnt, wieviel mehr wird der Vater im Himmel den Heiligen Geist geben denen, die ihn bitten!"
>
> *Lukas 11:11–13, LB 1912*

Dr. Lamsas Übersetzung lautet:

> „Für den, der unter euch ein Vater ist, wenn sein Sohn ihn um Brot bitten sollte, was! würde er ihm einen Stein reichen? Und wenn er um einen Fisch bitten sollte, was! würde er ihm eine Schlange statt des Fisches reichen? Und wenn er ihn um ein Ei bitten sollte, was! würde er ihm einen Skorpion reichen? Wenn nun ihr, die ihr euch irrt, wißt, wie ihr euren Kindern gute Gaben gebt, um wie vieles mehr wird euer Vater den Heiligen Geist vom Himmel denen geben, die ihn darum bitten?"

Ein Kind kann nachts vor Hunger schreien. Als Antwort auf das Schreien des Kindes wird ihm sein Vater einen Fisch oder ein Ei geben. Sorgfältig ist er darauf bedacht, nicht aus Versehen statt dessen einen Skorpion aufzugreifen. In einem nahöstlichen Haushalt kann es leicht zu solch einem Irrtum kommen. Skorpione kriechen oft in die Zelte und verstecken sich beim Brot oder im Stroh bei den Eiern.

In deutschen Übersetzungen sagt Jesus zu seinen Zuhörern, sie seien böse: „Wenn nun ihr, die ihr böse seid ...‟ Aber wie Sie sehen werden, sagt er nach dem aramäischen Text: „Und wenn ihr, die ihr Fehler macht, wißt wie ...‟. Mit anderen Worten, Jesus sagt, daß ein Vater, der menschlich ist, Fehler machen und sich irren kann. Der Fehler könnte ihm in der Nacht unterlaufen, wenn er seinem Kind ein Stück Brot oder ein Ei geben will. „Böse‟ meint hier nicht das, was wir oft darunter verstehen, sondern einfach Irrtum oder Fehler. *Biescha*, „böse‟, bedeutet auch „schlecht‟, „unreif‟ oder „unvollkommen‟. In der Essenz sagt Jesus: „Wenn ihr, die ihr menschlich seid und Fehler macht, dennoch zu unterscheiden wißt und sorgfältig darauf bedacht seid, euren Kindern gute Gaben zu geben, wieviel mehr weiß euer himmlischer Vater zu unterscheiden und ist sorgfältig darauf bedacht, euch nur das zu geben, was euch guttut.‟

Aus diesem Grund gibt uns unser himmlischer Vater den Heiligen Geist. Aber wozu brauchen wir, um geeignete Gaben zu erhalten, den Heiligen Geist? Der Heilige Geist, der dem Menschen innewohnt, kann den Einzelnen zu den Gaben führen, die er sucht. Manchmal wünscht man sich vielleicht Dinge, die für einen selbst oder die Familie schädlich sind, denn oft ist der menschliche Verstand unfähig, sich ein vollständiges Bild zu machen. Sucht man bei seinen Unternehmungen aber den Rat Gottes, dann werden gute Gaben das Ergebnis dieser Suche sein. Leitet der Heilige Geist die Menschen, dann inspiriert er sie, das zu tun, was gut, nützlich und frei von Irrtum ist. „Denn es ist Gott, der dich mit dem Willen inspiriert, die guten Dinge zu tun, die du zu tun wünschst.‟[22]

---

[22] Phil 2:13, Lamsa

KOPFBEDECKUNG

Die alte Sitte aufrecht erhaltend, verschleierten Frauen immer ihr Gesicht. In Gegenwart von Männern, Sehern, Priestern, Rabbis oder anderen religiösen Autoritäten bedeckten sie gewöhnlich ihren Kopf. Sie verschleierten sich aus Verehrung und Achtung, nicht aus Angst.

Für diese Sitte gibt uns die hebräische Bibel zahlreiche Beispiele. Als Zeichen des Respekts bedeckte Rebecca ihr Gesicht, als sie Isaak auf sich zukommen sah, um sie zu begrüßen.[23] Auch beim Gebet bedeckten Frauen ihr Gesicht. Der Apostel Paulus zitiert diesen Brauch: „Wenn ein Mann betet oder prophetisch redet und dabei sein Haupt bedeckt hält, entehrt er sein Haupt. Eine Frau aber entehrt ihr Haupt, wenn sie betet oder prophetisch redet und ihr Haupt nicht verhüllt. Sie unterscheidet sich dann in keiner Weise von einer Geschorenen."[24]

Der aramäische Text hilft, den letzten Teil des fünften Verses zu klären: „Und jede Frau, die mit unbedecktem Kopf betet oder prophezeit, entehrt ihr Haupt; denn sie kommt einer, deren Kopf geschoren worden ist, gleich."[25]

In den Ländern des Nahen Ostens wurde einer Prostituierten der Kopf geschoren, das heißt, ihr Haar wurde sehr kurz geschnitten. Die Haarlänge einer Semitin verschafft ihr Würde und Schönheit. Deshalb würde sie ihr Haar niemals kurz schneiden. Dies wäre unehrenhaft und stempelte sie zur Hure.

In seinem Hirtenbrief an die Korinther ermahnt Paulus die semitischen Christinnen, die alte Tradition beizubehalten, mit verhülltem Gesicht und bedecktem Kopf zu beten. Er vergleicht eine unverschleiert betende Frau mit einer Hure, weil die Tradition das Verschleiern des Gesichtes vorschrieb. Jede Frau, die sich nicht daran hielt, brachte Schande über sich selbst. Eine unverschleierte

---

[23] Siehe Gen 24:65

[24] 1 Kor 11: 4–5, LB

[25] 1 Kor 11: 14–16, Lamsa

Frau bietet sich im Verständnis des Nahen Ostens an. Natürlich ist uns klar, daß diese Sitte mit nahöstlicher Tradition zu tun hat.

Wenn nahöstliche Männer beten, legen sie als Zeichen ihrer Ehrfurcht vor Gott Hut und Schuhe ab. Meist wurde zum Tode verurteilten Verbrechern der Kopf verhüllt. „Als das Wort aus des Königs Munde gekommen war, verhüllten sie Haman das Antlitz."[26] Als der Rat des Sanhedrin Jesus wegen Gotteslästerung verurteilt hatte, verhüllten sie zum Zeichen, daß er das heilige Gesetz überschritten hatte, seinen Kopf. „Und einige spuckten ihn an, verhüllten sein Gesicht, schlugen ihn und riefen: Zeig, daß du ein Prophet bist! Auch die Diener schlugen ihn ins Gesicht."[27]

Die Länge des Haares

Die nahöstliche Tradition schreibt dem Mann kurzes Haar vor. Für ihn ist langes Haar eine Schmach und Schande, wohingegen es Würde und Schönheit einer Frau offenbart. Sogar das mosaische Gesetz verbietet den Männern lange Haare. „Ihr sollt euch nicht das Haar auf dem Kopf wachsen lassen und euch auch nicht die Ecken eures Bartes stutzen."[28]

Auch Paulus äußert sich in seinem Brief an die Korinther zum Thema Haare. „Lehrt euch nicht die Natur selbst, daß, wenn ein Mann langes Haar trägt, es eine Schande für ihn ist? Wenn aber eine Frau lange Haare trägt, ist es eine Ehre für sie; denn das Haar ist ihr als Hülle gegeben. Wenn aber irgendein Mann über diese Dinge disputiert – wir haben keinen Präzedenzfall, auch die Kirche Gottes nicht."[29]

„Lehrt nicht die Natur selbst, daß langes Haar zu tragen eine Schande für einen Mann ist?" Dieser Ausspruch stammt möglicherweise aus einem jüdischen Kommentar. Wir wissen, daß der

---

[26] Est 7:8, EÜ

[27] Mk 14:65, LB

[28] Lev 19:27, Lamsa

[29] 1 Kor 11: 14–16, Lamsa

Urmensch sein Haar lang trug, um seinen Körper zu schützen. Der Brauch, das Haar zu schneiden, entwickelte sich später. Anscheinend schnitten sich die Männer die Haare, um sich von den Frauen zu unterscheiden. Wahrscheinlich stammte das Haareschneiden der Männer aus einem religiösen Ritus.

Paulus benutzte möglicherweise den Ausdruck „Natur", um auf einen alten Brauch oder eine alte Verhaltensregel anzuspielen. In Wirklichkeit hat die Natur nichts mit religiösen Sitten und Umgangsformen zu tun. Der Natur ist es schlicht egal, ob das Haar eines Mannes lang oder kurz ist. Für Männer ist es einfach Tradition, sich durch Frisur und Kleidung von Frauen zu unterscheiden.

Sitten, Bräuche und Verhaltensweisen unterliegen in jeder Kultur Veränderungen. Paulus fährt fort, daß weder den Aposteln noch der Kirche Jesu Christi ein Präzedenzfall bekannt ist, bei dem über diesen Brauch diskutiert worden wäre.

Im Buch der Richter lesen wir, daß Samsons langes Haar ihm Stärke und Ruhm verlieh. Für ihn war es keine Schande, langes Haar zu tragen. Gott hatte seinen Eltern gesagt, kein Messer solle sein Haar berühren. Als Samson dieses Gebot brach, verlor er seine Kraft.

In der hebräischen Bibel finden sich viele Männer, die das Nasiräergelübde abgelegt hatten. Es erlaubte ihnen, ihre Haare so lang wachsen zu lassen, bis sie ihre Verpflichtung dem Gelübde gegenüber erfüllt hatten. War dies vollendet, schnitten sich die Männer die Haare ab.[30]

Vielleicht werden sich in einigen Jahrzehnten Männer und Frauen völlig identisch kleiden, und vielleicht fordern dann Sitten und Bräuche, daß sie es tun. Erleuchtung und Errettung hängen nicht von der bloßen Einhaltung von Bräuchen, Traditionen und Verhaltensweisen ab. Der Apostel Paulus lehrt, daß Erleuchtung und Errettung durch die Gnade Gottes und die Praxis der Lehren Jesu, des Messias, kommt.

[30] Siehe Num 6:1–8

ZUM SCHLUSS

In der Bibel gibt es noch viel mehr Sitten und Bräuche zu erforschen. Dieses Buch ist keine erschöpfende Studie biblischer Bräuche. All jene Leserinnen und Leser aber, die den Wunsch haben,
das Studium nahöstlicher Sitten und Bräuche fortzusetzen, verweise ich auf die Bibliographie dieses Buches.

KAPITEL 5

DER FÜNFTE SCHLÜSSEL:
SEMITISCHE PSYCHOLOGIE

Sitten und Bräuche eines Landes kommen aus seinem nationalen Bewußtsein und seiner traditionellen Denkweise. Wollen wir die typischen Merkmale einer bestimmten ethnischen Gruppe verstehen, müssen wir ihren psychologischen Hintergrund kennen. Für biblische Studien ist es daher entscheidend, den besonderen Charakter der nahöstlichen Semiten zu verstehen.

> „Hätten sich die Begründer des christlichen Glaubens der Bibel über die nahöstliche Psychologie genähert und hätten sie die Schriften vor dem Hintergrund des syrischen Lebens betrachtet, dann wären sie mit der Heiligen Schrift nicht so umgegangen wie ein Jurist mit gesetzlichen Verfügungen. Nochmals, hätten die unfreundlichen Kritiker der Bibel wirklich Kenntnis von dem Land, in dem sie geboren wurde, dann wären sie sich nicht so sicher gewesen, daß sie ‚eine Anhäufung von Unmöglichkeiten‘ ist. Es ist eine traurige Tatsache, daß die Bibel von den ‚Buchstabilisten‘ unter ihren Anhängern genauso vergewaltigt worden ist wie von ihren Feinden."[1]

---

[1] Rihbany, *Jesus aus dem Nahen Osten*, S. 86

Betrachten wir achtsam und vorurteilsfrei die grundlegende individuelle Psychologie eines Volkes, können wir bestimmte Verhaltens- und Ausdrucksweisen, die uns fremd erscheinen, verstehen. Viele Kritiker der Lehren Jesu brandmarken zum Beispiel einige seiner Aussagen als „widersprüchlich", „unpraktisch" und „unbedeutend für die heutige Welt". Der Grund für diese harsche Kritik ist, daß dieselben Kommentatoren den semitisch psychologischen Komplex, aus dem Jesus lehrte, entweder nicht kannten oder nicht berücksichtigten. Mühelos können wir aus verschiedensten Bibelstellen falsche Schlüsse ziehen, nur weil wir sie durch unsere eigenen Augen und nicht durch die des Nahen Ostens sehen.

Kultur und Psychologie sind nicht voneinander zu trennen. Und weil sie untrennbar sind, werden wir, während wir fortfahren, uns mit der biblischen Kultur zu beschäftigen, zugleich ihren psychologischen Hintergrund kennenlernen. Konsequenterweise überschneiden sich in diesem Kapitel der vierte und der fünfte Schlüssel – nahöstliche Kultur und semitische Psychologie.

Ich werde weder beurteilen noch einen Wertevergleich vornehmen. Möge dem Leser bewußt bleiben, daß es nicht Zweck dieses Buches ist, Einstellungen oder Verhaltensweisen nahöstlicher Menschen zu mißbilligen noch stillschweigend über sie hinwegzugehen. Ich bewerte weder die westliche noch die östliche Kultur; meine Absicht ist schlicht, Licht in bestimmte Bibelverse und -erzählungen zu bringen.

ZEIT

Familienbande, auch zu entfernten Verwandten, sind in der semitischen Kultur stark ausgeprägt. Semiten sind Freundschaften und Beziehungen wichtiger als Zeit oder Termine einzuhalten. Ein Mensch des Nahen Ostens schenkt den Dingen, die er sagt oder tut, der Uhr, Details oder fehlerloser Genauigkeit wenig Beachtung.

Die in geschäftlichen Angelegenheiten knappe, auf den Punkt gebrachte Ausdrucksweise westlicher Geschäftsleute wirkt auf ihn so, als entzöge man dem Leben alle Freude. Für ihn ist sie eine un-verhältnismäßige Wertschätzung der Zeit. Menschen des Nahen Ostens arbeiten nicht „gewinnorientiert". Sie sind der Meinung, daß der besondere Wert eines Augenblicks nicht nach Art der Ge-schäftswelt und mit Geld veranschlagt werden darf. Zeit muß in Geselligkeit und erfüllter, freudiger Gemeinschaft verbracht wer-den. Ein poetisches Lebensgefühl und nicht prosaische Genauig-keit muß im Leben Vorrang haben.

In der westlichen Welt ist es beispielsweise sehr wichtig, Er-eignisse mit der größtmöglichen Sorgfalt und Detailtreue zu be-schreiben. Einem Menschen des Nahen Ostens dagegen ist das egal. Für ihn besteht kein Unterschied zwischen 17 Uhr und 17.30 Uhr oder ob eine Unterhaltung auf dem Dach oder im Haus stattgefunden hat. Ziel ist, das Wesentliche eines Geschehens zu kennen, und zwar mit gerade so vielen Hintergrundinforma-tionen, wie man sich bequem merken kann.[2]

„[Die] Ausdrucksweise [des Nahen Ostens] ist mehr von in-tellektueller Ungenauigkeit als von moralischer Pflichtverges-senheit geprägt. Falsche Angaben sind häufiger das Ergebnis von Gleichgültigkeit als von bewußter Täuschungsabsicht. Eine der ‚Gewohnheitssünden' ist *ma besay-il*, ‚das macht nichts'.

Ein Sache kann überbewertet oder unterbewertet werden, aber nicht unbedingt mit der Absicht zu täuschen, sondern um den Zuhörer mit ihrer Bedeutung oder Bedeutungslosig-keit zu beeindrucken.

Wenn jemand, der bei Sonnenaufgang hätte aufstehen sol-len, verschläft und geweckt werden muß, sagen wir eine halbe Stunde oder eine Stunde nach der ausgemachten Zeit, wird er mit den Worten: ‚Steh auf, es ist schon Mittag – *qum sar edh-hir*' geweckt. Von einem starken und mutigen Mann sagt man: ‚Er kann die Erde spalten – *yekkid el-aridh*.' Syrer

<hr>

[2] Rihbany, *Jesus aus dem Nahen Osten*, Kapitel 11: „Unwahrhaftigkeit", S. 76 ff.

mißverstehen solche Aussagen nicht, sie erkennen die Bedeutung des Gesagten.

Auf diese Weise müssen auch viele Bibelstellen erkannt werden. Die Absicht des orientalischen Sprechers oder Schrei-
bers muß oft hinter dem Buchstaben seiner Aussage gesucht
werden, was er sich mit großer Freiheit zunutze macht."[3]

Ein Ausspruch Jesu ist ein gutes Beispiel, einen nahöstlichen Menschen, wenn er von Zeit spricht, nicht wörtlich zu nehmen:
„Denn wie Jona drei Tage und drei Nächte im Bauch des Fisches
war, so wird der Menschensohn drei Tage und drei Nächte im
Schoß der Erde sein."[4] War Jesus tatsächlich genau drei Tage und
Nächte „im Schoß der Erde"? Oder haben wir es hier mit semitischer Denkweise zu tun?

Nach den Evangelien wurde Jesus am Freitagnachmittag gekreuzigt und vor dem Sabbat (dem Sonnenuntergang)[5] vom
Kreuz abgenommen. Freitagabend legten seine Jünger seinen
Leichnam in ein geliehenes Grab, in dem er Freitagnacht und
den ganzen Samstag über lag. Dann am frühen Sonntagmorgen
erhob er sich aus dem Grab. Uns ist klar, daß dieses Geschehen
nicht buchstäblich drei mal 24 Stunden – drei Tage und drei
Nächte – dauerte. Aber für einen nahöstlichen Menschen
„spielt das keine Rolle – *ma besay-il.*" Freitag, Samstag und
Sonntag sind nach nahöstlicher Sichtweise drei Tage und drei
Nächte.

Besuchen Sie einen nahöstlichen Freund, der sein Leben nach
den alten Denkmustern lebt, kann sich auch heute noch folgendes ereignen. Sagen wir, Sie verbrachten nur einen Tag mit Ihrem
Freund. Nach Ihrer Abreise wird er wahrscheinlich jedem erzählen, Sie hätten drei Tage und drei Nächte bei ihm verbracht.
Wir hielten das natürlich für eine Lüge. Einem Menschen des

---

[3] Rihbany, *Jesus aus dem Nahen Osten*, S. 77

[4] Mt 12:40, EÜ

[5] Der Sabbat beginnt Freitags um 18 Uhr.

Nahen Ostens jedoch schenkt die Exaktheit, nur „ein Tag" zu sagen, einem nüchternen Detail eine viel zu große Aufmerksamkeit.

Das meiste, das uns in den Evangelien „widersprüchlich" und „ungereimt" erscheint, ist für nahöstliches Denken kein Problem, wohl aber für westliches. Hätten sich die gelehrten Bibelwissenschaftler die Gewohnheiten und die Psyche nahöstlicher Menschen vergegenwärtigt, wären uns allen bei der Lektüre der Bibel vielleicht Zweifel und Mißverständnisse erspart geblieben.

Ich glaube, in bezug auf die Unterschiede zwischen Ost und West habe ich genügend gesagt. Wenden wir nun den fünften Schlüssel auf bestimmte Bibelstellen an.

FRAUEN

Möglicherweise unterscheiden sich die östliche und die westliche Welt in keinem anderen Bereich so sehr wie bei der Stellung der Frau. Wie schon früher erwähnt[6], ist meine Absicht keineswegs, die Einstellung des Nahen Ostens – in diesem Abschnitt die zur Stellung der Frau – zu bewerten. Es steht mir auch nicht zu, die nahöstliche Weltanschauung zu verurteilen oder zu dulden, noch sie anzuklagen oder zu entschuldigen. Ich möchte *die psychologische Grundlage und die Sitten*, in die die Frauen des Nahen Ostens eingebunden sind, beschreiben und sie in Beziehung zum biblischen Hintergrund setzen. Leider verstehen westliche Menschen die kulturelle Einstellung des Nahen Ostens zur Frau falsch.

Es ist richtig, daß die nahöstliche Kultur von einem ungeschriebenen sozialen Gesetz beherrscht wird. Die Gesellschaft des Nahen Ostens räumt dem Mann Vorrechte ein. Es ist eine auf Männer ausgerichtete Welt. Nahöstliche Menschen empfinden, es sei „beiden Geschlechtern gegenüber unangemessen, der Frau in der Öffentlichkeit und im Haus den Vortritt zu geben"[7]. Sie den-

---

[6] Siehe S. 127, dritter Absatz

[7] Rihbany, *Jesus aus dem Nahen Osten*, S. 186

ken auch, „der westliche Mann sei zum Sklaven seiner Frau geworden"[8]. All dies trägt dazu bei, daß beide Welten in der Wahrnehmung der zarten Wurzeln der jeweils anderen Kultur ernsthaft versagen.

Was Paulus wirklich über Frauen sagte

Manche Leser und Lehrer des Neuen Testaments meinen, Paulus' Gedanken über Frauen seien nicht korrekt übersetzt worden, und deshalb herrschten Mißverständnisse in unserer Beurteilung der paulinischen Lehre vor. Ich betone noch einmal: Wollen wir die Schriften des Paulus verstehen, müssen wir die sozio-psychologischen Sitten jener Zeit berücksichtigen.

In seinem Brief an die Korinther greift Paulus eine traditionelle Denkweise des Nahen Ostens auf:

> „Der Mann darf sein Haupt nicht verhüllen, weil er Abbild und Abglanz Gottes ist; die Frau aber ist der Abglanz des Mannes. Denn der Mann stammt nicht von der Frau, sondern die Frau vom Mann. Der Mann wurde auch nicht für die Frau geschaffen, sondern die Frau für den Mann. Deswegen soll die Frau mit Rücksicht auf die Engel das Zeichen ihrer Vollmacht auf dem Kopf tragen. Doch im Herrn gibt es weder die Frau ohne den Mann noch den Mann ohne die Frau. Denn wie die Frau vom Manne stammt, so kommt der Mann durch die Frau zur Welt; alles aber stammt von Gott."
>
> *1. Korinther 11:7–12, EÜ*

Vergleichen wir diesen Passus mit dem folgenden aramäischen Peschitta-Text.

---

[8] Rihbany, *Jesus aus dem Nahen Osten*, S. 186 f.

„Denn ein Mann sollte in der Tat nicht seinen Kopf bedek-
ken, denn er ist das Bildnis und die Ehre Gottes; die Frau
aber ist die Ehre des Mannes. Denn der Mann ist nicht aus
der Frau erschaffen; sondern die Frau ist aus dem Mann erschaffen. Auch wurde der Mann nicht für die Frau erschaffen, aber die Frau für den Mann. Aus diesem Grund soll die
Frau bescheiden sein und ihren Kopf bedecken als ein Zeichen des Respekts vor den Engeln [Boten]. Dennoch gibt
es bei unserem Herrn [gemäß der Lehre Jesu] keine Bevorzugung des Mannes vor der Frau und auch nicht der Frau
vor dem Mann. Denn wie die Frau vom Mann ist, so ist der
Mann auch von der Frau; aber alle Dinge sind von Gott."[9]

1. Korinther 11:7–12, Lamsa

Die Aussage des aramäischen Textes ist klar und deutlich. Eindeutig bestärkt Paulus die Denkweise und das Glaubensgebäude
der damaligen Zeit. Er sagt aber auch: „Dennoch besteht in unserem Herrn [gemäß der Lehre Jesu] *keine Bevorzugung des Mannes vor der Frau und auch nicht der Frau vor dem Mann.*"

In diesem Hirtenbrief überschreitet Paulus die religiös-sozia-
len und psychologischen Sitten. Er konnte dies tun, weil er die tiefere Bedeutung der Botschaft Jesu erfaßt hatte. Jesus lehrte die ursprüngliche Vorstellung von Mann und Frau: beide sind das Bildnis
und Abbild Gottes, keiner ist weniger wert.

Jesus lehrte direkt aus Genesis 1:27 heraus: „So schuf Gott den
Menschen als sein Ebenbild und Abbild. Als Mann und Frau schuf
er sie." Die Gleichheit von Männern und Frauen ist die biblische
Lehre. Nachbiblische Schriften[10] haben Jesus in seiner Lehre nicht
beeinflußt. (In ihrer Auslegung der hebräischen Bibel beeinfluß-
ten einige dieser Schriften jedoch den Apostel Paulus und andere
Verfasser des Neuen Testaments.)

[9] Klammern vom Autor

[10] Siehe Glossar „Pseudepigraphen"

Engel und Frauen

Was meinte Paulus, als er sagte: „Deshalb sollte die Frau bescheiden sein und ihren Kopf als Zeichen des Respekts vor den Engeln
bedecken"? In Gegenwart heiliger Männer verhüllen Frauen des
Nahen Ostens immer ihr Gesicht – nicht als Zeichen der Furcht,
sondern aus Respekt, Würde und Verehrung. Von allen freund-
lichen, frommen und gutherzigen Männern und Frauen sprechen
die Leute als von „Engeln Gottes". Nahöstliche Menschen glauben auch, daß während ihres Gebetes Engel anwesend sind, um
ihre Bitten vor den Thron Gottes zu tragen. „Engel" bezieht sich
im obigem Vers auf heilige oder fromme Männer.

Interessanterweise gibt es keine Aufzeichnung von Aussagen
Jesu über religiöse Riten oder Sitten, nach denen Frauen ihren
Kopf bedecken sollen. Er wußte, daß Männer und Frauen einan-
der ebenbürtig sind, und äußerte sich nicht über Gebetsgewohn-
heiten von Frauen. Nachdrücklich betonte Jesus menschliches
Handeln gegenüber unseren Mitmenschen.

Frauen haben zu schweigen

Bis zum heutigen Tag nehmen in vielen Gegenden des Nahen
Ostens Frauen schweigend an Gottesdiensten teil. Sie stehen hinter der Versammlung der Männer und verfolgen deren religiösen
Praktiken mit großer Wertschätzung. In den Tempeln orthodoxer
Juden und den Moscheen orthodoxer Muslime haben Frauen
ihren eigenen, gesonderten Gottesdienstbereich. Im allgemeinen
beten und studieren viele fromme Frauen die Schrift zu Hause
und besuchen keine Gottesdienste. Sie lernen auch von ihren
Männern, Brüdern, Söhnen, den Priestern und Lehrern ihrer jeweiligen Religion.

Der Apostel Paulus hatte viel Verständnis für den beharrlichen
Einfluß, den traditionelle semitische Bräuche auf die Gesellschaft
seiner Tage ausübten. Es wäre skandalös gewesen, einer Frau zu er-
lauben, vor einer Versammlung von Männern aus der Schrift vor-

zulesen. Das ist der Grund, warum Paulus auch in seinem Brief an Timotheus schreibt: „Die Frau lerne in der Stille mit aller Unterordnung. Einer Frau gestatte ich nicht, daß sie lehre, auch nicht, daß sie über den Mann Herr sei, sondern sie sei still."[11]

Keine dieser Sitten ist jedoch Teil der Lehren Jesu. Jesus schloß die Frauen weder aus, noch unterstützte er die alten Sitten und Glaubensvorstellungen, die Frauen unterdrückten. Trotzdem wahrte Paulus die Sitte, daß Frauen im Gottesdienst nicht sprechen, singen oder sich in irgendeiner Weise aktiv beteiligen.

Im Alten Testament begegnen wir Miriam, der Schwester Mose und Aarons, die mit anderen Frauen zusammen Gott mit Singen und Tamburinen lobte.[12] Frauen waren immer Verfechterinnen des Glaubens, wie einige Berichte des Neuen Testaments belegen. Sie spielten bei der Ausbreitung ihres Glaubens eine sehr wichtige Rolle.

Gehorsam

> „Ihr Frauen, ordnet euch euren Männern unter wie dem Herrn. Denn der Mann ist das Haupt der Frau, wie auch Christus das Haupt der Gemeinde ist, die er als seinen Leib erlöst hat. Aber wie nun die Gemeinde sich Christus unterordnet, so sollen sich auch die Frauen ihren Männern unterordnen in allen Dingen. Ihr Männer, liebt eure Frauen, wie auch Christus die Gemeinde geliebt hat und hat sich selbst für sie dahingegeben."
>
> *Epheser 5:22–25, LB*

Frauen unterhalten keine Geschäftsbeziehungen, sind nicht im Lehrbereich tätig oder dienen außerhalb des Hauses geistlichen Belangen. Frauen wenden sich an ihre Männer, wenn es um Rat, Unterstützung und Sicherheit geht. Ein Mann dagegen kann, ohne jemals seine Frau um Rat zu fragen, sein Geschäft betreiben.

[11] 1 Tim 2:11–12, LB
[12] Siehe Ex 15:20–21

Im Nahen Osten ist der Ehemann das Oberhaupt. Doch ungeachtet dieser Tatsache kann sich in bestimmten Fällen eine Frau, die ein besseres geschäftliches Urteilsvermögen als ihr Mann besitzt, in ein Geschäft einmischen und es leiten. Unter diesen Umständen muß eine Frau, die die Dinge selbst in die Hand nimmt und ihren Ehemann leitet, sehr mutig sein, weil Streitereien innerhalb der Familie die Folge sein können.

Offenbar gab es in der Gemeinde von Ephesus zwischen verheirateten Paaren eine Unzufriedenheit. Paulus weist die Paare an, in Liebe und Harmonie zusammenzuarbeiten. Er empfiehlt den Frauen, in Familienangelegenheiten ihren Männern Gehorsam zu leisten. Beide sollen ihr Leben in Zuneigung und gegenseitigem Verständnis führen. Er ist aber keineswegs der Meinung, Frauen sollten sich Groll, Haß oder Mißhandlungen fügen.

In manchen nahöstlichen Glaubensrichtungen und gerade in bestimmten islamischen Gruppen haben Frauen eingeschränkt Freiheit und sehr wenig Autorität. In Jesu Lehre sind Mann und Frau jedoch eins. Stets empfiehlt Paulus Liebe und Treue als das Band, das Mann und Frau zusammenhält.

Scheidung und Wiederheirat

Jesus kannte die sozialen Bedingungen, unter denen nahöstliche Frauen lebten, und er hatte Verständnis für sie. In seiner Botschaft schützte er die Rechte der Frauen, vor allem im Hinblick auf Ehescheidung.

Im Matthäusevangelium sagt Jesus:

> „Es ist auch gesagt: ‚Wer sich von seiner Frau scheidet, der soll ihr einen Scheidebrief geben.‘ Ich aber sage euch: Wer sich von seiner Frau scheidet, es sei denn wegen Ehebruchs, der macht, daß sie die Ehe bricht; und wer eine Geschiedene heiratet, der bricht die Ehe."
>
> *Matthäus 5:31–32, EÜ*

In der Übersetzung des Matthäusevangeliums von George M. Lamsa liest es sich jedoch anders:

> „Es wurde gesagt, daß, wer sich von seiner Frau scheiden läßt, der muß ihr Scheidungspapiere geben. Ich aber sage euch, daß, wer sich von seiner Frau scheiden läßt, außer wegen Ehebruchs, der veranlaßt sie, Ehebruch zu begehen; und wer eine Frau heiratet, die getrennt lebt, aber nicht geschieden ist, begeht Ehebruch."
>
> *Matthäus 5:31–32, Lamsa*

Im ostaramäischen Text des Matthäusevangeliums darf eine Frau sich wieder verheiraten, vorausgesetzt sie ist geschieden und lebt nicht nur getrennt von ihrem Mann. Die Ehe ist eine heilige Institution. Aus diesem Grund halten nahöstliche Menschen nichts von zivilen Eheschlüssen. Sie erkennen sie nicht als Autorität an. Wesentlich ist für sie die Bezahlung der Mitgift und die Segnungen, die ein Priester, Rabbi oder heiliger Mann über dem Paar ausspricht. Diese Sitten und religiösen Riten bilden das heilige Band zwischen Mann und Frau.

Wo das alte Brauchtum noch vorherrscht, wird eine Ehe von den Eltern oder einem Heiratsvermittler arrangiert. Die zukünftige Braut gibt weder ihre Zustimmung, noch lehnt sie ab. Aus diesem Grund haben Frauen nichts zu sagen, wenn sich die Scheidungsfrage erhebt. Die alleinige Macht liegt beim Mann, der uneingeschränkt über seine Frau oder Frauen verfügt.

Bei den assyrischen Christen des Nahen Ostens, die noch den alten biblischen Vorschriften folgen, gibt es nur sehr wenig Scheidungsfälle. Die Haltung assyrischer Männer ihren Frauen gegenüber unterscheidet sich beachtlich von anderen semitischen Völkern. Gewöhnlich sind sie liberaler, und bis zu einem gewissen Grad besitzen ihre Frauen ähnliche Freiheiten wie Frauen des Westens.

Das gegenwärtige Gesetz der assyrischen Christen sagt: Heiratet ein Mann eine Frau, die verlassen wurde, aber nicht geschieden ist, werden beide aus der Kirche ausgeschlossen. Besitzt die verlassene Frau aber eine Scheidungsurkunde, kann sie ganz legal wieder heiraten.

Die Scheidungsfrage kann man besser verstehen, wenn man die Scheidungsbräuche unter nicht christlichen Semiten studiert, wie den Juden in Mesopotamien und Persien, den Arabern und den nicht semitischen Völkern, die wie die Kurden und Perser von semitischer Religion und Kultur beeinflußt sind. Sie werden noch vollkommen von der alten biblischen Gesetzgebung beherrscht. Einige dieser Männer lassen sich von ihren Frauen nicht aus strafrechtlichen oder moralischen Gründen scheiden, sondern aus Gründen, die für eine Scheidung als gerechtfertigt angesehen werden. Zu diesen Gründen gehören Kinderlosigkeit, nicht hart genug zu arbeiten, keinen Gefallen in den Augen des Ehemanns gefunden zu haben oder der Blick auf andere Männer. Sollte von irgendeiner religiösen Autorität Einspruch erhoben werden, dann genügt ein kleines Bestechungsgeschenk in Form eines Lamms, eines Huhns oder zwei Pfund Zucker, um diese friedlich zu stimmen und ihre Einwilligung zu erhalten. Seit undenklicher Zeit wurden orientalische Frauen herabgesetzt, als Eigentum des Mannes betrachtet und zeitweise sogar auf öffentlichen Märkten gekauft und verkauft. Scheidungen sind so leicht möglich und so häufig, daß religiöse Vorschriften erlassen wurden, um die Situation zu bessern.[13]

Jesus verurteilte das Verhalten von Ehemännern, die ihre Frauen willkürlich verließen. Er billigte die lockeren Gesetzesvorschriften nicht, die Männer begünstigten. Aus diesem Grund waren Jesu Überlegungen zur Scheidung auch sehr streng. Die Absicht war, die Frauen zu schützen, damit diese nicht einfach auf die Straße gesetzt werden konnten.

Es besteht kein Zweifel: Jesus setzte sich für die Rechte der Frauen ein. Deshalb schreibt der Apostel Paulus in seinen Briefen, daß es in Christus (d. h. durch Jesu Botschaft) weder männlich

---

[13] Lamsa, *Die Evangelien in aramäischer Sicht*, S. 86

noch weiblich gibt. Diese Benachteiligung sollte durch das macht-volle Evangelium Jesu zu einem Ende kommen.

Rechtsprechung im Nahen Osten

Weil sich ein Mann im Nahen Osten so leicht scheiden lassen konnte, wurden spezielle Gesetze erlassen, die eine Ehescheidung erschwerten.[14] Zum Beispiel: Ein Mann läßt sich grundlos von seiner Frau scheiden, erkennt aber später, daß er einen Fehler begangen hat. Um sie auf gesetzlichem Weg zurückzubekommen, muß er zuerst einen anderen Mann für sie finden. Seine Exfrau wird nun mit ihrem neuen Mann zwei oder drei Monate lang zusammenleben. Ist diese Zeit verstrichen, erhält die Frau, um ihren ersten Mann erneut heiraten zu können, eine Scheidungsurkunde. Dieses Gesetz diente als Abschreckung vor unüberlegten, überstürzten Ehescheidungen.

Die oben erwähnte Gesetzgebung ist aus den Geboten des Korans abgeleitet. Männer islamischen Glaubens ließen sich nicht so schnell scheiden, weil sie wußten, daß sie ihre Frauen mit einem neuen Mann verheiraten mußten. Dies war beschämend und außerordentlich demütigend. Die islamischen Kurden im nördlichen Irak fanden jedoch einen Weg, dieses Gesetz zu umgehen.

Ließ sich ein kurdischer Mann von seiner Frau scheiden, wollte sie dann aber wieder zurückhaben, wurde die Frau auf der Stelle mit einem Ziegenbock oder einem Ochsen verheiratet. Nach der Hochzeitszeremonie wurde das Tier von der Bevölkerung ohne Zögern getötet. Die Neuvermählte war damit Witwe und konnte nach Ablauf der Trauerzeit ihren früheren Ehemann wieder heiraten, und alles war gut![15]

---

[14] In bestimmten Gegenden des Nahen Ostens muß ein Mann nur dreimal „Ich lasse mich scheiden" sagen, und die Scheidung ist vollzogen.

[15] Siehe Lamsa, *Die Evangelien in aramäischer Sicht*, S. 86 f. Die Kurden, die in den Bergen leben, folgen wahrscheinlich auch heute noch diesem Brauch.

JESU LEHRE

In dem Abschnitt, den wir im Neuen Testament die *Bergpredigt* nennen, lehrte Jesus vieles, das auf semitischer Denkweise beruht. Zum Beispiel:

> „Ihr habt gehört, daß gesagt worden ist: Auge für Auge und Zahn für Zahn. Ich aber sage euch: Leistet dem, der euch etwas Böses antut, keinen Widerstand, sondern, wenn dich einer auf die rechte Wange schlägt, dann halt ihm auch die andere hin."
>
> *Matthäus 5:38–39, EÜ*

Sich gegen das Böse zu wehren vergrößert nur die Macht des Bösen. „Die andere Wange hinzuhalten" ist eine aramäische Redensart und bedeutet, „lerne, jemandem den Wind aus den Segeln zu nehmen" oder „mach es nicht noch schlimmer". Man könnte auch sagen: „Ersticke es im Keim." Mit anderen Worten: Räche dich nicht! Das ermutigt nur zu noch drastischeren Vergeltungsmaßnahmen.

Die Psychologie hinter dieser Lehre ist, schwäche und verringere die „böse" Kraft, die gegen einen Einzelnen gerichtet ist. Wie? Wehrt man sich nicht gegen das Böse, kann es nicht eskalieren. Ein Beispiel: Wird eine Person von einer anderen verbal gereizt und so geärgert, daß sie kräftig zurückschlägt, könnte es zu einer Schlägerei kommen. Besser ist es, „die andere Wange hinzuhalten" und auf die verbale Provokation nicht einzugehen. Jesus lehrte nicht, feige zu sein. In Wahrheit bedarf es einer viel größeren inneren Stärke, sich nicht zu rächen. Es ist besser, ein Problem friedlich zu lösen als mit weiteren scharfen Worten und unter Anwendung von Gewalt.

Zivilprozesse

> „Und wenn dich einer vor Gericht bringen will, um dir das Hemd wegzunehmen, dann laß ihm auch den Mantel."
>
> *Matthäus 5:40, EÜ*

Gelegenheitsdiebe stehlen Kleidungsstücke und Schuhe meist aus Häusern und vom Feld. Wird ein Verdächtiger von der Obrigkeit vor Gericht gebracht, dann nimmt sie nach altem Recht und Brauch seine Kleidung als Pfand. Manchmal finden sich unschuldige Männer als Banditen angeklagt und vor die Obrigkeit gezerrt. Erhalten sie einen Schuldspruch und besitzen keine finanziellen Mittel, Abhilfe zu schaffen, beschlagnahmt die Obrigkeit ihre Gewänder.

Kleidungsstücke werden auch als Bürgschaft für ein Darlehen akzeptiert. Kann eine Privatperson ihre Schulden nicht bezahlen, dann sind die Gläubiger bereit, Kleidung statt Geld anzunehmen. Sollte ein Mann sich aber weigern, sein Gewand herauszugeben, verliert er nicht nur sein Gewand und sein Hemd, er wird auch noch streng bestraft. Der Gläubiger wird weitere Kleidungsstücke aus dem Besitz des unglücklichen Mannes einbehalten.

Dr. Lamsa übersetzt obigen Vers wie folgt: „Und wenn dich jemand vor Gericht verklagen möchte und dir dein Hemd wegnimmt, laß ihn auch noch dein Gewand haben."[16] Nach alter nahöstlicher Sitte tragen Menschen des Nahen Ostens sommers wie winters mehrere Hemden und Gewänder übereinander. „Ein Mann trägt meist alle Kleidungsstücke, die er besitzt, da im Nahen Osten sein sozialer Status nach der Anzahl der Kleidungsstücke, die er trägt, bemessen wird."[17]

Jesus hielt es für besser, Hemd und Gewand auszuhändigen, als alles zu verlieren. Wieder betont er das Prinzip, keinen Widerstand zu leisten. Wehrt man sich gegen das Böse (die Schwierigkeiten), verschlimmert sich das Problem. Das heißt natürlich nicht, daß man sich unnötige Beschimpfungen oder Mißbrauch gefallen lassen soll und anderen erlaubt, die eigenen Rechte völlig zu mißachten.

---

[16] Mt 5:40, Lamsa

[17] Lamsa, *Die Evangelien in aramäischer Sicht*, S. 89

Eine zusätzliche Meile gehen

„Und wenn dich jemand nötigt, ihm eine Last eine Meile
weit zu tragen, so gehe mit ihm zwei."
Matthäus 5:41, Lamsa

Ein weiteres Mal betont Jesus seinen Grundsatz, sich nicht gegen
Ungerechtigkeit zur Wehr zu setzen. In einigen Gegenden des
Nahen Ostens, in denen es keine modernen Transportmöglichkeiten gibt, werden Lebensmittel und andere Dinge wie in alten Zeiten von Männern, Frauen und Tieren getragen. Zeitweise müssen
Männer und Frauen Weizen und andere Nahrungsmittel über 30
Kilometer weit tragen. Auch Militärvorräte werden von einer Stadt
zur anderen getragen, das heißt, die Bevölkerung einer Stadt trägt
die Vorräte zur nächsten. In der nächsten Stadt wählen militärische
Führer neue Rekruten aus, die die Vorräte so lange weitertragen, bis
der Bestimmungsort erreicht ist. Dort werden die Männer, die sich
gegen die Zwangsarbeit nicht gewehrt haben, von den Beamten
sofort freigelassen oder in die nächstgelegene Stadt entlassen.

Männer und Frauen, die freiwillig diese aufgezwungenen Lasten tragen, lernen sehr schnell, sich nicht zu widersetzen. Andere,
die sich gegen die Zwangsarbeit auflehnen und sich zu tragen
weigern, müssen Lasten drei oder mehr Tage lang schleppen. Auch
können die Befehlshaber sie schlagen und für sehr lange Zeit
nicht freilassen. Die Bereitschaft, mehr als eine Meile zu gehen,
kann dagegen zur Chance werden, überhaupt keine Meile gehen
zu müssen oder zumindest nur eine kurze Strecke.[18]

Liebe, segne, tue Gutes und bete

„Ihr habt gehört, daß gesagt ist: ‚Du sollst deinen Nächsten
lieben und deinen Feind hassen.' Ich aber sage euch: Liebet
eure Feinde; segnet, die euch fluchen; tut wohl denen, die

---

[18] Lamsa, *Die Evangelien in aramäischer Sicht*, S. 89 f.

euch hassen; bittet für die, so euch beleidigen und verfolgen, auf daß ihr Kinder seid eures Vaters im Himmel; denn er läßt seine Sonne aufgehen über die Bösen und über die Guten und läßt regnen über Gerechte und Ungerechte."

Matthäus 5:43–45, LB 1912

Hat ein Mensch des Nahen Ostens einen Feind, denkt er, dieser Feind sei auch ein Feind Gottes. Im *Tanach* (A.T.) glaubte das Volk, daß die Feinde Israels auch die Feinde des Gottes Israels waren. Jeder, der einem anderen etwas wirklich Böses oder Schlechtes antut, wird Flüche auf sein Haupt sammeln. Ein Mensch des Nahen Ostens ruft gewöhnlich im Namen Gottes weitere Flüche auf seinen Gegner herab. Das Fluchen ist die Vergeltung für das Übel, das der Feind ihm angetan hat. In einem der Psalmen findet sich ein Beispiel für diese Art des Verfluchens. Es lautet:

„Gott, mein Ruhm, schweige nicht! Denn sie haben ihr gottloses Lügenmaul wider mich aufgetan. ... Sie erweisen mir Böses für Gutes und Haß für Liebe. Gib ihm einen Gottlosen zum Gegner, und ein Verkläger [LB 1912: Satan] stehe zu seiner Rechten [Redewendung: *Laß schlechten Rat ihn führen*]. Wenn er gerichtet wird, soll er schuldig gesprochen werden, und sein Gebet werde zur Sünde. Seiner Tage sollen wenige werden, und sein Amt soll ein andrer empfangen. Seine Kinder sollen Waisen werden und seine Frau eine Witwe. Seine Kinder sollen umherirren und betteln und vertrieben werden aus ihren Trümmern. Es soll der Wucherer alles fordern, was er hat, und Fremde sollen seine Güter rauben. Und niemand soll ihm Gutes tun, und niemand erbarme sich seiner Waisen. Seine Nachkommen sollen ausgerottet werden, ihr Name soll schon im zweiten Glied getilgt werden. Der Schuld seiner Väter soll gedacht werden vor dem HERRN, und seiner Mutter Sünde soll nicht getilgt werden. Der HERR soll sie nie mehr aus den Augen lassen, und ihr Andenken soll ausgerottet werden auf Erden, weil er so gar keine Barmherzigkeit übte, sondern verfolgte den Elenden und Armen und den Betrübten, ihn zu töten. Er liebte den Fluch, so komme er auch über ihn; er wollte den Segen nicht, so bleibe er auch fern von ihm."

Psalm 109:1–17, LB

Wir verstehen nun, was Jesus meinte, als er sagte: „Segne jeden, der dich verflucht." Für uns ist es schwer nachvollziehbar, wie solch ein Psalm in der Heiligen Schrift stehen kann. Aber auch hier müssen wir wieder das Temperament und die Psychologie des Nahen Ostens berücksichtigen. Dr. Rihbany sagt dazu:

„Diese Mischung aus Frömmigkeit und Haß, so naiv und in gutem Glauben zum Ausdruck gebracht, ist typisch für den Syrer. Ähnlich waren die gegenseitigen Verwünschungen, die ich so oft in unserer Nachbarschaft und bei den Sippenkämpfen und Sippenstreitereien in Syrien hörte. Sie schlagen sich auf die Brust, und als Zeichen, daß sie ihre Angelegenheit vollständig einer rächenden Allmacht übergeben, nehmen sie ihre Kopfbedeckung ab.

Natürlich sind die Syrer nicht so grausam und herzlos, wie solche Verwünschungen vermuten lassen, besonders, wenn sie einem so kalt entgegengeschleudert werden. Ich bin sicher, würden die Kinder seines Feindes Waisen, wäre der Fluchende unter den ersten, die sich ihrer erbarmten. Denkt man an das ungestüme Temperament des Orientalen [Semiten], das ich bereits erwähnt habe, und an seine Angewohnheit, sich in allen Belangen wie ein vorbehaltloses Kind an seinen Vater, an Gott zu wenden, wird Ihr Urteil über den Sohn Palästinas sicher gnädiger ausfallen.

Das Versöhnliche an diesen Verwünschungen ist, daß sie dem Orientalen [Semiten] immer als Sicherheitsventil dienen. Viel Wut wird auf diese Weise abreagiert. In seinen Worten ist er grausamer als in seinen Taten. Viel streiten, aber wenig kämpfen ist eine Regel der Orientalen. Haben sich zwei Gegner gegenseitig genügend verflucht und aufs

Schlimmste beschimpft, beruhigen sie sich, und schwerwiegendere Konsequenzen sind abgewendet. Der Angelsachse ist über diese Gewohnheiten hinausgewachsen. Erstens verlangt das höchst komplexe soziale Gefüge, in dem er lebt, effektivere Methoden, Streitigkeiten zu schlichten und zweitens kann er seine Zeit nicht einfach mit Worten verschwenden. Und gerade so wie der Angelsachse die Wortgefechte der Orientalen belächelt, so schaudert den Orientalen die Schnelligkeit des Angelsachsen, von seinen Fäusten und seiner Pistole Gebrauch zu machen. Beide aber bedürfen der Gnade Gottes."[19]

Liebet eure Feinde

Jesus ermutigt seine Landsleute, ihre Feinde zu lieben und all jene zu segnen, die sie verfluchen. Diese Lehre Jesu ist das absolute Herzstück seiner dynamischen Grundsätze. Er wußte, daß nur die machtvolle Kraft der Liebe fähig ist, einen sogenannten Feind wahrhaftig zu entwaffnen und zu zerstreuen. Liebt man einen Feind, dann hat man keinen Feind.

Man kann kein Gesetz erlassen, das vorschreibt, Liebe zu üben, besonders nicht einem Feind gegenüber. Doch Jesus wußte, daß nur die Liebe einer Seele fähig ist, Haß und Groll zu heilen. Jeder Mensch muß sich an das eigene Herz wenden und die ihm innewohnende Quelle der Liebe und geistigen Stärke finden. Wenn wir diese Liebe üben, dann finden wir wahrhaftig Gott.

Kein Wunder, daß Jesus sagte: Gott läßt seine Sonne auf Gute und Böse scheinen und seinen Regen auf Gerechte und Ungerechte fallen. Wir kennen unsere eigene Fähigkeit zu lieben so lange nicht, bis wir uns in einer Situation befinden, die nach der Tiefe der Liebe unserer eigenen Seele verlangt.

Die Liebe ist ein machtvolles Gegengift für menschliches Leiden, und es spielt keine Rolle, um welche menschlichen Übel es

[19] Rihbany, *Jesus aus dem Nahen Osten*, S. 69 f.

sich handelt. Liebe ist geistig, körperlich und spirituell das einzige Heilmittel für uns.

Der semitische Ausdruck „Liebe"

Im Aramäischen heißt Liebe *huuba*. In Matthäus 5:44 wird das Wort „Liebe" grammatikalisch gesehen im Imperativ, *ahiw*, gebraucht. Es ist von der semitischen Wurzel *haw* oder *hav* abgeleitet und bedeutet „wärmen", „entflammen", „entzünden". Das hebräische Wort dafür lautet *aheb*. Der folgende Textauszug stammt aus meinem Buch *The Message of Matthew*:

> „In den semitischen Sprachen Aramäisch und Hebräisch besitzt dieses Wort viele Bedeutungsnuancen. In diesem Vers ist es mit ‚Liebe' übersetzt und meint, herzlich und freundlich miteinander umzugehen, ‚einander in Liebe zugetan' zu sein, und beinhaltet hier keine gefühlvolle oder brennende Gemütsbewegung. ‚Hat dein Feind Hunger, gib ihm zu essen, hat er Durst, gib ihm zu trinken.'[20] Jeder, der diese Geisteshaltung in seinem Verhalten einem Feind gegenüber verwirklicht, hat keinen Feind. Beharrlich und mit Nachdruck betonte Jesus die höchsten Werte im Menschen, damit die Menschheit Frieden und Versöhnung üben möge. Haß und Vergeltung erzeugen nur mehr Haß und Vergeltung, doch Liebe nährt und stärkt das Edelste im Menschen."[21]

Jesu Lehren waren praktisch. Die Liebe, von der er sprach, bezog sich nicht auf menschliches Gefühl, sondern auf aufrichtige Fürsorge und echtes Interesse füreinander. Noch einmal, stets appellierte Jesus an das Beste und Edelste im Menschen. Liebe in der menschlichen Familie pragmatisch auszuüben ist die einzige Antwort auf Haß und Vorurteile.

---

[20] Spr 25:21, EÜ

[21] Errico, *The Message of Matthew*, Fußnote 41, S. 19

KOMISCHE UND HUMORVOLLE ELEMENTE IN DER BIBEL

Ohne einen Blick auf die humorvollen Seiten von biblischen Geschichten zu werfen, bliebe die semitische Psychologie unvollstän-
dig. In meinen Vorträgen in den USA, Kanada und Europa mache
ich in der Regel auf einige der komischen und humorvollen Erzählungen der Bibel aufmerksam. Die meisten Zuhörer sind überrascht und erfreut; andere sind von dem Gedanken, daß in der Heiligen Schrift Humor existiert, etwas befremdet. Interessanterweise
bezeugt die Schrift selbst die Vorstellung, daß selbst Gott lacht.[22]

Biblischer Humor ist sowohl für den Leser als auch für den
Exegeten eine Herausforderung. Er ist einzigartig, subtil und daher
schwer zu übersetzen. Es gibt aber auch unverhohlenen Humor.
Ein Exeget muß sehr vorsichtig sein, wenn er herausfinden
möchte, was der Verfasser tatsächlich als possenhaft angelegt hat
und was nicht.

> „Die Schwierigkeit der Beurteilung biblischen Humors wird
> durch das Bewußtsein verschärft, daß neben der hemmenden
> Ehrfurcht vor biblischen Texten das methodische Dilemma
> lauert, zwischen der Absicht des Textes und dem Verständ-
> nis/der Aufnahme des Lesers hin- und herspringen zu müs-
> sen. Und diese Frage, die für eine zeitgenössische Literatur-
> kritik wesentlich ist, ist besonders im Fall eines Diskurses
> über Humor von herausragender Bedeutung."[23]

Dennoch erkennen Textkritiker heute, daß „im alten Nahen
Osten humoristische Darstellung weiter verbreitet war, als bisher angenommen wurde".[24] Eine weitere Herausforderung ist

---

[22] Ps 2:4; 37:13; 59:8

[23] Radday und Brenner, *On Humour and the Comic in the Hebrew Bible*, „Between In-
tentionality and Reception: Acknowledgment and Application", S. 13

[24] Ebd., S. 16

die Tatsache, daß das, was für den biblischen Autor lustig war, nicht unbedingt auch für den Leser oder Interpreten witzig oder humorvoll sein muß. Literarischer Humor umfaßt Satire, Farce, Parodie, Witz, Ironie, Sarkasmus, Burleske, Karikatur, Komödie, Travestie und Wortspiel. Selbstverständlich ist diese Einteilung literarischen Humors nicht vollständig. Sie gibt uns aber einen ungefähren Eindruck davon, was in der biblischen Literatur existiert. Im Folgenden nur ein paar Beispiele für biblischen Humor.

Jona und der Wal[25]

Der aramäische und hebräische Stil ist im Buch Jona wunderbar unterhaltsam. Häufige Wiederholung bestimmter semitischer Wendungen, parallel kontrastierende poetische Linien, verbunden mit subtilem und offenem Witz, charakterisieren die Technik des Verfassers. Selbst der Name „Jona" ist eine geschickte Porträtierung des widersprüchlichen Temperaments des Propheten.

„Jona" bedeutet „Taube". Seinem Wesen nach war er aber alles andere als „taubengleich". Er ist Gott gegenüber ungehorsam, verweigert sich dem göttlichen Auftrag, besteigt ein Schiff und flieht nach Tarschisch (Spanien). Als Jona schließlich gehorcht und den Leuten von Ninive den Untergang voraussagt, bedauert er, daß die Assyrer bereuen (d.h. sich Gott zuwenden). Er wird wütend, weil Gott die Stadt und seine Bewohner nicht zerstört. Sein Ruf als Prophet ist ihm wichtiger als das Leben tausender Menschen. Gleich darauf muß Gott seinem unloyalen Propheten durch einen Wurm eine Lektion erteilen:

> „Gott der Herr aber ließ eine Staude wachsen; die wuchs über Jona, daß sie Schatten gäbe seinem Haupt und ihm hülfe von seinem Unmut. Und Jona freute sich sehr über die

---

25 Zum Buch Jona siehe auch Seite 84 f.

Staude. Aber am Morgen, als die Morgenröte anbrach, ließ
Gott einen Wurm kommen; der stach die Staude, daß sie ver-
dorrte."

Jona 4:6–7, LB

In diesem Buch folgt ein humorvolles Ereignis dem anderen. Als
die Leute von Ninive bereuten, legten sie Sackkleider an und fasteten. Doch nicht nur sie fasteten, sondern auch ihre „Tiere, Rinder und Schafe". Das Vieh schrie ächzend zu Gott. Die Anfangs-
zeilen dieses Buches zeigen deutlich die humorvolle Absicht seines
Verfassers. Beachten Sie bitte, daß ich Kontraste, Wiederholungen
und Betonungen kursiv gesetzt wiedergebe:

Nun erging das Wort des Herrn
an Jona [Taube],
den Sohn des Matthäus, und sprach:
Erhebe dich,
geh nach Ninive, der großen Stadt,
und predige gegen sie;
Denn ihr schlechtes Tun
ist *bis in meine Gegenwart* vorgedrungen.
So *erhob* sich Jona [Taube],
um nach Tarschisch zu fliehen,
weg von der Gegenwart des Herrn.
Dann *ging er hinab* nach Joppe
und fand ein Schiff, das nach Tarschisch fuhr.
Er bezahlte das Fahrgeld
und *ging hinunter* in das Schiff,
um mit ihnen nach Tarschisch zu fahren,
um aus der Gegenwart des Herrn zu fliehen.

Jona 1:1–3, Errico

Diese Verse in Aramäisch und Hebräisch zu lesen ist, was den
Klang der Wörter und ihre Bedeutung betrifft, ein reines Vergnügen. In der Übersetzung versuchte ich, so weit wie möglich den

Fluß und die Kraft des semitischen Stils wiederzugeben. Diese Kontraste begleiten den Leser durch das ganze Buch.

Gott befahl Jona: „*Steh auf und geh*"; doch dieser „*stand auf und floh*". Jona „*ging hinab*" nach Joppe und „*ging hinab*" in den Laderaum des Schiffes. Später „*geht er hinab*" in den Bauch des großen Fisches. Sein unrechtes Tun gelangt „*vor die Gegenwart des Herrn*", doch der Prophet flieht „*vor der Gegenwart des Herrn.*"

Im Verlauf der Geschichte *schleudert* der Herr einen starken Wind (Sturm) über das Meer; die Matrosen bekommen Angst und *schleudern* ihre Fracht ins Meer. Und schließlich *schleudern* sie Jona ins Meer. Während des Sturmes (bevor die Seeleute Jona über Bord werfen) entscheidet sich das Schiff, vom Kurs abzukommen und auseinanderzubrechen. Das bedeutet, das Schiff erleidet einen Nervenzusammenbruch. Das rhythmische Versmaß und die humorvolle Bewegung ziehen sich, sehr zum Vergnügen des Lesers, durch das ganze Buch hindurch. Das Buch unterhält nicht nur, es erteilt auch eine spirituelle Lektion.[26] Doch das ist noch nicht alles, es enthält noch vieles mehr:

> „Nun berief Jahwe einen großen Fisch, und dieser *schluckte* Jona *hinunter*. Und Jona war drei Tage und drei Nächte im Bauch des Fisches."
>
> *Jona 1:17, hebäisch-massoretischer Text, Errico*

Im semitischen Text ist diese Textzeile von Anfang bis Ende komisch. Wie ich bereits erwähnte, ist buchstäblich das ganze Buch im humoristischen Stil des Nahen Ostens verfaßt. Von seinem subtilen Witz geht in der Übersetzung natürlich viel verloren.

Beachten Sie, daß der Text lautet: „Jahwe schickte einen großen Fisch." Grammatikalisch gesehen ist der Fisch in diesem Vers ein männlicher Fisch (*dag*). Doch unmittelbar darauf heißt es:

---

[26] Siehe Kapitel 3, Mystik, „Jona", S. 84, die Absicht des biblischen Verfassers betreffend

„Und Jona war im Bauch des Fisches", und hier wird Fisch in der femininen Form gebraucht (*daga*). Der Witz ist, daß, als der männliche Fisch sein Mahl (Jona) heruntergeschlungen hatte, er weiblich geworden war. Warum? Weil der Fisch Jona in ihrem Bauch trug, als wäre sie drei Tage und drei Nächte schwanger gewesen. Weiterhin heißt es, daß Jahwe mit dem großen Fisch (nicht Wal)[27] eine Vereinbarung getroffen hatte, Jona zu verschlingen. Diese Erzählung ist so voller Humor, daß ein ganzes Kapitel nicht ausreichte, alle Details zu behandeln. Dazu bedürfte es eigens eines kleinen Buches.

Esther und Isaak

Viele andere biblische Ereignisse werden ebenfalls mit raffiniertem Humor vorgetragen. Das Buch Esther ist, was den Humor betrifft, Jona ebenbürtig. Viele wissen nicht, daß das Buch Esther nicht nur humorvoll, sondern auch fiktiv ist. „Noch mehr Zeichen für eine Fiktion liegen in der komödienhaften Hyperbel, die den Text durchdringt. Die Schriftrolle parodiert auch die persische Obrigkeit."[28] Esther ist der historische Hintergrund für das jüdische Fest Purim.[29]

Es gibt auch lustige biblische Pseudonyme und witzige echte Namen. „Isaak", der Sohn Abrahams und Sarahs, bedeutet „er lachte". Der Witz ist, daß Isaak während seines Lebens nie lachte,

---

[27] Der Begriff „Wal" ist die neutestamentliche Wiedergabe der Erzählung.

[28] Neusner, Levine und Frerichs, Hrsg. *Judaic Perspectives on Ancient Israel* – Edward L. Greenstein, „A Jewish Reading of Esther", S. 227. Nach seinem mühevollen Versuch, in dieser Erzählung eine historische Gültigkeit nachzuweisen, muß Robert Gordis eingestehen „daß das Buch Esther ganz klar kein historisches Werk im modernen Sinn ist. Es ist eine traditionelle Überarbeitung dessen, was vielleicht ein historisches Ereignis war." (Robert Gordis, „*Religion, Wisdom and History in the Book of Esther* – A New Solution to an Ancient Crux," S. 386, Journal of Biblical Literature.) Auch Robert Alter schreibt in seinem Buch *The Art of Biblical Narrative*, S. 34, das Buch Esther sei eine „komische Fantasieerzählung, die pseudohistorisches Material benutzt".

[29] Ein jüdisches Fest, das am 14. und 15. Tag des Monats Adar gefeiert wird (nach dem babylonischen Kalender der 12. Monat, der unseren Monaten März/April entspricht).

ihm aber immer wieder paradoxe Dinge zustießen, die andere zum Lachen brachten.

Beide Eltern lachten, als Gott ihnen bei verschiedenen Gelegenheiten verkündete, daß sie einen Sohn haben werden.[30]

> „Und Sarah sagte: Gott hat mich heute herzlich zum Lachen gebracht; jeder, der diese freudige Neuigkeit hört, wird mit mir lachen. Und sie sagte, wer hätte je zu Abraham gesagt, daß Sarah noch Kinder stillen würde? Weil ich ihm im Alter noch einen Sohn geboren habe."
>
> *Genesis 21:6–7, Errico*

Auf diese Weise kam Isaak zu seinem Namen „Er lachte": weil seine Eltern lachten.

Die hebräischen Bibelwissenschaftler und Autoren J. Cheryl Exum und J. William Whedbee sind der Meinung, daß viele biblische Erzählungen mit Komödie und Tragödie zu tun haben. Sie lehren, die Erzählung von Isaak sei eine komische Vision, die dem Handlungsschema einer Komödie folge. Mit ethnischem Humor unterbreche das Buch Genesis den Fluß der kurzen Berichte über Isaak.

> „Bevor Abraham und Sarah ihren lang erwarteten Sohn bekommen, wird die Haupthandlung der Erzählung zwei weitere Male verkompliziert. Zum einen unterbricht die eher triste Geschichte über die Zerstörung von Sodom und Gomorra und die teilweise Rettung Lots und seiner Familie den Hauptfluß des Erzählens, dient aber gleichzeitig, die strukturelle und thematische Konfiguration der Geschichten um sie herum zu stärken. Das funktioniert vor allem als eine parodistische Wiederholung solcher Themen wie unerwartete göttliche Besucher, zweideutige menschliche Reaktionen, die sich mehr durch Ungläubigkeit als durch Glauben auszeichnen, und die Geburt der Vorfahren eines Volkes.

---

[30] Siehe Gen 17:15–17 und 18:10–15

Wie E. M. Good feststellte, entbehrt die Geschichte zudem nicht der komischen Momente: So ist beispielsweise ‚Lots absurdes Zögern auf eine komische Weise ironisch'. Zur Geburtsgeschichte Isaaks paßt noch besser die ätiologische Sage über den Ursprung der Moabiter und Ammoniter: In ihr wird die Verwandtschaft Israels mit seinem engsten Nachbarn anerkannt – sie sind Vettern; doch die Qualität dieser Blutsverwandtschaft wird dadurch untergraben, daß Moab und Ammon das Ergebnis einer inzestuösen Verbindung sind. Geschichten über die fragwürdige Herkunft eines verhaßten Verwandten zu erfinden ist ein typischer Topos ethnischen Humors. Nach Fyre bildet tatsächlich ‚die Entwicklungsmöglichkeit inzestuöser Verbindungen eines der Unterthemen der Komödie.'"[31]

SCHLUSSBEMERKUNG

Warum gab es bisher so wenige Untersuchungen über Humor? Yehuda T. Radday, emeritierter Professor für jüdische Studien am Technion, dem israelischen Institut für Technologie in Haifa, bringt es auf den Punkt:

„Es scheint, daß der Gott der Juden Humor hat und sich über die Gewitztheit seines Volkes freut. Witz und Religion sind für das Judentum nicht unvereinbar; darum ist es auch in keiner Weise ein Majestätsverbrechen, in der Bibel danach zu suchen. Tatsächlich wird eine beachtliche Anzahl von Textpassagen erst dann verständlich, wenn man sie in diesem Licht betrachtet.

Und doch liegen die Dinge nicht ganz so einfach. Es ist eine bedauernswerte Tatsache, daß ab dem 5. Jahrhundert n.

[31] Exum und Whedbee, *Isaak, Samson and Saul: Reflections on the Comic and Tragic Visions*, S. 124 f.; *On Humour and the Comic in the Hebrew Bible*, Hrsg. Radday und Brenner

Chr. der entdeckerfreudige und unterhaltsame Zugang der Rabbis zur Bibel abnahm und damit auch Gott aufhörte, sich über die gewitzten Lösungen von Rechtsproblemen, wie sie von den Gläubigen erfunden wurden, zu amüsieren. Jedenfalls zeigte er sein Vergnügen nicht mehr, oder aber es wurden ihm einfach keine raffinierten Lösungen mehr vorgeschlagen. Eine humorfeindliche Vergötterung der Bibel begann, eine wahrhafte Bibliolatrie[32] setzte ein. Auch innerhalb des Judentums wurde das Buch literarisch und buchstäblich mit Verehrung überschüttet. Der Zeitpunkt ist von Bedeutung. Er fällt mehr oder weniger mit der Annahme des Christentums als Staatsreligion des römischen Reiches zusammen und mit zahlreichen Konzilien der Kirche, auf denen die Eckpunkte der Theologie beschlossen wurden."[33]

---

[32] Übermächtige Verehrung heiliger Bücher, besonders der Bibel; Buchstabengläubigkeit. (Anm. d. Übers.)

[33] Radday, „On Missing the Humour in the Bible", S. 37, *On Humour and Comic in the Hebrew Bible*

KAPITEL 6

DER SECHSTE SCHLÜSSEL:
BIBLISCHE SYMBOLIK

D er sechste Schlüssel beschäftigt sich mit drei Kategorien: Parabeln (Gleichnissen), Metaphern und poetischer Philosophie. Aramäisch und Hebräisch sind sehr bildhafte Sprachen. Ihre Alphabete haben 22 Buchstaben, wobei jeder Konsonant aus einem Bild entwickelt wurde (Piktogramm).

Zum Beispiel steht der Konsonant A, *alap*, für Gott. Die Assyrer verehrten Ochsen. Als sie den Buchstaben A entwickelten, zeichneten sie einen Ochsenkop . Der Buchstabe B, *beth*, bedeutet Haus, Heim, Familie. Der dritte Buchstabe des hebräischen und aramäischen Alphabetes, G, *gamal*, steht für Lebensmittel und Transport. Die semitischen Sprachen sind sehr blumig, malerisch und signifikant symbolisch, was auch für das Arabische gilt. Wir wollen nun die erste Kategorie der Symbolik, die Gleichnisse, untersuchen.

IN GLEICHNISSEN SPRECHEN

„Dies alles sagte Jesus der Menschenmenge durch Gleichnisse; er redete nur in Gleichnissen zu ihnen."
Matthäus 13:34, EÜ

Das aramäische Wort *pelatha* bedeutet „Gleichnisse", „Sprichwörter", „Allegorien" und „Illustrationen". Menschen des Nahen

154

Ostens machen „keinen Unterschied zwischen Sprichwort und Gleichnis"[1].

Für Semiten ist es charakteristisch, in Lehrveranstaltungen und Unterhaltungen Sprichwörter und Illustrationen zu verwenden. Weise, Wesire, Hofbeamte, Rabbis, Propheten, Lehrer und Politiker machen von Gleichnissen in Debatten und Vorträgen regen Gebrauch. Oft führen Händler und Kunden beim Handeln Gleichnisse an.

Orientalische Dichter und Musiker singen Gleichnisse, Sprichwörter und Rätsel zu ihren Instrumenten. „Ich will mein Ohr Gleichnissen neigen; ich will meine Sprichwörter zur Harfe singen."[2] Gleichnisse zu erzählen war und ist für Semiten eine allgemein übliche Art der Verständigung. Bildhafte Ausdrucksweise wird von allen hochgeschätzt und genossen. Für ein nahöstliches Gemüt ist sie poetisch, mystisch und sehr gesellig.

Was ist ein Gleichnis?

Ein Gleichnis ist ein Wortbild, das ein Ereignis oder eine Lehre ausmalt und veranschaulicht. Die vorwiegende Absicht eines Gleichnisses ist, einen Eindruck zu vermitteln, nicht aber Definitionen zu geben oder ein Dogma aufzustellen[3].

Nahöstliche Lehrer erzählten Parabeln, um ihre Zuhörer zu prüfen und ihre Reaktionen auf die Geschichten zu studieren. Dies war auch beim Propheten Nathan der Fall, der König David bloßstellen mußte, Ehebruch und Mord begangen zu haben.[4]

Ein geschickter semitischer Erzähler oder Lehrer erzählt mehrere Gleichnisse, um dieselbe Sache zu erläutern. Er wiederholt seine Lehre wieder und wieder, bis er absolut sicher ist, daß seine Worte einen unauslöschlichen Eindruck bei seinen

---

[1] Rihbany, *Jesus aus dem Nahen Osten*, S. 93

[2] Ps 46:4, Errico

[3] Rihbany, *Jesus aus dem Nahen Osten*, S. 93

[4] Siehe 2 Sam 12:1–7

Zuhörern hinterlassen haben. Der aramäische und hebräische Stil ist in der Schrift- und in der gesprochenen Sprache verstärkend, farbig, anschaulich und phantasiereich. Die Redner, die ihre Zuhörer bis zum letzten Wort fesseln, sind hervorragende Geschichtenerzähler.

Spirituelles vermittelt zu bekommen und gleichzeitig unterhalten zu werden war eine Kunst, die die Menschen begrüßten. Es besteht kein Zweifel, daß Jesus seine Zuhörer mit seinen Gleichnissen fesselte. Er war ein unterhaltsamer Redner – wahrhaftig ein Sohn des Nahen Ostens. Und wie uns der Verfasser des Evangeliums berichtet, redete er „nur in Gleichnissen zu ihnen".

Gleichnisse und das Reich Gottes

Zweifellos gab es verschiedene Vorstellungen vom Reich Gottes und der kommenden Herrschaft des Messias. Einige Lehrer lehrten, Gott wolle mit Sündern nichts zu tun haben, und der Allerhöchste wohne weit entfernt von ihnen im Himmel. Die einzige Möglichkeit, Gottes Zorn zu beschwichtigen und für die eigenen Sünden zu büßen, seien Tieropfer. Soweit wir wissen, konnte das einfache Volk die geistlichen Aspekte des Reiches Gottes nicht verstehen.

Viele Religionsführer glaubten auch, das messianische Reich würde eine politische Macht sein, die von Gott geführt und von der militärischen Stärke und Macht des Messias erzwungen werde. Offensichtlich wurde die geistliche Bedeutung des Reiches Gottes nur von ganz wenigen Menschen voll erfaßt.

Durch eine wörtliche, sektiererische und traditionelle Interpretation der Heiligen Schrift entstand eine materialistische Sichtweise des Reiches. Auch gab es viele Interessenkonflikte zwischen den verschiedenen Glaubensrichtungen jener Zeit.[5] Einige Gruppierungen suchten nach politischer Befreiung, während andere

---

[5] Moderne Bibelwissenschaftler, christliche wie jüdische, sind heute der Ansicht, daß es zu jener Zeit *den* jüdischen Glauben nicht gab. Sie bezeichnen die verschiedenen Glaubensrichtungen israelitischen Glaubens als „Judaismus".

mit den gegenwärtigen Bedingungen unter Herodes und der römischen Herrschaft zufrieden waren.

Jesus sprach in Gleichnissen, um die verschiedenen Aspekte des Reiches zu erklären und die vorherrschenden Vorstellungen über Gott und sein Reich zu wandeln. Viele lehrten zum Beispiel, das Reich Gottes käme plötzlich, in einem Augenblick, doch Jesus wußte, daß es sich nicht augenblicklich manifestieren würde. So entwarf er verschiedene Parabeln, um den Gedanken, das Reich Gottes entwickele sich nach und nach, zu veranschaulichen. Dieses spirituelle Reich würde einzig und allein als das lebendige Wort vom Reich Gottes kommen und sich tief in jeder einzelnen Seele der Menschen und ihrer Führer verwurzeln. Er wußte, daß sich eine innere Umwandlung von Herz und Verstand vollziehen muß, damit sich das Reich Gottes bilden kann.

Gleichnisse vom Reich Gottes

Die Gleichnisse, die die obigen Vorstellungen vom Reich Gottes lehren, sind: Erstens das Gleichnis vom Sämann (im Aramäischen „Das Gleichnis von der Saat"), Matthäus 13:3–9. Zweitens das Gleichnis vom Senfkorn, Matthäus 13:31–32. Drittens das Gleichnis vom Sauerteig, Matthäus 13:33. Jesus war sich auch bewußt, daß die Menschen sorgfältig suchen und sich vollständig der Wahrheit vom Reich Gottes würden hingeben müssen. Um diesen Gedanken zu veranschaulichen, erzählte er seinen Jüngern von der kostbaren Perle, Matthäus 13:45–46. Mit drei weiteren Gleichnissen machte er ihnen dann deutlich, wie liebevoll sich Gott um die ganze Menschheit kümmert und sorgt, auch um jene, die vom Weg abgekommen sind. Diese drei Gleichnisse sind: Das verlorene Schaf, die verlorene Münze und der verlorene Sohn, Lukas 15:1–32.

Ein Mißverständnis

„Und die Jünger traten zu ihm und sprachen: Warum redest
du zu ihnen in Gleichnissen? Er antwortete und sprach zu
ihnen: Euch ist's gegeben, die Geheimnisse des Himmelreichs
zu verstehen, diesen aber ist's nicht gegeben."

Matthäus 13:10–11, LB

Meist legen Bibelleser und Exegeten diesen Ausspruch Jesu unbeabsichtigt falsch aus. Sie meinen, Jesus habe in Gleichnissen gesprochen, um die Wahrheit seiner Botschaft zu verhüllen. Einige
behaupten sogar, Jesus habe nicht gewollt, daß das einfache Volk
von dem Geheimnis des Reiches Gottes erführe. Sie sind der Ansicht, seine Lehren seien für eine „ausgewählte" Gruppe bestimmt
gewesen. Das kann aber kaum wahr sein.

Gleichnisse waren im Nahen Osten ein alltägliches Kommuni-
kationsmittel mit der Absicht, „einen Eindruck zu vermitteln, nicht
aber Definitionen zu liefern oder Dogmen aufzustellen". Nahöstliche Lehrer sprachen in Gleichnissen, um Vorstellungen zu veranschaulichen und bestimmten Punkten Nachdruck zu verleihen.

Als sich die Jünger Jesu wunderten, warum ihr Meister anderen Menschen die Geheimnisse des Reiches Gottes nicht in der-
selben Weise erklärte wie ihnen, antwortete er: „Euch ist's gegeben ... zu verstehen, diesen aber ist's nicht gegeben." Die meisten
Exegeten mißverstehen, was Jesus meinte. Um Jesu Worte besser
verstehen zu können, werde ich sie umschreiben.

Das liest sich etwa so: „Ihr hört meine Lehren jeden Tag, weil
ihr mit mir unterwegs und immer an meiner Seite seid. Ihr könnt
jede Frage stellen, die euch in den Sinn kommt, so daß ihr die
Geheimnisse des Gottesreiches verstehen könnt. Mit dem Volk
aber bin ich nur eine kurze Zeit zusammen, und einige von ihnen
werden mich nie wieder hören. So lehre ich sie auf eine Weise, die
sie verstehen und nicht vergessen: durch Gleichnisse. An die Geschichten vom Himmelreich werden sie sich erinnern."

Das einfache Volk war abhängig von den Lehren und Interpretationen der Pharisäer, Sadduzäer, Ältesten und Schriftgelehrten. Die breite Masse hatte nicht das Glück wie seine Jünger, ihn

ständig hören und sehen zu können. Aus diesem Grund sagte Jesus
zu seinen Jüngern:

> „Aber was euch betrifft, eure Augen sind gesegnet, denn sie
> sehen, und eure Ohren, denn sie hören. Denn wahrlich, ich
> sage euch, sehr viele Propheten und rechtschaffene Männer
> haben sich danach gesehnt zu sehen, was ihr seht, und haben
> es nicht gesehen, und zu hören, was ihr hört, und haben es
> nicht gehört."
>
> *Matthäus 13:16–17, Lamsa*

Die Gleichnisse Jesu waren einfach und direkt. Schon vom Beginn
seiner Lehrtätigkeit versuchte er, die Geheimnisse des himmlischen Gottesreiches zu erklären. Er offenbarte die innere Wahrheit, die vor den Herzen und dem Verstand religiöser Autoritäten
und Menschen verborgen war.

Der Garten Eden, Adam und Eva

Kapitel zwei und drei der Genesis erzählen die Geschichte von
Adam und Eva. Diese Geschichte ist kein Mythos, sondern ein
Gleichnis; in ihm finden sich viele Metaphern, die wörtlich übersetzt wurden. Sie ist eine Geschichte vom Paradies auf Erden und
ein äußerst vielversprechender Anfang für die Menschheit.[6]

Wir werden die Geschichte von Adam und Eva besser verstehen, wenn wir uns bewußt machen, daß sie ein Gleichnis ist, ungeachtet dessen, wie man es interpretieren mag. Tatsache ist, Gott
erschuf nicht einen Baum und sagte dann: „Rührt ihn nicht an!"
Elohim-Gott, der allwissend ist, hat es nicht nötig, seine menschlichen Geschöpfe zu prüfen, um zu erfahren, wie sie sich verhal-

---

[6] Der Begriff „Garten" ist in den semitischen Sprachen auch eine metaphorische
Umschreibung für „Ehefrau".

159

ten. Diese Erzählung ist existentiell und erklärt unser menschliches Leben wie es ist.

Die verräterischen Zeichen

Der Stil und die Verwendung von Metaphern weisen uns in der Geschichte von Adam und Eva darauf hin, daß wir von einer prähistorischen Begebenheit lesen, die durch ein Gleichnis beschrieben wird. Wie kann man sich vorstellen, daß der allwissende, allmächtige und allgegenwärtige Gott nicht wüßte, wo sich Adam und Eva versteckten? In der Geschichte suchte Gott sie in der Abendkühle. Als also Gott, der Herr, durch seinen Garten ging, rief er immer wieder: „Adam, wo bist du? Adam, wo bist du?" Im neuen Testament sagte Jesus, Gott weiß, wenn ein Spatz zu Schaden kommt, und kennt die Anzahl der Haare auf unserem Kopf, und nun weiß Gott, der Herr, nicht, wo sich die einzigen Menschen befinden?

Und weiter berichtet uns der Erzähler, daß Gott überrascht war zu erfahren, daß Adam und sein Weib von den Früchten des verbotenen Baums gegessen hatten. „Und Gott, der Herr, sprach zu Adam: Wer sagte dir, daß du nackt warst? Hast du von dem Baum gegessen, von dem zu essen ich dir verboten hatte?" Adam, nicht willens, die Verantwortung für seine Tat zu übernehmen, antwortete Gott: „Die *Frau*, die *du* mir zur Seite stelltest, gab mir die Frucht vom Baum, und ich aß sie." Adam gab also nicht nur Eva die Schuld, sondern auch Gott, ihm diese Frau gegeben zu haben.

Und als sich Gott an die Frau wandte, antwortete sie: „Die Schlange verführte mich, und ich aß." Dann richtete sich Gott an die Schlange und sagte: „Weil du das getan hast, bist du verflucht vor allem Vieh und vor allen Tieren des Feldes. Auf deinem Bauche sollst du kriechen und Staub sollst du fressen dein Leben lang."

Wenn man diesen Bericht als ein historisches Ereignis akzeptiert, ist dieses Benehmen für eine allmächtige, allwissende und allgegenwärtige Gottheit lächerlich. Wir müssen uns vergegenwärtigen, was dieses Tora-Gleichnis ist: ein Gleichnis eben, eine

Geschichte. Der Erzähler beschreibt, wie Gott seine menschlichen Geschöpfe rhetorisch befragt. Es ist typisch elterliche Rhetorik.

Dies sind nur einige Details, an denen wir erkennen können, daß diese Erzählung ein Gleichnis ist. Sie in einem anderen Licht zu sehen oder sie für theologisch zu halten bedeutet, ihre Schlichtheit zu zerstören und in uns Angst und Schrecken zu erzeugen.

Mißverstandene Vorstellungen

Ein hebräischer Schriftgelehrter verfasste die berühmte Sage von Adam und Eva irgendwann im 10. Jahrhundert v. Chr. In der Genesis folgt sie auf das Prosagedicht von der Schöpfung. Dieses sehr alte literarische Schriftstück wurde meist unsachgemäß interpretiert. Man glaubte, die Erzählung schildere den „Fall des Menschen", die „Ursünde", den „Ursprung des Bösen", den „Ursprung des Todes" und die „Sünden sexueller Vereinigung".

Alttestamentler und Historiker des Nahen Ostens halten diese theologischen Vorstellungen für nicht mehr haltbar. „Nur muß man den Fehler vermeiden, diese ‚Ursünde' von einem allgemeinen und abstrakten Sündenbegriff zu verstehen. Einen solchen umfassenden und abstrakten Sündenbegriff gibt es im Alten Testament nicht."[7] Diese Vorstellung ist jedoch Lehrmeinung der Kirche und wurde ein Teil des christlichen Glaubens.[8]

Noch einmal: Wir müssen bedenken, daß diese Erzählung ein Gleichnis der Tora und keine Beschreibung historischer Ereignisse ist. In dieser Sage erklärt der semitische Verfasser, wie das erste Paar beinahe Unsterblichkeit für die Menschheit erlangte.

---

[7] Westermann, *Biblischer Kommentar: Genesis 1–11*, S. 378

[8] Die ersten Anzeichen dieser Vorstellung erscheinen in der Zeit zwischen dem A.T. und den N.T. beiden Testamenten. Im apokryphen Buch von Esdras (Esra) wird Gen 2–3 als Geschichte von Adams Sünde erklärt, die auf seine Nachkommen übergegangen ist. Im Neuen Testament führt Paulus diese Vorstellung im Brief an die Römer fort.

Auch wenn es sie nicht gewann, so gewann es doch etwas anderes: Wissen – um einen Preis.

Ein weiterer Punkt, der bedacht werden muß, ist des Erzählers alter nahöstlicher Hintergrund mit seinen alltäglichen religiösen Vorstellungen und Motiven. Obwohl kein Historiker eine Parallelerzählung zur der von Adam und Eva fand, enthält der hebräische Bericht ähnliche Themen wie bestimmte ugaritische, kanaanitische und mesopotamische Sagen. Unsterblichkeit und Wissen (Weisheit) sind die Hauptthemen jener ursprünglichen Mythen und Sagen. Diese beiden gemeinsamen nahöstlichen Motive werden vom Erzähler von Genesis 2–3 metaphorisch beschrieben. Er nennt sie den „Baum des Lebens" und den „Baum der Erkenntnis von Gut und Böse".

Eine weitere mißverstandene Stelle ist die Verfluchungs-Szene. Verfluchte Gott Adam und Eva wegen ihrer Überschreitung? Leidet die ganze Menschheit wegen der Missetat dieser beiden Menschen? Wen belegte Gott mit einem Fluch?

> „Der Herr [Yahweh] Gott sprach zur Schlange: Um dessentwillen, was du getan hast, *bist du verflucht* vor allem Vieh und vor allen wilden Tieren; auf deinem Bauch sollst du kriechen und Staub fressen dein Leben lang. ... Zur Frau sprach er: Ich werde deine Schmerzen beim Gebären beträchtlich verstärken, in Schmerzen sollst du angewiesen sein auf deinen Mann, und er wird über dich herrschen. ... Dann sagte er zum Mann: ... *verflucht ist der Erdboden um deinetwillen ...*"
>
> *Genesis 3:14, 16–17, Errico*

Aus obiger Passage ist ersichtlich, daß Jahwe weder die Frau noch den Mann verfluchte, sondern nur die Schlange und den Erdboden mit einem Fluch belegte. Die Vorstellung der Abhängigkeit der Frau vom Mann ist keine Strafe. Die untergeordnete Stellung der Frau hatte mit den sozialen Gegebenheiten jener Zeit zu tun. Dieser Vers erklärt die Stellung der Frau, wie sie den damaligen gesellschaftlichen Tatsachen entsprach. Er löste sie nicht aus, sondern bestätigte sie. Um diese Sage auszuschmücken, fügt der Erzähler als Strafe den Gedanken von Schmerzen während Schwangerschaft und Geburt hinzu.

Der neueste Stand der Bibelforschung ist, daß die Verse 14–19 in Genesis Kapitel 3 nicht Teil der ursprünglichen Fassung dieser Sage waren.[9] In einer älteren Form dieser Erzählung erfolgte die Vertreibung aus dem Garten direkt nachdem Jahwe ihren Ungehorsam entdeckt und ihre Verteidigung angehört hatte. Die Vertreibung aus dem Garten Eden war die ursprüngliche und auch einzige Strafe, die über den Mann und die Frau verhängt wurde. Die Strafen, die in den Versen 14–19 erwähnt werden, stehen mit dem von ihnen begangenem Verstoß in keiner direkten Verbindung. Diese Verse beschreiben die gegenwärtige existentielle Situation der Schlange, der Frau und des Mannes, die der Autor der Tora nachträglich als weitere Bestrafung hinzufügte. Sie beschreiben präzise die existentiellen Herausforderungen, denen wir Menschen in unserem Erdenleben gegenüberstehen.[10]

Herabsetzung von Frauen

Hat Gott [Jahwe] Eva verflucht? War Eva eine Verführerin? Ist im Grunde sie verantwortlich für all das Leid und die Schwierigkeiten, denen die Menschheit heute gegenübersteht? Untersuchen wir diese Verse und die aus ihnen resultierenden Vermutungen einmal genauer. Bedenken Sie, dies ist eine religiöse Geschichte, die bestimmte Vorstellungen vermittelt. Sie ist ein nahöstliches Gleichnis und keine Reportage.

Die Auffassung, diese Geschichte weise den Frauen grundsätzlich die Rolle der Verführerin zu, ist in höchstem Maße falsch. Der Gedanke, Gott habe alle Frauen verflucht, weil eine Frau von einem verbotenen Baum eine Frucht aß, ist eine weitere falsche

---

[9] „... [es] ist vielmehr nach den Regeln der alten Erzählkunst ein sicheres Zeichen dafür, daß ursprünglich zwei selbständige Darstellungen der Vertreibung aus dem Garten zusammen kamen." Westermann, *Biblischer Kommentar: Genesis 1–11*, S. 373

[10] Ebd. S. 349 ff.

Auffassung. Aus diesen Vorstellungen entwickelten sich äußersten Schaden anrichtende religiöse Interpretationen biblischer Texte. Die Tora portraitiert Eva nicht als Verführerin:

> „Als dann die Frau sah, daß der Baum gut für Nahrung und angenehm für das Auge war und daß der Baum schön anzusehen war, nahm sie von ihm die Frucht und aß, und sie gab sie auch ihrem Mann, der bei ihr war, und er aß."
>
> *Genesis 3:6, Errico*

Beachten Sie, dieser Vers sagt: „sie gab sie auch ihrem Mann, der bei ihr war". Offensichtlich war Adam zugegen und beobachtete die Szene zwischen der Frau und der Schlange.

Es gibt noch einen weiteren Hinweis, daß Adam bei der verführerischen Unterhaltung zwischen der Frau und der Schlange anwesend war. Im ursprünglichen semitischen Text (Aramäisch und Hebräisch) benutzt die Schlange den Plural, als sie die Frau anspricht:

> „Und die Schlange sprach zu der Frau: ihr [*tmuaton*] werdet durchaus nicht sterben; denn Gott weiß, daß an dem Tage, an dem ihr [*aton*] davon eßt, eure Augen geöffnet sein werden und ihr [*aton*] sein werdet wie Gott, alles wissend."
>
> *Genesis 3:4–5, Errico*

Die Geschichte macht deutlich, Mann und Frau trafen die Entscheidung, die verbotene Frucht zu essen, gemeinsam.

Auch die „Ursünde" als ein Artikel im Glaubensbekenntnis der Kirche trug zu der irrigen und schlimmen Auffassung bei, Frauen seien von Natur aus verderbt und verderbend. Im Mittelalter half sie, eine unglaubliche Verleumdung von Frauen anzufachen. Sie machte die Frau zur Urheberin von Tod und allem irdischen Leid.

Statt den „Fall des Menschen" lehrt der Judaismus den „Aufstieg

---

[11] Siehe: Dr. J. H. Hertz, Oberster Rabbi des Britischen Empires, Zusatzbemerkungen aus *The Pentateuch and Haftorah Commentaries*, S. 196

des Menschen"; und statt der „Ursünde" betont er die „Urtugend". Urtugend meint den wohltuenden, erblichen Einfluß rechtschaffener Vorfahren auf ihre Nachkommen. Auch lehrt er, daß alle Kinder dazu bestimmt sind, bei der Errichtung des Reiches Gottes auf Erden zu helfen.[11]

Interessanterweise betonen auch einige christliche Bibellehrer, daß Jesus niemals auf die „Ursünde" oder den sogenannten „Fall des Menschen" hinweist. Der „Fall des Menschen" wird in den Evangelien nicht erwähnt. Jesus ermunterte seine Anhänger, wie Kinder zu werden, damit sie in das Reich Gottes eingehen können. Wenn Kinder „in Sünde" geboren sind, warum lehrte Jesus seine Jünger dann, zu werden wie sie?

DER PROPHET HOSEA

Gebot der Gott Israels Hosea, ein „Hurenweib" zu nehmen? Und gebot er ihm ein zweites Mal, eine Ehebrecherin zur Frau zu nehmen? Nach dem Buch Hosea befahl Gott dem Propheten, eine Hure und eine Ehebrecherin zu heiraten. Doch was Hosea niederschrieb, ist kein historisches Ereignis, sondern ein von ihm selbst verfaßtes Gleichnis.

In diesem Gleichnis beschreibt Hosea Israel und Juda als Huren, die ihren Gott und das Gesetz des Moses preisgegeben hatten und Bündnisse mit fremden Nationen eingegangen waren. Das mosaische Gesetz verbot Prostitution. Huren wurden gesteinigt. Hosea, ein heiliger Mann, hätte sich keine Hure zur Frau genommen. Doch in einem Gleichnis konnte er so handeln, und als solches wurde es auch verstanden.[12]

Durch metaphorische und allegorische Sprache zeigte der Prophet, daß beide, Israel und Juda, von ihrem Gott und ihrer Religion abgewichen waren. Die Nationen, auf die sie aus Sicherheitsgründen angewiesen waren, würden sie vernichten.

---

[12] Lamsa, *Old Testament Light*, S. 862 f.

In diesem Gleichnis wird Israels und Judas Untreue den Prinzipien ihrer Vorfahren und dem Gesetz Mose gegenüber anschaulich geschildert. Hosea schrieb in diesem Stil, damit auch die einfachen Bauern, Hirten, Fischer und das Landvolk die Zwangslage verstanden, in der beide Nationen steckten.

Betrachten wir nun die zweite Kategorie der Symbolik: Metaphern oder Sprachfiguren.

BILDLICHE SPRACHE

Eingehend verwenden Menschen des Nahen Ostens in ihrer Alltagssprache Metaphern. Zwar ist der Gebrauch von Metaphern nicht auf östliche Sprachen beschränkt, doch werden sie von nahöstlichen Menschen weit häufiger angewendet als von Menschen des Westens. Wir finden, daß dies besonders auf biblische Kommunikation zutrifft.

Zum Beispiel versinnbildlicht die Bibel Männer von hoher und edler Geburt als Bäume und Zedern des Libanon. Nationen symbolisiert sie als Tiere. Insbesondere große, gebieterische Nationen werden zu Löwen, Bären und Leoparden, kleinere und schwächere Nationen ohne große Militärkraft vielleicht zu Lämmern, Schafen und Ziegen.

Die Offenbarung, das letzte Buch der Bibel, ist gänzlich symbolisch und darf nicht wörtlich verstanden werden. So sah zum Beispiel Johannes die heilige Stadt – das Neue Jerusalem – als Braut herabkommen, von Gott für ihren Bräutigam geschmückt. Die heilige Stadt ist ein Symbol. Sie ist keine erbaute Stadt, die, von Gott kommend, vom Himmel herabschwebt.[13] Prophetisch und symbolisch stellt sie das Kommen einer gottesfürchtigen menschlichen Gemeinschaft dar – eine im Herzen und Verstand transformierte Menschheit. Diese neue menschliche Gemeinschaft wird für die übrige menschliche Familie Gerechtigkeit, Gnade, Liebe und Mitgefühl ausüben.

---

[13] Siehe Off 12:1–2

Leider hat die Verwendung bildlicher Sprache durch die Autoren der Bibel im Westen unbeabsichtigt falsche und mißverständliche Vorstellungen über viele biblische Themen verursacht. Eines dieser Themen ist das sogenannte abscheuliche übernatürliche Wesen namens Luzifer.

DER URSPRUNG DES NAMENS LUZIFER

Dieser Abschnitt ist keine erschöpfende Studie der vielen biblischen Hinweise auf den Teufel oder Satan. Sie ist eine kurze, nicht komplette Studie zum Ursprung Luzifers und Satans. Die Auffassung, Satan (der Teufel) sei eine unabhängige, böse Kraft, die nicht mehr im Himmel wohnt, sondern ein dämonisches Reich beherrscht und auf eine göttliche Strafe zusteuert, gibt es in der hebräischen Bibel (dem A.T.) nicht. Diese Vorstellungen vom Teufel entwickelten sich erst in der Zeit zwischen Altem und Neuem Testament.

Haben Sie sich nicht schon folgende Fragen gestellt: „Hat ein liebender Gott einen bösen Widersacher erschaffen, der uns versucht, Böses zu tun?" „Wird die Menschheit von einer bösen, mit dem allmächtigen Gott rivalisierenden Macht geplagt?" „Woher stammt der Name Luzifer?" „Lockt er die Menschen weg von Wahrheit und Gerechtigkeit?" „Gibt die Bibel Hinweise auf diese böse Wesenheit und ihre gefallenen Helfer, und beweist sie so die Existenz Luzifers?"

Einige Exegeten sagen, Gott habe Luzifer erschaffen. Es gibt jedoch keine einzige Bibelstelle, die aussagt, Gott habe ein übernatürliches, sich gegen ihn wendendes Wesen geschaffen. Nochmals, einige Bibellehrer behaupten, Luzifer habe eine eindeutige Lebensgeschichte. Diese Geschichte geht in etwa so:

Im Himmel gab es eine Rebellion. Luzifer, ein numinoses Wesen, hatte ein Drittel der Engel dazu überredet, sich mit ihm zu verbünden und gegen den Allmächtigen zu kämpfen. Dieser himmlische Verräter wollte Gottes himmlischen Thron an sich reißen und sich selbst zu Gott machen.

Dementsprechend reagierte Gott auf den Aufstand genauso, wie Menschen auf eine solche bedrohliche Situation antworten würden. Sofort mobilisierte er seine guten Engel und befahl dem Erzengel Michael, die Horde zu schlagen. In den himmlischen Reichen brach ein Krieg aus. Michael konnte Luzifer schnell besiegen und warf ihn und seine abtrünnigen Kohorten aus ihrer himmlischen Wohnstatt. Doch ach, diese trotzige Bande fiel auf die unglückselige Erde. Und nun wird die große himmlische Schlacht unter den Erdbewohnern geführt.

Diese verfehlte Auslegung von Luzifers und Satans Ursprung greift hauptsächlich auf drei Bibelstellen zurück: Jesaja 14:12–16, Ezechiel 28:12–17 und Offenbarung 12:7–12. Eine vierte Bibelstelle, 2. Petrus 2:4, scheint die anderen drei zu bestätigen.

Luzifer, Sohn des Morgens

„Wie bist du vom Himmel gefallen, o Luzifer[14], Sohn des Morgens? Wie wurdest du zu Boden geschlagen, der du alle Völker geschwächt hast! Denn du hast gesagt in deinem Herzen, ich will in den Himmel aufsteigen, ich will meinen Thron über die Sterne Gottes erhöhen: ich will auch sitzen auf dem Berg der Versammlung in den Seiten des Nordens: ich will aufsteigen über die Höhe der Wolken; ich werde gleich sein dem Allerhöchsten. Und doch sollst du hinunter in die Hölle gebracht werden, zu den Seiten der Grube! Jene, die dich sehen, werden eng auf dich blicken und sagen: Ist das der Mann, der die Erde zittern und die Königreiche beben machte?"

Jesaja 14:12–16, KJV

---

[14] In den deutschen Übersetzungen kommt der Begriff *Luzifer* nicht vor. In Jesaja 12:14 heißt es entweder „Morgenstern" oder „Sohn der Morgenröte" oder eine Kombination von beiden. (Anm. d. Übers.).

Diese Verse scheinen ein nicht-irdisches Ereignis zu beschreiben. Doch was sagt Jesaja selbst über seine prophetische Weissagung? Im Vers 4 des Kapitels 14 kommt das Wort Jahwes zu Jesaja und sagt zu ihm: „Nimm diese Weissagung gegen den *König Babylons* und sage: Wie hat der Unterdrücker sein Ende gefunden! Die goldene Stadt ist am Ende!" Jesaja wußte, wovon er sprach: vom König Babylons. Er wendet sich *nicht* an Engel und übernatürliche Kräfte. Darüber hinaus benutzt der Prophet nahöstliche Metaphern, um das Ende des babylonischen Reiches mitsamt seines erhabenen Führers und Königs zu verkünden. Bevor wir Jesajas Metaphern untersuchen, schauen wir uns die Bedeutung des Begriffs „Luzifer" an.

Der Name Luzifer

Der Begriff „Luzifer" ist vom lateinischen *lucis ferre*, „Lichtträger", abgeleitet, was wiederum die Übersetzung des hebräischen Wortes *helel* ist, das wörtlich „der Scheinende" heißt. Man kann es auch mit „Morgenstern" oder „Tagesstern" übersetzen. Nebukadnezars Zeit der Macht und des Glanzes stellt Jesaja metaphorisch als „den Morgenstern" dar. Der Prophet setzt den früheren Stolz und die Pracht des Königs in Gegensatz zu seinem Fall und seiner Degradierung.

Der aramäische Text bietet uns jedoch eine andere Wiedergabe der Prophezeiung Jesajas an:

> „Wie bist du vom Himmel gefallen! Heule (schrei auf) am Morgen! Denn du bist auf den Boden gefallen, du Schmäher der Nationen."
>
> *Jesaja 14:12, Errico*

Das aramäische Wort *älel* heißt „schreien", „ausrufen", „heulen". „Luzifer" ist also im ursprünglichen aramäischen Jesaja-Manuskript nicht vorhanden. Interessanterweise benutzt der hebräische Text den Begriff „Tagesstern" und nicht „Lichtträger".

Warum Metaphern?

Es ist der häufige Einsatz von Metaphern, der eine Sprache lebendig und farbig macht, und das ganz besonders für einen Menschen des Nahen Ostens.

> „Genau wie der Orientale [Semite] es liebt, seine Speisen stark zu würzen und sich in kräftige Farben zu kleiden, so liebt er es, mit Metaphern, mit Übertreibung und Bestimmtheit zu sprechen." [15]

> „Ich wünschte, die gelehrten Theologen hätten orientalische Äußerungen nicht wörtlich genommen, sondern ihnen mehr misstraut. Sie wären davor bewahrt geblieben, auf dem Fundament einer Metapher große Lehrgebäude zu errichten." [16]

Im Versuch, die Bibel zu verstehen, sind die überaus zahlreichen Metaphern der semitischen Autoren der Bibel eine der vielen Brücken, die wir überqueren müssen. Wir müssen uns darüber klar sein, daß die Propheten Metaphern und symbolische Wendungen benutzten, um ihre Gedanken ihrem Volk gegenüber auszudrücken.

Jesaja beschreibt den Sturz des babylonischen Monarchen in Metaphern. Lebhaft schildert er Nebukadnezars Verlust von Macht und Glanz. „Wie bist du vom Himmel gefallen", ruft der Seher. Sie erinnern sich, Jesaja beschreibt hier nicht den Fall eines Engelwesens. „Vom Himmel fallen" ist eine semitische Redewendung und charakterisiert ein Individuum, das seinen einst großen Einfluß verloren hat. Wenn „ein Stern vom Himmel fällt", wissen die Menschen des Nahen Ostens, daß damit ein Herrscher, Führer oder Potentat gemeint ist, der seine Autorität und sein Königreich verloren hat. (Das Buch der Offenbarung bezieht sich

---

[15] Rihbany, *Jesus aus dem Nahen Osten*, S. 81

[16] Ebd. S. 16

oft auf fallende Sterne, was politische Veränderungen und Regie-
rungswechsel anzeigt – meist den Sturz eines Herrschers.)

Jesaja häuft in seiner furchteinflößenden Darstellung Metapher
auf Metapher. Formulierungen wie: „Ich will in den Himmel aufsteigen, ich will meinen Thron über die Sterne Gottes erhöhen ...
ich will aufsteigen über die Höhe der Wolken; ich werde gleich
sein dem Allerhöchsten", sind nahöstliche Formen aufbauschen-
der Rede. Diese Art, Redewendungen stilistisch einzusetzen, portraitiert den Glanz, die Macht und den großen Einfluß eines im-
perialen Herrschers.

Mit anderen Worten: Die Herrschaft des Königs ist so groß,
daß er in den Himmel aufsteigen wird. Sein Thron ist so hoch, daß
er in der Höhe der Wolken, über den Sternen Gottes sitzen wird.
Seine Herrschaft ist so machtvoll, daß er wie der Allerhöchste ist.
Aber ach, der Prophet sagt voraus, daß des Königs Schicksal *scheol*
ist – das heißt, er ist zum Scheitern verurteilt und wird den Weg
alles Sterblichen gehen.

Ezechiels metaphorische Sprache

Die zweite bedeutende Textstelle, mit der einige Theologen die
Existenz Luzifers beweisen wollen, ist die Prophezeiung Ezechiels:

> „Du Menschenkind, stimm ein Klagelied an über den König
> von Tyrus und sprich zu ihm: So spricht Gott der HERR:
> Du warst das Abbild der Vollkommenheit, voller Weisheit und
> über die Maßen schön. In Eden warst du, im Garten Gottes,
> geschmückt mit Edelsteinen jeder Art, mit Sarder, Topas, Dia-
> mant, Türkis, Onyx, Jaspis, Saphir, Malachit, Smaragd. Von
> Gold war die Arbeit deiner Ohrringe und des Perlen-
> schmucks, den du trugst; am Tag, als du geschaffen wurdest,
> wurden sie bereitet. Du warst ein glänzender, schirmender
> Cherub, und auf den heiligen Berg hatte ich dich gesetzt; ein
> Gott warst du und wandeltest inmitten der feurigen Steine.
> Du warst ohne Tadel in deinem Tun von dem Tage an, als du

geschaffen wurdest, bis an dir Missetat gefunden wurde. ...
Weil sich dein Herz erhob, daß du so schön warst, und du
deine Weisheit verdorben hast in all deinem Glanz, darum
habe ich dich zu Boden gestürzt und ein Schauspiel aus dir
gemacht vor den Königen."

Ezechiel 28:12–17, LB

Noch einmal: Der Grund, warum einige Exegeten erklären, dieser Text beziehe sich auf ein böses, gefallenes Engelwesen, ist, daß sie die Metaphern wörtlich nehmen. Liest man Ezechiels Text, kann man verstehen, warum die Kommentatoren die prophetischen Metaphern falsch auslegten.

Nähme man diese Redewendungen für bare Münze, dann müßte man fragen: „Schreibt Ezechiel über ein menschliches Wesen?" Immerhin könnte man geltend machen, daß der König von Tyrus nie im Garten Eden war. Auch war der König ganz und gar kein gesalbter Cherub. Es ist genau dieser Gedankengang, dem einige Kommentatoren folgten und folgerten, daß Ezechiel tatsächlich über ein übernatürliches Wesen schrieb.

Experten des Alten Testaments glauben, daß in der frühen Geschichte Israels eine Sage von einem gefallenen Cherub existierte.

„All dies [Ez 28:15–19] zeugt von der Tatsache, daß in einer sehr frühen Periode des Altertums eine israelitische Sage existierte, die davon berichtete, wie der Cherub – oder einer der Cherubim – , der im Garten Eden wohnte, auf dem Gipfel des Berges Gottes, der so hoch war wie die Himmel, in seinem Stolz gegen Gott sündigte, und als Strafe für seine Übertretung aus dem Garten Eden vertrieben und auf die Erde geworfen wurde. Vielleicht kam das Wort *Erde* hier im Sinne von *scheol* [Aufenthaltsort der Toten] vor in der Bedeutung, in der es auch im Akkadischen gefunden wurde. Jene Sage [Ezechiel] gehört zu dem Legenden-Zyklus über Engel, die aus dem Himmel geworfen wurden. ... Der Prophet spielt auf diese Tradition an und benutzt ein poetisches

Gleichnis für den Sturz des Königs von Tyrus. Andererseits versucht die Tora, diese Überlieferung zu verfeinern und zu reinigen. Die Geschichte der Engel, die sündigten und bestraft wurden, stimmt nicht mit dem Geist des Pentateuch überein und wird von ihm mißbilligt, genau wie in der Folgezeit die Sagen des Talmuds im Gegensatz stehen zu späteren Sagen ähnlichen Charakters. Die Engel sind alle innig Geliebte, rein und heilig und der eine, der im Garten Eden sündigte und vertrieben wurde, war weder ein Cherub noch ein Engel, sondern ein Mensch."[17]

Vergessen wir nicht, Gott beauftragte Ezechiel, „ein Klagelied über den König von Tyrus anzustimmen" und nicht über einen gefallenen Engel. Ezechiel benutzt eine lebendige, dramatische Terminologie, wie sie für nahöstliche Schriftsteller und Redner typisch ist. Der jüdische Gelehrte Umberto Cassuto erklärt Ezechiels Analogie vom „Garten Gottes".[18]

Schauen wir uns die Bedeutung der prophetischen und metaphorischen Sprache dieses Propheten an. „Du warst ... voller Weisheit und über die Maßen schön" heißt, der König besaß vollkommene und unübertroffene Weisheit und Tyrus war eine Stadt der Vollkommenheit. Die Menschen von Tyrus hatten prächtige Paläste, Tempel, Schreine und Wohnhäuser erbaut. Sie hatten auch Gegenstände von großer Schönheit hergestellt, die andere Städte nicht herstellen konnten. Tyrus als Seemacht und als Produzent von Messing, Elfenbein, Gold und Silber ist bis in moderne Zeiten unübertroffen. Auch heute noch ist der feine Messing aus dem Libanon weltberühmt und wird in viele Länder exportiert.

Mit der Metapher „In Eden warst du", vergleicht der Autor Tyrus mit dem irdischen Paradies Eden, dem Garten Gottes. Das Land besaß Wasser und fruchtbaren Boden im Überfluß. „Die

---

[17] Cassuto, *A Commentary on the Book of Genesis, From Adam to Noah*, S. 81 f.
[18] Ebd. S. 75–82

kostbaren Steine" beziehen sich auf den übergroßen Reichtum dieser alten Stadt. „Der gesalbte Cherub" ist der König von Tyrus, der die Stadt beschützt.

Die Textstelle „auf dem heiligen Berg Gottes" bezieht sich auf den Berg Libanon, wegen dessen großen Schönheit. „Du warst ohne Tadel in deinem Tun" bezeichnet die Stadt und den König, die nie etwas Unrechtes taten. Sie trachteten nicht, in das Land oder die Länder anderer einzufallen, und waren mit ihrer eigenen Weisheit und ihrem Handel mit anderen Nationen zufrieden.

Denken Sie daran, diese Prophezeiung ist ein Klagelied. Der König und die Stadt waren dem Untergang geweiht. Sie vertrauten ihrer eigenen Stärke und Weisheit.

Michael und der Krieg im Himmel

Gehen wir nun zur dritten bedeutenden Textstelle. Sie ist aus dem Buch der Offenbarung:

> „Und es entbrannte ein Kampf im Himmel: Michael und seine Engel kämpften gegen den Drachen. Und der Drache kämpfte und seine Engel, und sie siegten nicht, und ihre Stätte wurde nicht mehr gefunden im Himmel. Und es wurde hinausgeworfen der große Drache, die alte Schlange, die da heißt: Teufel und Satan, der die ganze Welt verführt, und er wurde auf die Erde geworfen, und seine Engel wurden mit ihm dahin geworfen. ... Darum freut euch, ihr Himmel und die darin wohnen! Weh aber der Erde und dem Meer! Denn der Teufel kommt zu euch hinab und hat einen großen Zorn und weiß, daß er wenig Zeit hat."
>
> *Offenbarung 12:7–9, 12, LB*

Das aramäische Wort für „Offenbarung" ist *gilyana*. Die Wurzel dieses Wortes ist *gala* und heißt „enthüllen", „offenbaren", „prophezeien" und „voraussagen". Johannes' Text der Offenbarung ist eine Serie symbolischer Visionen, die mit weltweiten Problemen esoterischer und exoterischer Art zu tun haben.

Metaphysisch geht es um die weiterwirkende Enthüllung des Christus (Messias) in Jesus, im einzelnen Menschen, in der Kirche, im Staat und im ganzen Universum. Die Offenbarung des Johannes enthält über 1000 Symbole, die auf Vorstellungen und Ereignisse hinweisen.

Historische Aufzeichnungen berichten, daß die frühen Christen das Buch der Offenbarung ablehnten. Um 395 n. Chr. wurde es dann in das Neue Testament angenommen. Der endgültige Kanon wurde auf dem Konzil von Karthago festgelegt.

Wichtig ist, sich immer bewußt zu sein, daß die Offenbarung mit ihren Symbolen keinesfalls wörtlich verstanden werden darf. Im Himmel gab es weder einen Krieg (das ist ein Rückgriff auf uralte Sagen), noch gab es eine Rebellion, mit der Gott nicht fertig werden konnte.

Es gibt viele Varianten historischer und metaphysischer Interpretationen der Verse des 12. Kapitels der Offenbarung. Nach nahöstlicher Symbolik steht der Drache für Chaos, irdische Macht, Widerstand und Feindschaft. Heidnische Herrscher waren sich früh des Wachstums der christlichen Bewegung und ihres Einflusses auf die Bevölkerung bewußt. (Der Drache steht auch für falsche Vorstellungen.) Michael, seine Engel und der Krieg im Himmel bedeuten der Kampf zwischen Wahrheit und Irrtum. „Engel" bedeutet in Aramäisch „Gottes Gedanke" oder „Gottes Ratschlag". Mit anderen Worten, der Drache, die grobe Täuschung und der Widerstand gegen Wahrheit werden völlig besiegt werden.

Gefallene Engel

Die letzte Textstelle, die vermeintlich mit dem Ursprung Luzifers und seinen gefallenen Engeln zu tun hat, finden wir im 2. Pe-

---

[19] 2 Petr 2:4, LB

trusbrief. Hier steht: „Denn Gott hat selbst die Engel, die gesündigt haben, nicht verschont, sondern hat sie mit Ketten der Finsternis in die Hölle gestoßen und übergeben, damit sie für das Gericht festgehalten werden."[19] Bevor wir uns näher mit dieser Aussage des Petrus befassen, müssen wir den besonderen Begriff „Engel" und seine Verwendung in der Bibel verstehen.

Wir haben es hier wieder mit nahöstlicher Bildersprache und metaphorischen Sätzen zu tun, denn der Begriff „Engel" hat in den semitischen Sprachen viele Bedeutungen. *Malacha* bedeutet „der Gesandte", daher steht dieses Wort für einen Boten. Im übertragenen Sinne steht dieser Begriff auch für Geistliche bzw. Pastoren[20], heilige Männer, fromme Menschen und Söhne Gottes.[21] Metaphysisch steht „Engel" für Gottes Rat und Gedanke.

In Psalm 104:4 sagt der Dichter, daß Gott „seine Engel zu Geist macht und seine Geistlichen zu einem flammenden Feuer" (Lamsa). Folglich sind Engel „Geist" und weder der Sünde noch physischen Gesetzen unterworfen. Geist ist nicht greifbar und unzerstörbar; deshalb kann kein himmlischer Engel gesündigt haben.[22]

Kehren wir zu dem Vers im 2. Petrusbrief zurück. Der Apostel spielt auf jenes kurze Vorkommnis in Genesis an:

> „Als aber die Menschen sich zu mehren begannen auf Erden und ihnen Töchter geboren wurden, da sahen die Gottessöhne, wie schön die Töchter der Menschen waren, und nahmen sich zu Frauen, welche sie wollten. Da sprach der HERR: Mein Geist soll nicht immerdar im Menschen wal-

---

[20] Off 2:1, 8, 12, 18; 3:1, 7, 14. Der Engel der Kirche ist der oberste Priester/Pfarrer.

[21] Siehe Gen 6:1–2

[22] Um die Worte von Umberto Cassuto zu wiederholen: „Die Geschichte der Engel, die sündigten und bestraft wurden, stimmt nicht mit dem Geist des Pentateuch überein und wird von ihm mißbilligt, so wie in der folgenden Zeitperiode die Sagen des Talmuds im Gegensatz stehen zu den späteren Sagen mit ähnlichem Charakter. Die Engel sind alle innig Geliebte, rein und heilig..." Siehe Fußnote 17 auf S. 173

ten, denn auch der Mensch ist Fleisch. Ich will ihm als Lebenszeit geben hundertundzwanzig Jahre."

Genesis 6:1–5, LB

Diese Verse waren lange Ursache großer Meinungsverschiedenheiten und Kontroversen unter Gelehrten. Wie interpretiert man sie? Haben wir es hier mit Engelwesen oder mit in die Irre gegangenen frommen Menschen zu tun?

Dr. Lamsa vertrat die Ansicht, „Gottessöhne" beziehe sich hier auf die Söhne Seths, die gute, fromme Männer waren. Diese Gottesmänner hatten beschlossen, sich von Seths Stammbaum loszusagen und sich mit den Nachkommen Kains zu verheiraten. Sie wandten sich von Gott ab, begannen Götzenbilder anzubeten und einen fremden Glauben anzunehmen.[23]

Es besteht kein Zweifel, daß wir es hier mit einem Überbleibsel einer uralten Sage zu tun haben. Nichtsdestoweniger gilt unser Interesse hier den Metaphern, wie sie 2. Petrus 2:4 erwähnt. „Denn Gott hat selbst die Engel, die gesündigt haben, nicht verschont" heißt, daß die „Gefallenen" (wer immer damit gemeint ist) die Konsequenzen ihres eigenen Fehlverhaltens tragen müssen. „In die Hölle gestoßen" bedeutet, sie müssen für ihre bösen Taten und Praktiken leiden. Die Taten selbst fielen auf diese „Gefallenen" zurück. Die „Ketten der Finsternis" bedeuten, sie würden Sklaven ihres falschen Weges sein. Unwissenheit würde sie in ihrem Irrtum und ihren bösen Taten festhalten. Solch bildliche Wendungen werden in den semitischen Sprachen sehr wohl verstanden, doch wir im Westen haben aus ihnen eine nicht vertretbare Lehre von „gefallenen Engeln und Dämonen" gemacht.

Kommen wir jetzt zum dritten Teil der Symbolik: der poetischen Philosophie.

---

[23] Für einen genau gegensätzlichen Standpunkt siehe Cassuto, *A Commentary on the Book of Genesis, Part 1*, S. 290–298; und sein Buch *Biblical and Oriental Studies*, Selected Writings, Vol. 1, Biblical Studies.

POETISCHE PHILOSOPHIE – HIOB

Das Buch Hiob ist ein philosophisches Buch. Es versucht, eine grundlegende menschliche Frage zu beantworten: „Warum leiden gute Menschen?" Sein Stil ist poetisch und humorvoll.

Das Buch Hiob handelt von tragischen Umständen und bietet religiöse und philosophische Argumente. Es ist schwer zu verstehen, nicht nur, weil viele Verse nicht klar genug übersetzt sind, sondern weil zahllose Redewendungen und Metaphern seine Seiten füllen. Hiobs Geschichte ist ein Drama und kein tatsächlicher historischer Fall.

Im Buch Hiob erscheint Gott als orientalischer Potentat. Vielleicht haben Sie das Buch „Anna und der König von Siam" gelesen oder kennen das Musical „Der König und ich". Im Musical stellen sich alle Kinder des Königs an einem festgelegten Tag vor ihm auf. Orientalische Könige haben so viele Kinder, daß sie nicht die Zeit besitzen, sie einzeln zu sehen. Deshalb wurden Tage festgesetzt, an dem alle Kinder zusammenkommen, um ihren Vater zu sehen. Nur einen Sohn wird der König gesondert sehen, und das ist der Kronprinz.

Der nahöstliche Autor stellt Gott als Monarch dar, der seine Kinder an einem festgelegten Tag empfängt: „Es begab sich aber eines Tages, da die Gottessöhne kamen und vor den HERRN traten ..."[24] – aber der Autor fährt fort: – „... kam auch der Satan unter ihnen." Anstelle sich mit seinen Söhnen zu unterhalten, knüpfte Jahwe ein Gespräch mit Satan an. (Satan meint hier kein übernatürliches Wesen, sondern einen „Ankläger", einen „schlechten Ratgeber".)

Jahwe fragt Satan, ob er auf seinen Diener Hiob geachtet habe. Nirgendwo gebe es einen Mann, der ihm gleiche. Er verehre Gott und habe sich vom Bösen vollständig abgewandt. Doch Satan behauptet nun, Hiob habe Gott nur gedient und verehrt und das Böse zurückgewiesen, weil Gott ihn beschütze. Der Herr habe

---

[24] Hiob 1:6, LB

der Hände Arbeit Hiobs, seinen Haushalt und alles, was ihm gehörte, gesegnet. Doch wenn sich all dies verändere, würde Gott sehen, wie treu ihm Hiob bliebe. Gott gab Satan die Erlaubnis, Hiob ernstlich zu prüfen, ohne jedoch sein Leben zu gefährden.

In Hiob Kapitel zwei kommen die Söhne Gottes erneut, um sich ihm zu zeigen. Satan war wieder unter ihnen. Jahwe war von Hiobs Treue und Glauben sehr beeindruckt, obwohl dieser alles verloren und großes Leid erduldet hatte.

Räuber hatten seine Ochsen und Esel gestohlen und viele von Hiobs Dienern mit der Klinge ihrer Schwerter erschlagen. Vom Himmel waren Blitze gefallen, die Hiobs Schafe und Schäfer verbrannten. Chaldäer waren ins Land eingefallen, stahlen seine Kamele und erschlugen die verbliebenen Diener. Seine Söhne und Töchter waren im Haus des ältesten Bruders zum gemeinsamen Essen und Trinken versammelt, als ein Sturm von der Wüste kam, das Haus einstürzen ließ und alle Söhne und Töchter Hiobs tötete.

Und als Hiob all diese schrecklich tragischen Nachrichten hörte, war seine Antwort: „Nackt kam ich aus meiner Mutter Leib und nackt werde ich zurückkehren. Der Herr gab und der Herr hat genommen. Gesegnet sei der Name des Herrn." In all diesen Katastrophen sündigte Hiob nicht, noch lästerte er Gott. Jahwe war sehr stolz auf Hiob und informierte schnell den Satan: „Hast du acht auf meinen Knecht Hiob gehabt? Denn es ist seinesgleichen auf Erden nicht, fromm und rechtschaffen, gottesfürchtig und meidet das Böse und hält noch fest an seiner Frömmigkeit; *du aber hast mich bewogen*, ihn ohne Grund zu verderben."

Gott sagt: „Aber du hast mich bewogen", enthält subtilen Humor. Es bedeutet ja, daß Gott sagt: „Der Teufel veranlaßte mich, dies zu tun." Natürlich steht der Satan in dieser Geschichte nicht für den Teufel. Gott nahm Rat von einem schlechten Ratgeber an. Bedenken Sie, diese Ereignisse haben niemals stattgefunden. Das Buch Hiob ist eine dramatische Erzählung.

Doch Satan ist keinesfalls beeindruckt und schlägt vor, Hiob auf andere Weise zu prüfen: „Haut um Haut! Ja sogar alles, was der Mensch besitzt, wird er hingeben, um sein Leben zu retten.

Doch streck deine Hand aus und rühr an sein Gebein und Fleisch; wahrhaftig, er wird dir ins Angesicht fluchen." Satans Vorschlag provozierte Gott ein zweites Mal, und er erlaubte seinem eifersüchtigen Abgesandten, Hiobs Körper zu berühren, und nun bekam der arme Mann eine Hautkrankheit. Der aramäische Text sagt: Hautkrebs.

Als Hiob so schrecklich litt, verhöhnte ihn sogar seine Frau und sprach anklagend mit großer Geringschätzung: „Hältst du immer noch an deiner Rechtschaffenheit fest? Verfluche Gott und sterbe!" Doch der Hohn seiner Frau berührte Hiob nicht. Er antwortete: „Du redest, wie eine törichte Frau redet. Wir haben Gottes Segen angenommen, sollen wir jetzt nicht auch sein Elend annehmen?" In all seinem großen Unglück versündigte sich Hiob nicht, noch lästerte er Gott mit seinen Lippen.

Nun beginnt der Autor, philosophische Argumente zu entwickeln. Hiob hat vier Freunde, die kommen und sich um ihn herum setzen, während er klagend in einem Aschehaufen sitzt. Hiob muß sich nun seinen Freunden gegenüber aus seiner Situation herausargumentieren. Diese beschuldigen ihn, er würde andere betrügen. Sie glauben, er ernte, was er säe. Seine Freunde verkörpern die philosophischen und religiösen Überzeugungen der Zeit Hiobs. Am Ende der Geschichte erhält Hiob alles von Gott zurück.

Hiob kommt zu dem Schluß, niemand ist hundertprozentig gut und vollkommen. Menschliche Wesen sind rätselhaft und anfällig für Fehlbarkeit.[25] Aus diesem Grund bringen wir selbst Katastrophen über uns, doch die Gnade Gottes erneuert uns sogar inmitten von Drangsal und Elend. Hiob lernte Demut und nicht nur auf seine eigene Rechtschaffenheit zu bauen. Seine Tugend war nicht genug.

---

[25] Für eine kurze Erörterung über Fehlbarkeit siehe den Abschnitt „Das Geheimnis" im Anhang auf Seite 256 f.

„Dann antwortete Hiob dem Herrn und sagte: Ich weiß, daß du all diese Dinge tun kannst und daß kein Vorhaben vor dir verborgen werden kann. Wer bin ich, daß ich denke, ich könne ohne Wissen Rat geben? Deshalb hast du mir das, was ich aussprach und nicht verstand, erklärt, Dinge, zu wunderbar für mich, daß ich sie kennen könnte. Höre mich, ich bete zu dir und ich werde sprechen. Ich werde dich fragen, und du erklärst mir: Ich hörte von dir durch das Hören der Ohren, doch nun sehen meine Augen dich. Darum will ich schweigen und in Staub und Asche bereuen."

Hiob 42: 1–6, Lamsa

Hiob gelangte zu einer großen Erkenntnis und lernte seine Lektion gut. Alles war ihm wieder gegeben. Er besaß größeren Wohlstand als zuvor.[26]

Und nun gehen wir zum letzten Schlüssel: Ausschmücken.

---

[26] Siehe Hiob 42:10–17

KAPITEL 7

DER SIEBTE SCHLÜSSEL:
AUSSCHMÜCKEN

„Ausschmücken" ist der letzte Schlüssel, der die Bibel erschließen hilft. Was verstehe ich unter Ausschmücken? Ich habe
diesen Ausdruck gewählt, weil „Übertreiben" in unserer Kultur
negativ besetzt ist. Es mag für uns schwierig sein zu akzeptieren,
daß in dem heiligen Buch, das wir Bibel nennen, Übertreibungen
zu finden sind. Unsere Eltern lehrten uns, niemals etwas aufzubauschen, geschweige denn kleine Notlügen zu gebrauchen. Wie
kann dann ein heiliges Buch Übertreibungen enthalten?

In der nahöstlichen Kultur malen Semiten ein Ereignis weiter
aus und schildern eine Situation in den buntesten Farben. Nahöstlichen Zuhörern ist dies absolut verständlich und willkommen.
In vielen Passagen der Bibel finden wir übertreibende Reden und
ausgeschmückte Erzählungen. Verfasser der Bibel führten gern
weiter aus, um einen Gedanken oder eine Begebenheit zu verherrlichen.

Folgende Illustration erklärt auf anschauliche Weise die Absicht
des Ausschmückens. Nehmen wir an, Ausschmücken gleiche
einem Ölgemälde. Wird dieses gerahmt, hebt es sich deutlicher
ab. Der Rahmen trägt dazu bei, das Bild hervorzuheben, es sozu-
sagen „(her)aus-zuschmücken". So verhält es sich auch mit zahlreichen Episoden der Bibel. Ihre Verfasser „rahmen" die Erzählung, das heißt, sie „schmücken sie aus" und heben sie so hervor.

182

Dr. Rihbany schenkt uns Einblick in diesen nahöstlichen Charakterzug:

> „In einer Unterhaltung ist die Hauptabsicht eines Syrers, durch welch schickliche Mittel auch immer, einen Eindruck zu hinterlassen und nicht, seine Botschaft in exakter wissenschaftlicher Terminologie zu vermitteln. Er erwartet, nicht nach dem, was er sagt, beurteilt zu werden, sondern nach dem, was er meint. ... Hinzu kommt, daß die Syrer gern in Bildern sprechen und wahrheitsgetreue Genauigkeit dem Gesamteindruck eines Vortrages unterordnen. Sie machen deshalb umfassend Gebrauch von bildhafter Rede. ... Genau wie der Orientale [Semite] es liebt, seine Speisen stark zu würzen und sich in kräftigen Farben zu kleiden, so liebt er es, in Metaphern, mit Übertreibung und Bestimmtheit zu sprechen. Sorgfalt ist für ihn ein Zeichen von Schwäche.“[1]

EINE PERSÖNLICHE ERFAHRUNG

Als ich 1965 begann, mit Dr. George M. Lamsa zusammenzuarbeiten, wußte ich nichts über diese nahöstliche Eigenheit. Nachdem ich eine Weile mit ihm gearbeitet hatte, lernte ich schließlich, nicht alles, was er sagte, für bare Münze zu nehmen. Dr. Lamsa hatte großes Vergnügen daran, Eindruck zu machen, indem er übertrieb. Dies ist auch in der Bibel üblich. Wollte ich die genauen Umstände mit wahrheitsgetreuen Details und exakten Angaben wissen, benutzte ich die aramäischen Ausdrücke *amen, amen* oder *scharirarieth, scharirarieth,* „wahrlich, wahrlich“. Im Wesentlichen sagte ich: „Erzähle es mir dieses Mal ohne Übertreibung“, und ich erhielt die gewünschte Information.

Im Johannesevangelium läßt der Verfasser Jesus auf Aramäisch sagen: *„Amen, amen, amarna lchon“* – „Wahrlich, wahrlich,

---

[1] Rihbany, *Jesus aus dem Nahen Osten*, S. 80, 81

ich sage euch."[2] Nahöstliche Redner verwenden diese Formulierung, um ihrer Rede Nachdruck zu verleihen. Sie bedeutet auch: „Dies ist die ungeschminkte Wahrheit." Das einfache Volk Palästinas erwartete von seinen Lehrern und Rednern, daß sie ausschmückten.

WIDERSPRÜCHE IN BIBELTEXTEN

Die scheinbaren Widersprüche, die wir in zahlreichen Bibelversen finden, resultieren, besonders was Zahlen und Orte betrifft, aus dem Ausmalen des jeweiligen Verfassers. Wie bereits weiter oben erwähnt, machen sich Menschen des Nahen Ostens nichts aus Exaktheit und buchstäblicher Genauigkeit. Für sie macht es keinen Unterschied, ob zweihundert oder fünfhundert Menschen oder sogar tausend Menschen anwesend waren.

Deshalb haben wir verschiedene Berichte von Jesu Brot-und-Fisch-Vermehrung. Ein Evangelist schreibt, Jesus speiste 5000, ein anderer, es seien 4000 Menschen gewesen. Nochmals, es hängt vom Verfasser ab. Er würzt das Ereignis auf seine Weise. Was wir uns klar machen müssen ist, daß Jesus tatsächlich hungrige Männer, Frauen und Kinder speiste. Die Not wurde abgewendet. Um die genaue Zahl müssen wir uns nicht kümmern. Im Westen brauchen wir Details. Aber im Nahen Osten „macht das nichts"[3].

DIE GESCHICHTE VON DER AUFERSTEHUNG

Lange Zeit stand die Auferstehungsgeschichte Jesu unter Beschuß. Viele moderne Exegeten haben mit den sich widersprechenden Berichten in den vier Evangelien Schwierigkeiten. Wiederum muß gesagt werden, das Anliegen der nahöstlichen Verfasser war, ein und dieselbe Geschichte zu erzählen. Ihr Schwerpunkt war, daß Jesus als der Messias einen Sieg über Grab und Tod errungen hatte.

---

[2] Wörtlich heißt es: „Amen, amen, ich sage dir." Die anderen drei Evangelisten überliefern ebenfalls diese Formulierung oder eine Entsprechung.

[3] *„ma besay-il"*, siehe auch S. 128

Für die Evangelisten hatte dieses Ereignis stattgefunden. Es blieb nun jedem Autor überlassen, seinen Rahmen um die Auferstehungsgeschichte zu fügen, d.h. jeder führte sie dementsprechend weiter aus.[4] Diese Art der Argumentation läßt bei westlichen Bibellesern ernsthafte Zweifel aufkommen. Ein Mensch des Nahen Ostens ist nicht im geringsten über aufgebauschte Zahlen, widersprüchliche Vorkommnisse und Ortswechsel beunruhigt. Alle vier Evangelien sprechen von demselben Ereignis.

WEITERE BEISPIELE

Nahöstliche Redner lieben es, ihre Gedanken mit aufgebauschten Erklärungen oder pauschalen Übertreibungen zu äußern. Überall in der Bibel finden wir übertreibende Formulierungen. Zum Beispiel: „Am Abend, als die Sonne untergegangen war, brachte man alle Kranken und Besessenen zu Jesus. Die ganze Stadt war vor der Haustür versammelt."[5]

Im Buch Genesis gibt es eine sehr faszinierende und pauschal übertreibende Aussage einer geliebten Tochter gegenüber. Abraham hatte seinen Diener nach Haran geschickt, um für seinen Sohn Isaak eine Frau zu finden. Der Diener Eleazar erreichte Haran und mischte sich unter die Aramäer. An einem Brunnen begegnete er Rebekka. Rebekka und ihre Familie waren mit Abraham verwandt.[6]

Bald hatte Eleazar seinen Auftrag, bei der Familie um die Hand Rebekkas anzuhalten, beendet. Und als Rebekka im Begriff war, ihre Familie und Heimatstadt zu verlassen, segneten sie ihr Bruder Laban und ihre Mutter unverzüglich. „Und sie segneten Rebekka, ihre Schwester, und sagten zu ihr: ‚Du bist unsere Schwe-

---

[4] Andere Exegeten sind der Meinung, daß die Zeugen die Erlebnisse beschrieben haben, wie sie sie sahen. Aus diesem Grund weichen die Beschreibungen auch voneinander ab, da einer bestimmte Dinge hervorhob und ein anderer eben nicht.

[5] Mk 1:32–33, EÜ

ster, *werde die Mutter von Tausenden und Millionen,* und deine Nachkommen sollen das Land ihrer Feinde erben.'"[7] Können Sie sich vorstellen, die Mutter von Tausenden und von Millionen Menschen zu werden?

Im Buch der Richter tötete Simson *„tausend Soldaten mit der Kinnlade eines Esels".* An anderen Stellen heißt es: *„Die Sterne des Himmels kämpften von ihrer Bahn aus. Sie kämpften vom Himmel gegen Caesarea, den Feind Israels."* Die Nachkommen Abrahams sollten wie *„der Sand am Meeresufer* und *die Sterne des Universums"* sein. Der Herr schickte Wachteln über das Meer, und erschöpft fielen sie zur Erde, *„drei Fuß hoch".* Ein Verfasser schreibt, die Mauern der Städte Kanaans *„reichten bis zum Himmel".*

In der Bibel gibt es noch sehr viel mehr dergleichen Aussagen. Wenn man beginnt, den nahöstlichen Schreibstil zu verstehen, wird es einfacher, solche Äußerungen zu enthüllen. Denken Sie daran, die Verfasser verwendeten diese Ausdrücke, um ein Geschehen zu verherrlichen und Eindruck zu machen. Sie taten es nicht, um zu täuschen.

POETISCHE UMSCHREIBUNG

Poetische Ausschmückung ist wunderschön und von tiefer Bedeutung. Waren Menschen in tiefer Trauer, heißt es zum Beispiel: „Die Sonne weigerte sich zu scheinen, und der Mond und die Sterne gaben nicht länger ihr Licht." Und als sich die Semiten großen Friedens und Glücks erfreuten, hieß es: „Die Berge tanzten und die Hügel hüpften und sprangen und die Bäume klatschten in die Hände." Als Moses die zehn Gebote erhielt, wurde das Gefühl von Feierlichkeit so ausgedrückt: „Die Berge erbebten, die Erde zitterte, Dunkelheit, Blitze, Donner und Geräusche drangen vom Berg Sinai herab."

Wir müssen aber auch beachten, daß nicht alle in der Bibel auf-

---

[7] Gen 24:60, Lamsa

gezeichneten Begebenheiten ausgeschmückt sind. Auch enthält nicht jeder Satz eine Metapher. Man muß verstehen, was man liest.

Jetzt hat der Leser der „sieben Schlüssel" eine klarere Vorstellung davon, was es heißt, die Bibel *durch nahöstliche Augen zu sehen*.

Teil Zwei

Der Kommentar

Die praktische Anwendung der sieben Schlüssel

KAPITEL 8

DIE SIEBEN SCHLÜSSEL:
DAS ALTE TESTAMENT

Im zweiten Teil dieses Buches werde ich verschiedene Bibelstellen mit Hilfe der sieben Schlüssel erklären. In Kapitel 8 wenden wir die Schlüssel auf das Alte Testament an, in Kapitel 9 auf das Neue Testament. In Kapitel 10 arbeiten wir mit Textstellen aus beiden Testamenten. Auf manche Bibelverse wende ich nur einen oder zwei Schlüssel an, bei anderen Textstellen auch mehr als zwei Schlüssel, um sie zu erschließen.

DIE NAMEN GOTTES

„Gott" heißt auf Aramäisch *alaha*, auf Hebräisch *elohim* und auf Arabisch *allah*. Alle drei Wörter stammen von der semitischen Wurzel *el* oder *'el* ab, die „helfen", „unterstützen", „verteidigen", „tragen" und „beistehen" bedeutet.

In den Sprachen der Bibel hat der Name Gottes auch zahlreiche Unterbedeutungen, die die Vorstellung von Macht, Kraft und Stärke ausdrücken. Die Menschen stellten sich Gott als Allmacht, Allkraft, Allstärke vor. Menschen des Nahen Ostens verstehen Gott als den Wesenskern allen Lebens und als den großen Fürsorger.

Die Variationen des Namens Gottes in der hebräischen Bibel entstanden durch Offenbarung. Patriarchen und Propheten hatten mystische Begegnungen mit der Gegenwart, die wir „Gott" nennen. Durch diese Visionäre und ihre persönlichen, subjektiven Erkenntnisse gelangten die verschiedenen Namen Gottes in die Heilige Schrift. (Nach dem Koran hat Gott neunundneunzig herausragende Namen.) Noch einmal, es waren Träume und Visionen, durch die diese herausragenden Namen Gottes bekannt wurden.

Von allen Namen Gottes ist für die meisten Bibelleser der „ICH BIN" von größtem Interesse und Reiz. Moses empfing diesen Namen, als er auf dem Berg Sinai war.

> „Und Gott sprach zu Moses, *Ich bin der ich bin:* Und er sagte, so sollst du zu den Kindern Israels sprechen, *Ich bin* hat mich zu euch gesandt."
>
> *Exodus 3:14, KJV*

Der aramäische Text lautet:

> „Und Gott [*alaha*] sagte zu Moses, *ahieyah aschara hieyah.* Und er sagte, so sollst du zu den Söhnen Israels sagen, *ahieyah* hat mich zu euch gesandt."
>
> *Exodus 3:14, Errico*

Der aramäische und hebräische Text sind in ihren ursprünglichen semitischen Formen identisch.

Die meisten Bibelübersetzer geben zu, daß es sehr schwierig ist, *ehyeh* (Hebräisch) und *ahieyah* (Aramäisch) zu übersetzen. Semitische Sprachwissenschaftler glauben, dieser Name stamme von dem hebräischen Verb *hayah,* „sein" ab. Dr. Lamsa übersetzt das Wort als „der Lebendige (Gott)."[1] Der semitische Terminus umfaßt etwas, das aus sich selbst existiert, eine Wesenheit, das war, ist und künftig sein wird. *Ahieyah* IST einfach und ist sich immer gleich. Gotteserkenntnis übersteigt Geist, Verstand und die Welt der Erscheinungen und ist daher letztlich nicht beschreibbar.

---

[1] Lamsa, *Old Testament Light,* S. 105 f.

Ein weiterer Name für Gott ist das aramäische Wort *ithia*. Dieses Wort bedeutet „es" oder „Essenz", den Ursprung einer Sache. Interessanterweise wurde im Westaramäischen *ithia* zu *itheo*. Später entlehnten die Griechen dieses Wort, und es wurde zu *theos*. Aus diesem Grund können wir uns auf Gott als „Es" beziehen. Dies stimmt mit semitischem Denken überein, wonach „Es" Wesensgrund und Substanz des Lebens bedeutet. In unseren Bibelübersetzungen geben wir diese verschiedenen semitischen Namen wie *alaha, ahieyah, ithia, elohim* und viele andere mit einem einzigen Wort wieder – „Gott".

Auch wenn ich hier eine halb-akademische Erklärung für die verschiedenen Gottesnamen gegeben habe, geht die Angelegenheit für einen Orientalen sehr viel tiefer. Spricht ein Semite von Gott, dann möchte er die Bedeutung des gewählten Namens *fühlen* und nicht nur intellektualisieren. Das heißt, grundsätzlich steht zwar der Name Gottes einer Analyse offen, aber ein tieferes Verständnis kann nur durch Intuition aus der menschlichen Seele kommen. Für einen Semiten ist es unmöglich, die Bedeutung Gottes, der das Leben selbst ist, in ein uniformes Dogma oder in den starren Modus logischen Denkens zu pressen.[2]

Wie die Bibel berichtet, hatten Patriarchen und heilige Männer Gott als eine lebendige Gegenwart erfahren. Ihre subjektiv gefärbte Erfahrung ließ sie bestimmte Namen Gottes auf besondere Weise verwenden. Um ein Beispiel zu nennen: „Und es geschah, als Abram neunundneunzig Jahre alt war, daß der Herr [*yahwe*] in einer Offenbarung zu Abram kam und zu ihm sprach, Ich bin *alschaddai* Gott (*alaha*)."[3] Es ist schwierig, den semitischen Namen *alschaddai* aus dem Aramäischen und Hebräischen zu übersetzen. Meist wird er mit „der Allmächtige" wiedergegeben.

---

[2] Zur näheren Auseinandersetzung mit den Namen Gottes und der Frage, was Gott ist, siehe mein Buch *The Mysteries of Creation, The Genesis Story,* „The Primeval Mystery," S. 49–68.

[3] Gen 17:1, Errico

Das Wort kann auch bedeuten „der sich Selbst genügende", „Unterstützer", „Ernährer", „Allmächtiger" und „Herrscher". Andere übersetzen dieses Wort mit „Berggott" oder „der mit Brüsten."[4]

Was auch immer die Bedeutung dieser alten Bezeichnung sein mag, als sich Gott durch diesen Namen auf eine Ebene mit Abraham begab, erfuhr der Patriarch eine größere Vergegenwärtigung seines Gottes. Männer Gottes erfuhren immer aufs neue Bewußtwerdung durch die ihnen innewohnende geistige und allumfassende Gegenwart ihres Gottes.

DIE EINHEIT GOTTES

> „Und Gott sprach: Lasset uns Menschen machen, ein Bild, das uns gleich sei, die da herrschen über die Fische im Meer und über die Vögel unter dem Himmel und über das Vieh und über alle Tiere des Feldes und über alles Gewürm, das auf Erden kriecht."
>
> *Genesis 1:26, LB*

An wen hatte Gott das „wir" und „uns" gerichtet? Hebräische Schriftsteller sagen uns, Gott ist eins. Dieser Glaube an die Einheit Gottes beschützte das Judentum und einte das jüdische Volk über Jahrhunderte gegen Widerstände und Verfolgung. „Höre, Israel, der HERR ist unser Gott, der HERR allein."[5]

Viele Bibelinterpreten behaupteten lange Zeit, das erste Kapitel der Genesis beziehe sich auf Gottes Majestät und Macht und zeige einen „pluralis majestatis" an. Heutzutage haben die meisten Kommentatoren von dieser Erklärung Abstand genommen. Andere (meist christliche Exegeten) meinen, dieser Vers enthalte die Lehre der Dreieinigkeit.[6] Wiederum andere

---

[4] Siehe „El Shaddai" im Anhang auf Seite 259

[5] Dtn 6:4, LB

[6] Die Lehre von der Dreieinigkeit wurde erst durch das Konzil von Nizäa im Jahr 325 n. Chr. eingeführt. Davor glaubten sowohl Juden als auch Christen an den einen Gott und beteten ihn an. Weder die Propheten noch Jesus oder die Apo-

Theologen glauben, Gott wende sich an die Engel. Gott wandte sich an niemanden. Wie alte Mythen des Nahen Ostens überliefern, beschlossen die Götter auf einer besonderen Zusammenkunft die Erschaffung des Menschengeschlechts. Auch die biblische Erzählung spricht davon, daß Gott beschloß, die Menschheit zu erschaffen. Der Schlüssel, der die Schwierigkeit dieser Textstelle erschließt, ist die semitische Konstruktion „laßt uns". In den semitischen Sprachen ist dies „ein Plural der Ermunterung."[7]

CHERUBIM

> „Und er trieb den Menschen hinaus und ließ lagern vor dem Garten Eden die Cherubim mit dem flammenden, blitzenden Schwert, zu bewachen den Weg zu dem Baum des Lebens."
>
> *Genesis 3:24, LB*

Es gab zwei Abschreckungsmittel, die den Mann und die Frau daran hindern sollten, in den Garten Eden zurückzukehren. Das „flammende Schwert, das sich in jede Richtung wandte"[8], war das eine und die Cherubim waren das andere. Im Hebräischen lautet das Wort *k'robim* und im Aramäischen *k'robey*. Linguisten meinen, zwischen dem Namen und dem akkadischen Begriff *kuribu* könne ein Zusammenhang bestehen, der zusammengesetzte Figuren wie zum Beispiel Stiere mit Menschenköpfen und Ad-

stel deuteten jemals an, daß es mehr als einen Gott gebe. Die Vorstellung einer Vielfältigkeit Gottes war für die jüdischen Autoritäten fremd und abstoßend und aus diesem Grund verneinten sie eine solche Idee. Interessanterweise hält die alte Aramäisch sprechende Kirche des Ostens (die Assyrer) daran fest, daß es nur einen Gott gibt, der sich in drei *kenomaye* offenbart – Attribute oder Manifestationen. Diese drei *kenomaye* sind bekannt als Geist, Weisheit/Liebe und Leben (Bewußtsein) – Vater, Sohn und Heiliger Geist. Siehe auch das Glossar zu *kenomaye*.

[7] Siehe „Der Plural der Ermunterung" im Anhang auf Seite 268

[8] Die Cherubim schwangen nicht das Flammenschwert; dieses war ein von ihnen unabhängiges Hindernis.

lerflügeln bezeichnet, die oft außerhalb von Tempeln in Beth Naharain standen.[9]

Die k'robim oder k'robey waren Wächter. In dieser Erzählung war ihre Aufgabe, den Garten Eden zu beschützen und den Baum des Lebens zu bewachen. Vergleicht man die vielen Bibelverse, die von den Cherubim handeln, dann wird deutlich, daß sie verschiedene Aufgaben zu erfüllen hatten. Nahöstliche Könige stellten Cherubimstatuen als Schutzsymbole an ihrem Thronsessel auf.

Im biblischen Zeitalter war es üblich, daß ein König mit Schwertern versehene Diener vor den Eingang seines heiligen Gartens stellte, um das Volk fernzuhalten. Dieser orientalische Brauch wird in der Erzählung vom Garten Eden als Symbol eingesetzt. „Cherubim" und „Flammenschwert" stehen für den Rat Gottes, der den Baum des Lebens – die Unsterblichkeit – bewacht. Gott allein besitzt das Geheimnis des ewigen Lebens.

Moses ließ zwei Cherubimstatuen anfertigen und über der Bundeslade anbringen, um sie vor Dieben zu schützen. Er brachte sie so auf der Lade an, daß sie als „Gnadenstuhl" – „Gottes unsichtbarer Thron" dienten. Gott sprach mit Moses von seinem „Gnadenstuhl" über der Bundeslade aus, die inmitten der Stiftshütte stand.[10]

Dr. Lamsa war der Meinung, daß die Cherubim das moralische Gesetz symbolisieren:

„Die Cherubim sind das moralische Gesetz, das Teil der Menschheitsfamilie ist und instinktiv wirkt. Es ist der Wäch-

---

[9] „Der Name scheint vom akkadischen *karabu*, „Segenssprüche aussprechen, beten", abgeleitet zu sein. Der *kuribu* war ein Anwalt der Gläubigen bei Gott und ein Ratgeber der großen Götter, aber er bewachte auch den Eingang zum Tempel. Das Motiv dieser zusammengesetzten Mensch-Tier-Vogel-Figuren ist im gesamten fruchtbaren Halbmond in verschiedenen Formen der Kunst und der religiösen Symbolik weit verbreitet, und die biblischen Cherubim scheinen mit dieser künstlerischen Tradition in Verbindung zu stehen. Als reine Gebilde menschlicher Vorstellungskraft repräsentieren sie keine existierende Realität im Himmel und auf Erden." Sarna, *The JPS Torah Commentary*, Genesis, S. 375

[10] Siehe Ex 25:17–22

ter und Beschützer der menschlichen Rasse. Will die Menschheit überleben, darf sie sich ihren angeborenen moralischen Verpflichtungen nicht entziehen.“

DIE SAGE VON KAIN

Die Tora berichtet die Geschichte von Kain folgendermaßen:

> „Und im Laufe der Zeit geschah es, daß Kain Gott von den Früchten des Feldes ein Opfer brachte. Und auch Abel opferte eine Erstgeburt seiner Herde, ein junges Masttier. Und der Herr hatte Gefallen an Abel und seinem Opfer; aber an Kain und seinem Opfer hatte er keinen Gefallen. Daher war Kain äußerst verstimmt und seine Miene war düster. ... Und Kain sagte zu seinem Bruder Abel: Laß uns hinaus aufs Feld gehen; und so geschah es ... Kain erhob sich gegen seinen Bruder Abel und erschlug ihn. ... Und der Herr sagte zu Kain, Wo ist dein Bruder Abel? Und er sagte, Ich weiß es nicht. Bin ich der Hüter meines Bruders? ... Was hast du getan? Die Stimme des Blutes deines Bruders schreit zu mir vom Ackerboden ... Und der Herr machte dem Kain ein Zeichen, damit ihn keiner erschlage, der ihn findet.“
>
> *Genesis 4:2–16, Lamsa*

Warum nahm Gott Abels Opfergabe an und wies Kains Ackerfrüchte zurück? Wenn Adam und Eva das erste Paar der Menschheit waren, vor wem fürchtete sich Kain dann? Welche Bedeutung verbirgt sich hinter dieser Geschichte?

Diese kurze Erzählung gehört zu einem typischen Sagengenre des Nahen Ostens. Wir dürfen sie nicht als ein historisches Ereignis auffassen. Sie ist einer der vielen meisterhaft erzählten biblischen Texte, die von Begehren, Neid, Rivalität und Gewalt handeln. In der heiligen Tradition des alten Israels diente die Erzählung als Gründungsereignis. Opferkult, sein Vollzug und Brudermord sind grundlegende religiöse Themen.

Bisher wurden keine direkten Parallelen zu Genesis 4:2–16 gefunden. Das heißt jedoch nicht, daß es keine der israelitischen Erzählung ähnlichen Sagen gab. Es gibt eine alte persische Geschichte über drei Brüder, die ihren Weg in die Welt gehen. Der Vater der drei Jungen bevorzugt den Jüngsten, und das erweckt in den beiden älteren Neid. Schließlich ermorden die älteren Brüder ihren jüngeren Bruder. Auch ägyptische und phönizische Mythen erzählen Zwei-Brüder-Geschichten. Der Unterschied ist: Der biblische Text stellt sich, im Gegensatz zu anderen Göttermythen und „Zivilisationssagen", auf die Seite des Opfers.

Diese Sage ist ein kurzes Epos, das den Beginn der Zivilisation beschreibt. Es ist ein alter religiöser Kommentar zu einem grundlegenden menschlichen Problem: Gewalt.

> „Nach vielen Tagen geschah es nun, daß Kain *Yahwe* [*mariyah*] von den Früchten des Feldes eine Gabe brachte. Und ebenso tat auch Abel [*havel*], er brachte eine Erstgeburt seiner Herde, das fetteste Tier. Und *Yahwe* freute sich über Abel und seine Gabe, über Kains Gabe aber freute er sich nicht. Daher war Kain äußerst verstimmt, und seine Erscheinung war düster."
>
> *Genesis 4:3–5, Errico*

Dem Text nach bevorzugt Yahwe (der Herr) die Gabe Abels. Warum lehnte der Herr das eine Opfer ab und nahm das andere an? Der Verfasser der Tora verschweigt den Grund.

Jahrhundertelang stellten Exegeten der Bibel Vermutungen darüber an, warum Gott Kains Gabe ablehnte. Niemand weiß es wirklich. Offensichtlich enthielt diese Geschichte mehr Einzelheiten, bevor sie Teil der Genesis wurde. Der Verfasser der Tora verdichtete absichtlich die Erzählung.

Was wir aus diesem Teil der Erzählung lernen können, ist: Der Verfasser läßt Gott eine Rolle spielen. Es mag oder mag auch nicht eine Rechtfertigung für Yahwehs Bevorzugung geben. Entscheidend ist, seine Wahl erweckte in Kain Neid, Rivalität und das Gefühl, abgelehnt worden zu sein. Ein Gefühl, ungleich behandelt worden zu sein, setzt in Kains Leben eine Zäsur: Nun hat Kain eine Wahl. Wie wird er sich verhalten? Wird er seinen Bruder durch eine Gewalttat beseitigen? Oder wird er einen anderen Weg finden?

Wir Menschen werden in unserem Leben häufig mit ungleicher Behandlung konfrontiert und müssen Entscheidungen treffen. Werden wir aufgebracht Gewalt anwenden, oder werden wir in uns eine Kraft entdecken, die sich über Neid, Rivalität und Vergeltung erhebt? Wir wissen, was Kain zustieß – die scheinbare Geschichte der Zivilisation. Lesen wir weiter:

> „Und Kain sprach zu *Yahweh*: Mein Verbrechen ist zu groß, um vergeben zu werden. Siehe, du hast mich an diesem Tag vom Angesicht des Ackers vertrieben; und vor Deiner Gegenwart muß ich mich verbergen; und ich werde über die Erde ziehen und von hier nach dort wandern. Nun wird es geschehen, daß mich jeder, der mich findet, töten wird. ... und *Yahwe* machte Kain ein Mal [Zeichen], damit nicht jeder, der ihn findet, ihn erschlägt."
>
> *Genesis 4:13–14, Errico*

Vor wem fürchtete sich Kain? Und wo fand Kain eine Frau? Gewöhnlich werden diese beiden Fragen gestellt. Wir dürfen nicht vergessen, daß diese Erzählung ein prähistorische Begebenheit schildert. Sie übermittelt eine heilige Geschichtslektion, keine historische Tatsache. Sie richtet sich gegen Gewalt und Blutrache. Der Verfasser der Tora beschreibt keine historischen Personen namens Kain und Abel. Die oben genannten Fragen verfehlen das Anliegen der Geschichte.

Das Kainsmal

Noch bis in die jüngste Zeit hinein versahen in semitischen Ländern Gesetzeshüter Mörder mit einem Brandzeichen, so wie man

Tiere mit einem Brandmal kennzeichnet. Dieses Mal gab Zeugnis, daß der Kriminelle die rechte Strafe für sein Vergehen erhalten hatte. Noch heute werden in einigen moslemischen Ländern Räuber und Kriminelle für ihre Verbrechen bestraft, indem ihnen Nase, Beine, Hände oder Arme abgeschnitten werden.

Kain war sich bewußt, daß er das Land Eden verlassen und zu einem Wanderer werden mußte. Mit seiner Verurteilung, Vagabund zu sein, brauchte er Schutz. Flieht im Nahen Osten ein Mensch aus seinem Land und sucht bei einem fremden Volk Zuflucht, möchte jeder den Grund wissen, denn jeder, der seine Verwandten, Traditionen und Religion verläßt, ist verdächtig. Man hält ihn für einen Gesetzlosen und der ist unerwünscht. Kain wollte Gottes Zusicherung, daß Fremde ihn nicht töten würden.

Kain wurde aus dem Land Eden verbannt, und sein Mal war der Beweis (das Zeichen), daß er seine Strafe erhalten hatte. Exil kam in der antiken Welt einem Todesurteil gleich.

Gott versicherte Kain, daß jedem, der ihn erschlüge, die siebenfache Bestrafung zustoßen würde. „Sieben" ist eine heilige Zahl, und Menschen des Nahen Ostens konnten ihre Bedeutung der Geschichte Kains .

GEBURTENKONTROLLE

> „Da sagte Juda zu Onan: Geh mit der Frau deines Bruders die Schwagerehe ein, und verschaff deinem Bruder Nachkommen! Onan wußte also, daß die Nachkommen nicht ihm gehören würden. Sooft er zur Frau seines Bruders ging, ließ er den Samen zur Erde fallen und verderben, um seinem Bruder Nachkommen vorzuenthalten. Was er tat, mißfiel dem Herrn, und so ließ er auch ihn sterben."
>
> *Genesis 38:8–10, EÜ*

Seit frühester Zeit waren Semiten davon überzeugt, daß die Kontinuität des Lebens in Nachkommen besteht. Sie glaubten auch, daß ein Mann, der ohne einen Sohn stirbt, seine Unsterblichkeit verliert. Deshalb schrieb der Brauch nahöstlichen Familien vor, daß, wenn ein verheirateter Bruder ohne Nachfolger stirbt, einer seiner Brüder die verwitwete Schwägerin heiraten muß. Er muß dem Verstorbenen einen Erben zeugen.

Onan war nicht gewillt, einen Erben für seinen verstorbenen Bruder aufzuziehen. Ihm war klar, dieser Erbe könnte sein Rivale werden, wie es meist im Nahen Osten geschieht. Aus diesem Grund praktizierte Onan diese Form von Geburtenkontrolle.

Heutzutage wissen wir, daß der Fortbestand des Lebens nicht in den Nachkommen eines Einzelnen, sondern im Überleben eines Volkes liegt. Tausende von Menschen opferten ihr Leben für ihren Glauben, ihr Volk und ihr Land, ohne Erben zu hinterlassen. Märtyrer und Heilige starben, damit andere leben konnten. Mit Sicherheit sind diese Menschen nicht vom „Baum des Lebens" abgeschnitten, nur weil sie keine Nachkommen hinterließen. Nicht alle Äste eines Baumes tragen Früchte, aber alle Äste tragen zur Ernährung der Früchte bei. Ebenso verhält es sich mit der Menschheitsfamilie.

Da die Hebräer alles auf Gott zurückführten, glaubten sie, Gott habe Onan für seinen Ungehorsam getötet. Typischerweise interpretieren nahöstliche Menschen Onans Tod als Mißfallen Gottes und als göttliche Strafe für seine Weigerung, seinem Bruder einen Erben großzuziehen.

Im Westen hingegen wurde Onan zum „Stammvater" der Selbstbefriedigung. Im Jahr 1710 schuf der englische Arzt Becker aus dem Namen Onan das Kunstwort „onanism" (Onanie), das Eingang in die Fach- und Umgangsprache fand. Onans Samenerguß auf die Erde wurde nicht als Verweigerung, sondern (bereits Jahrzehnte vor Becker) als Selbstbefriedigung und sein Tod von der Kirche deshalb als Strafe Gottes für Selbstbefriedigung interpretiert. Wie man sich am Fortgang der Geschichte überzeugen kann, hat diese Episode jedoch nichts mit Selbstbefriedigung zu tun.

UND GOTT ERINNERTE SICH

> „Und Gott erhörte ihr Wehklagen und gedachte seines Bundes mit Abraham, Isaak und Jakob. Und Gott sah auf die Israeliten und nahm sich ihrer an."
>
> *Exodus 2:24–25, LB*

Im letzten Satz von Vers 25 heißt es in der Lutherbibel: „Und Gott sah auf die Israeliten und nahm sich ihrer an." Der aramäische und hebräische Text unterscheidet sich jedoch von dieser Übersetzung: „Und Gott sah die Söhne Israels, und Gott *wußte*."

Der semitische Ausdruck *ydaa* bedeutet „wissen", „bemerken", „erkennen", „direkt wahrnehmen", „durch die Sinne oder den Verstand sofort begreifen". Gott hörte Israels Schreie der Unterdrückung, und er erinnerte sich an die Abmachung, die er mit Israels Vorfahren getroffen hatte. Der Verfasser teilt uns mit, daß Gott auf Israel schaute und augenblicklich die entsetzliche Situation verstand.

„Und Gott erinnerte sich" ist für Menschen des Nahen Ostens ein wichtiger Ausdruck, voll tiefer Bedeutung, der in ihren Herzen einen tiefen Widerhall erzeugt. Im täglichen Leben der Menschen und in ihrer Literatur ist „das Erinnern", wie man im Nahen Osten sagt, sehr wichtig. Es unterstreicht den höchst sensiblen Geist ihrer Poesie.

Sätze wie „und ich erinnere mich", „erinnere dich an mich", „deine Erinnerung" und „die Erinnerung an jene Tage" sind nur einige der vielen ähnlich lautenden Wendungen, die Semiten verwenden. Wiederholt erscheint in der Bibel die Redewendung „und Gott erinnerte sich". Wir dürfen diesen Satz nicht wörtlich nehmen. Er ist eine poetische Umschreibung, eine Stilisierung nahöstlichen Stils.[11] Weder erinnert sich Gott, noch vergißt er.

Der Verfasser des Buches Exodus betonte, daß Gott sein Volk Israel, als es in Ägypten war, nicht vergessen hatte. Gott war immer

---

[11] Siehe Gen 8:1, 19:29 und 30:22

mit Israel. Joseph hatte er so hoch in ein Amt erhoben, daß er gleich nach dem König kam.

Yahwe hatte das Volk sich überaus zahlreich vermehren lassen, ihre Herden gesegnet und ihr Vermögen vervielfacht. Nun war es für Israel an der Zeit, sich an den Bund mit Abraham, Isaak und Jakob zu erinnern. Israel hatte eine geistlichen Mission: Es sollte das Licht Gottes tragen.

Gott hatte, so erzählt es die Genesis, ihre Vorfahren von Anfang an dazu berufen, aus Chaldäa zu ziehen, um in Palästina zu wohnen. Das Bündnis, das Gott mit den Patriarchen schloß, mußte erfüllt werden. Der einzige Weg, dieses Versprechen zu erfüllen, war, Israel in das Land zurückzubringen, in dem seine Väter lebten und starben. Zu jener Zeit verabscheuten die Israeliten das Leben in der Stadt, bürgerliche Verordnungen und Zwangsarbeit. Sie waren bereit, nach Palästina zurückzukehren.

GOTT BEREUT

> „Da geschah des HERRN Wort zu Samuel: Es reut mich,
> daß ich Saul zum König gemacht habe; denn er hat sich von
> mir abgewandt und meine Befehle nicht erfüllt. Darüber
> wurde Samuel zornig und schrie zu dem HERRN die ganze
> Nacht."
>
> *1. Samuel 15:10–11, LB*

Nahöstliche Schriftsteller beschreiben Gott meist als menschliches Wesen, als männliche Gottheit. Sie stellen ihn oft in Gewändern dar, mit Bart, in den Wolken stehend, mit denen er wie auf Streitwagen dahinzieht. Manchmal schreiben sie ihm sogar menschliche Gefühle wie Trauer oder Freude zu. All diese Eigenschaften sind Kopien menschlicher Charakterzüge. Jesus sagte: „Gott ist Geist." Geist ist unberührbar und körperlos. Die Heilige Schrift sagt ganz klar, daß niemand Gott je gesehen hat.[12] Und gerade

---

[12] Siehe Joh 1:18

er in physischer Form mit menschlichen Gefühlen dar.

Es war Samuel, der bereute, Saul zum König von Israel gesalbt zu haben. Weil die Amalekiter Jahrhunderte zuvor sein Volk überfallen hatten, suchte Samuel Vergeltung.[13] Im Buch Deuteronomium hatte Moses Israel die Anweisung gegeben, es solle sich immer daran erinnern, was Amalek ihm angetan hatte, als es aus Ägypten geflohen war. In allen Einzelheiten erinnerte er sie daran, wie Amalek ihnen mit dem Schwert entgegengetreten war und alle Nachzügler getötet hatte. Amalek hatte sie vernichtet, als sie von der Wanderung geschwächt und durch die Wüste ausgezehrt waren. Amalek war ein Feind, den man nie vergessen durfte.[14]

Samuel hatte Saul die strikte Anweisung erteilt, jeden Amalekiter zu töten. Diese Anweisung hatte Saul aber nicht befolgt. Als Bibelleser dürfen wir nicht vergessen, daß Samuel in einer Zeit lebte, in der „Auge um Auge und Zahn um Zahn" als Gesetz des Landes galt. So war es nur natürlich, daß das, was die Amalekiter Israel angetan hatten, die Hebräer auch den Amalekitern antun mußten. So war die Logik jener Zeit.

Weder bereut Gott, noch bedauert er. Ich wiederhole, die biblischen Verfasser stellen oft Gott als Menschen dar, der bereut, bedauert und sich sogar anders besinnt.

EINEM FÜRSTEN HULDIGEN

> „Da gab Jonathan seine Waffen dem Knaben, den er bei sich hatte, und sprach zu ihm: Geh und trage sie in die Stadt. Und als der Knabe weggegangen war, stand David auf hinter dem Steinhaufen und fiel auf sein Antlitz zur Erde und beugte sich dreimal nieder, und sie küßten einander und weinten miteinander, David aber am allermeisten."
>
> *1. Samuel 20:40–41, LB*

[13] Siehe Ex 17: 8–14
[14] Siehe Dtn 25:17–19

203

Nahöstlicher Sitte entsprechend verneigten sich Vertreter der Regierung und Adlige, um einen königlichen Fürsten oder einen König zu begrüßen. Manchmal küßten sie die Schuhe, Knie und die Hand des Monarchen. Dieser Brauch hat sich in den nahöstlichen Ländern, die noch nach den alten Bräuchen leben und von einem König regiert werden, bis auf den heutigen Tag erhalten.

Zur damaligen Zeit wurden Könige und Fürsten als Gottheiten angesehen. Oft betete das Volk seinen König an. Als David Jonathan sah, warf er sich mit dem Gesicht zur Erde nieder und brachte so seine Ehrerbietung dar. Schließlich war Jonathan der Kronprinz und Erbe des Thrones von Israel.

Sich zu küssen war unter nahöstlichen Männern eine übliche Sitte, ein Brauch, an dem auch heute noch liebevoll festgehalten und der respektvoll ausgeübt wird. So küssen sich beispielsweise zwei befreundete und gesellschaftlich gleichgestellte nahöstliche Männer auf beide Wangen, und das manchmal durchaus geräuschvoll.

David war Jonathans Schwager. Sie wußten, daß sie sich nie wieder begegnen würden. So war es nur natürlich, daß sie sich in typisch nahöstlicher Gefühlsregung und Lebensart küßten und weinten. Interessanterweise sagt der aramäische Text, daß David mehr weinte als Jonathan.

DIE BEREITSCHAFT, SEIN LEBEN ZU VERLIEREN

„Weh ist mir um dich, mein Bruder Jonatan. Du warst mir sehr lieb. Wunderbarer war deine Liebe für mich als die Liebe der Frauen."

2. Samuel 1:26, EÜ

Als David um seinen Schwager Jonathan trauerte, schüttete er in einem Lied sein Herz aus. Jonathan hatte Davids Leben vor seinem Vater, König Saul, gerettet. Seine Liebe zu David war so groß, daß er den Zorn seines Vaters, möglicherweise Exil und sogar den Tod riskierte. Saul war über seinen Sohn sehr verärgert, da er wußte, daß Jonathan David geholfen hatte. Bei vielen Anlässen wies der König seinen Sohn scharf zurecht.

Im Aramäischen bedeutet das Wort „Liebe" eine warmherzige, fürsorgliche und geistige Liebe und nicht eine sexuelle Beziehung. In der heiligen Schrift wird es verwendet, um auf die Liebe zu den Feinden, zum Herrscher, zum eigenen Land und auch auf die Liebe zu Gott hinzuweisen.

Im Nahen Osten sprechen sich Männer mit „mein Geliebter" an. Der Apostel Paulus verwendete diese Anrede in seinen Briefen. Auch Jesus sagte: „Ein neues Gebot gebe ich euch: Liebt einander! Wie ich euch geliebt habe, so sollt auch ihr einander lieben."[15] Reine Liebe ist die bindende Kraft, die die Menschheit zusammenhält.

Der Satz: „Deine Liebe war wunderbarer für mich als die Liebe der Frauen" bedeutet, daß Jonathans Liebe unvergleichlich war. David spricht von geistiger Liebe. Jonathan war bereit, für seinen Schwager zu sterben. Auch Jesus sagt zu diesem Thema: „Es gibt keine größere Liebe, als wenn einer sein Leben für seine Freunde hingibt."[16]

DER BART UND DIE SCHANDE

> „Da nahm Hanun die Gesandten Davids und ließ ihnen den Bart halb abscheren und die Kleider halb abschneiden bis unter den Gürtel und ließ sie gehen."
>
> *2. Samuel 10:4, LB*

Es ist sehr schwierig, westlichen Menschen zu vermitteln, welche Beziehung nahöstliche Männer zu ihren Bärten haben. Bei den Hebräern war es ein alter, heiliger Glaube, daß die Stärke eines Mannes in seinem Haar liegt. Sie glaubten, das Haar enthalte Leben. Samson glaubte, seine Stärke sei sein Haar. Sein Haar hielt

---

[15] Joh 13:34, EÜ

[16] Joh 15:13, EÜ

die Erinnerung an die Verheißungen wach, die Gott Samsons Mutter und Vater offenbart hatte.

Samson folgte dem Gelübde der Nasiräer.[17] Kein Rasiermesser durfte seinen Kopf berühren. Wenn unter Semiten einer eine unfreundliche oder unkluge Bemerkung zum Schnurrbart oder Bart eines anderen macht oder es wagt, den Bart eines anderen Vaters zu verfluchen, so gerät er in große Schwierigkeiten. Er könnte wegen einer solchen Bemerkung sein Leben verlieren.

Nahöstliche Männer lieben es, bei ihrem Bart zu schwören. In bezug auf ihre Bärte gibt es eine Menge Körpersprache. Streicht sich ein Orientale beispielsweise den Bart, während man spricht, so bedeutet das, er glaubt nicht, was man sagt. Hält er sich den Bart, während man spricht oder lehrt, bedeutet das, er schenkt dem, was man sagt oder lehrt, Glauben.

Die Behörden einer Stadt rasieren zum Beispiel einem in Ungnade gefallenen Adligen oder einem Priester, dem sein Amt entzogen wurde, den Bart zur Hälfte ab. Auch Frauen scheren sie wegen unmoralischer Vergehen das Haar. Die Frauen zerreißen dann ihre Kleider als Zeichen der Trauer über die begangene Tat.

Jeder, der diese Männer und Frauen sieht, erkennt an dem zur Hälfte abrasierten Bart oder dem geschorenen Kopf (kurzes Haar), daß sie ihre Strafe erhalten haben.[18]

Für Semiten hat der Bart eine so große Bedeutung, daß sie manchmal beim Bart eines Propheten, Heiligen oder Königs schwören. Manche Muslime glauben, daß Barthaare ihres heiligen Propheten Mohammed erhalten sind. Solche Reliquien sind von unschätzbarem Wert. Pilger aus der ganzen Welt kommen, um heilige Orte aufzusuchen, die solche Reliquien bewahren.

Dem Ammoniterkönig war die Sympathie, die David beim Tod seines Vaters bekundete, verdächtig. Es war für Feinde eines Königreiches nicht unüblich, eine solche Gelegenheit auszunutzen und eine Stadt auszukundschaften. Wird ein König betrauert, dann

---

[17] Siehe das Glossar

[18] Siehe 1 Kor 11:5

sind Fürsten und Adelige in Wehklagen über den Verstorbenen versunken; deshalb können sich Späher, die vorgeben zu trauern, allgemein frei in der Stadt bewegen.

Innerhalb dieser Zeit kundschaften sie die Befestigungsanlagen der Stadt sowie ihre Ein- und Ausgänge aus. Verteidigungsanlagen, Wasserquellen und Brunnen werden geheimgehalten, damit die Stadt während einer Belagerung nicht von ihrer Wasserversorgung abgeschnitten werden kann. Erobert der Feind die Wasserquellen, muß die Stadt sich ergeben.

David wollte seine Ehre rächen, als er hörte, daß der König von Ammon Schande über seine Botschafter gebracht hatte. Er befahl seinen Männern, so lange in Jericho zu bleiben, bis ihre Bärte nachgewachsen waren. In den Ländern des Nahen Ostens ist der Bart eines Mannes das Symbol seiner Würde, Ehre, Männlichkeit und Reife. Wären die Botschafter mit halb abrasierten Bärten nach Jerusalem zurückgekehrt, wären sie zur Zielscheibe des Spotts geworden.

DER HERR SCHLUG DAS KIND

> „Und Nathan ging heim. Und der HERR schlug das Kind,
> das Urias Frau David geboren hatte, so daß es todkrank wurde."
>
> *2. Samuel 12:15, LB*

In biblischen Tagen dachten die Menschen, Gesundheit, Tod, Krankheiten und Unglück seien Maßnahmen Gottes. Wenn Menschen etwas Unrechtes taten und Unglück über sie kam, glaubten sie, Gott habe das Unheil als Strafe über sie gebracht. Hatten andere wiederum Erfolg, so verdankten sie diesen Wohlstand ebenfalls Gott. Daraus folgerten sie, daß nichts ohne Gottes Wissen und Zustimmung geschehe.

Zu jener Zeit steckte die Religion noch in den Kinderschuhen. Kenntnis von Gott war nur einigen wenigen vorbehalten. Den Menschen war nicht bewußt, daß die meisten Dinge, die ihnen widerfuhren, Folgen ihrer eigenen Taten waren.

Gott macht zwischen seinen Kindern keine Unterschiede. Es ist die Menschheit, die Gott zuschreibt, Unterschiede zu machen. Zum Beispiel heißt es in der Bibel, *Yahweh* schlug das erste Kind Davids und Batsebas mit Krankheit. Doch beim zweiten Kind handelte *Yahweh* völlig entgegengesetzt. Er liebte es und gab ihm sogar einen Kosenamen.[19] So entsprach es dem Glauben der Menschen zu jener Zeit. Jesus aber lehrte, Gott ist Liebe, und wir wissen, *Liebe* ist nicht Urheberin von Leiden oder Krankheit.

POLYGAMIE

> „König Salomo liebte neben der Tochter des Pharao noch viele andere ausländische Frauen: Moabiterinnen, Ammoniterinnen, Edomiterinnen, Sidonierinnen, Hetiterinnen. Es waren Frauen aus den Völkern, von denen der Herr den Israeliten gesagt hatte: Ihr dürft nicht zu ihnen gehen, und sie dürfen nicht zu euch kommen; denn sie würden euer Herz ihren Göttern zuwenden. An diesen hing Salomo mit Liebe. Er hatte siebenhundert fürstliche Frauen und dreihundert Nebenfrauen. Sie machten sein Herz abtrünnig."
>
> *1. Könige 11:1–3, EÜ*

Im Nahen und Mittleren Osten, wie auch in vielen anderen Ländern war seit undenklichen Zeiten Polygamie vorherrschend. Die ständigen Kriege hatten zu einem Ungleichgewicht zwischen der männlichen und der weiblichen Bevölkerung geführt. Männer lebten nicht nur polygam, um die Bevölkerungszahl aufrechtzuerhalten, sondern auch aus ökonomischen und politischen Gründen. Hochzeiten waren in jenen Tagen Teil politischer Bündnisse. Deswegen heiratete Salomo siebenhundert Frauen und schloß Bündnisse mit Königen, Fürsten und anderen mächtigen Führern.

Ein weiteres Beispiel ist der König von Tyrus, der mit König Ahab ein Bündnis einging, indem er ihm seine Tochter Isebel zur

[19] Siehe 2 Sam 12:24–25

Frau gab. Mit König Salomo schloß auch der Pharao Bündnisse. Eine Hochzeit besiegelte die Abmachung. König Salomo wurde Schwiegersohn all der Herrscher, mit denen er Verträge abschloß. Aus diesem Grund herrschte während seiner Regierungszeit Frieden.

Dennoch, Salomos Ehen mit ausländischen Frauen standen im Widerspruch zum mosaischen Gesetz. Diese Frauen stahlen Salomos Herz und verleiteten ihn, ihre Götter anzubeten. Sie trugen zum Niedergang seines Königreiches bei.

Salomo hatte beträchtliche Weisheit und Erfahrung erworben, Streit zwischen seinen Frauen zu schlichten. Der Beweis ist die Geschichte von Salomos klugem Urteil, als zwei Frauen ihn um Rechtsprechung ersuchten.[20]

DER MANTEL

„Als Elija von dort weggegangen war, traf er Elischa, den Sohn Schafats. Er war gerade mit zwölf Gespannen am Pflügen, und er selbst pflügte mit dem zwölften. Im Vorbeigehen warf Elija seinen Mantel über ihn.

Sogleich verließ Elischa die Rinder, eilte Elija nach und bat ihn: Laß mich noch meinem Vater und meiner Mutter den Abschiedskuß geben; dann werde ich dir folgen. Elija antwortete: Geh, aber komm dann zurück! Bedenke, was ich an dir getan habe.

Elischa ging von ihm weg, nahm seine zwei Rinder und schlachtete sie. Mit dem Joch der Rinder kochte er das Fleisch und setzte es den Leuten zum Essen vor. Dann stand er auf, folgte Elija und trat in seinen Dienst."

1. Könige 19:19–21, EÜ

Offensichtlich wurde Elija alt und benötigte einen Nachfolger. Sein Ringen mit den Propheten Baals, dem König und der Kö-

---

[20] Siehe 1 Kön 3:16–28

nigin von Israel hatten seine Kraft aufgezehrt. Zudem trachtete ihm die listige Königin Isebel beständig nach dem Leben.

Als der Prophet vom Berg Horeb heimkehrte, kam er durch ein großes Feld, auf dem ein Mann hinter zwölf Jochen pflügte. Der Pflüger war Elischa. Als Elija Elischa sah, sagte ihm im gleichen Augenblick der Geist des Herrn – also eine innere Stimme – Elischa sei sein Nachfolger. Sofort zog er seinen Mantel aus und warf ihn über Elischa, was bedeutete, Elischa sollte das Prophetenamt Elijas erben. Die Kämpfe Elijas sollten nun die Kämpfe Elischas werden.

Die Menschen fürchteten und achteten die Propheten mehr als ihre Könige. Elischa war über die Aussicht, Prophet zu werden, überglücklich. Er nahm seine Berufung an, indem er sofort seine Ochsen opferte, ihr Fleisch kochte und als Dankopfer an die Menschen verteilte.

Die prompte Zusage Elischas zur Berufung zum Propheten überraschte Elija. Für einen kurzen Moment dachte er, Elischa könnte vielleicht seine Meinung ändern, deshalb stellte er ihn auf die Probe, indem er zu ihm sagte: „Geh wieder zurück; denn was habe ich dir getan?"[21] Doch Elischa zeigte seine Entschlossenheit, indem er dem Propheten folgte. Er diente Elija treu und lernte von ihm bis zu dem Tag, von dem an er ständig seines Meisters Mantel trug.

POETISCHE METAPHERN

> „Denn ihr sollt in Freuden ausziehen und im Frieden geleitet werden. Berge und Hügel sollen vor euch her frohlocken mit Jauchzen und alle Bäume auf dem Felde in die Hände klatschen. Es sollen Zypressen statt Dornen wachsen und Myrten statt Nesseln. Und dem HERRN soll es zum Ruhm geschehen und zum ewigen Zeichen, das nicht vergehen wird."
>
> *Jesaja 55:12–13, LB*

[21] Übersetzung von Lamsa

Jesaja bezieht sich auf das, was von Israel übriggeblieben war. Dieser Rest sollte im Frieden in sein Heimatland zurückkehren und nicht wie seine Vorfahren, die Ägypten in Angst verließen. Nichtjüdische Völker, unter denen die übriggebliebenen Israeliten lebten, würden ihnen zu Hilfe kommen, und auch die Natur würde an Israels glorreicher Rückkehr teilhaben. Die Bäume freuten sich und klatschten in die Hände. Mit anderen Worten, Israel sollte gepriesen werden.

„Statt der Dornen sollen Zypressen wachsen" bedeutet, Israel wird statt Schwierigkeiten Segnungen und Harmonie erleben. „Statt Nesseln sollen Myrten wachsen" heißt, andere Völker werden Israel nicht länger quälen. Andere Gemeinwesen werden sie offen empfangen, und die Israeliten werden große Freude haben. Die Heiden werden Gottes Namen preisen für seine Treue, die Juden nach Hause zurückgeführt zu haben.

Jesaja verwendet poetische, bildhafte Redeweise, die für Menschen des Nahen Ostens klar verständlich ist, denn sie nehmen sie nicht wörtlich. Sie wissen, daß klatschende Bäume und Felder sowie jubelnde Berge und Hügel bedeuten, die Natur hat teil an der Freude der Menschheitsfamilie.

ABSCHLIESSENDE BEMERKUNG

Ist man mit den sieben Schlüsseln vertraut, die die biblischen Texte zu erschließen helfen, wird die Heilige Schrift durchsichtiger und verständlicher. Die vorausgegangenen Kommentare behandeln nur ein paar Textstellen der hebräischen Bibel (des Alten Testaments). Doch es gibt mehr zu wissen und zu erkennen. Nun sind wir soweit, im Licht der sieben Schlüssel einen Blick auf das Neue Testament zu werfen.

DIE SIEBEN SCHLÜSSEL:
DAS NEUE TESTAMENT

HIMMEL

Wo und was ist Himmel? Ist Himmel ein Ort für das Leben nach dem Tod? Wieder wenden wir uns der aramäischen Sprache zu, um Klarheit zu gewinnen. *schmeja* ist der aramäische Ausdruck für „Himmel". Die Bedeutung dieses zusammengesetzten Nomens ist von *schem*, „Name", und *yah*, „Yahweh", abgeleitet. In seiner Wurzel bedeutet „Himmel" also „der Name Gottes [*Yah*]".

Die alten Weisen und Propheten erzählen poetisch und metaphorisch, Gott bewohne die Himmel. Sie teilen auch mit, daß die Himmel Gottes Ruhm und wunderbare Werke verkünden. Der Psalmist sagt: „Die Himmel singen die Lieder Gottes, und das Firmament offenbart die Werke seiner Hand."[1]

Nahöstliche Mythen lehren, daß die Götter an hochgelegenen Orten und in den Himmeln lebten. Die Menschen bauten Schreine und Tempel auf hohen Hügeln und Bergen, weil sie glaubten, dort leichter mit den Göttern in Berührung zu kommen als im Flachland.[2] Gleichwohl wußten viele hebräische Propheten und auch Jesus, daß Gott überall ist. „Wenn du betest, dann

---

[1] Ps 19:1, Errico

[2] Manche biblische Poeten und Verfasser erzählen, die Wolken seien Gottes Streitwagen.

bete in dieser Weise: Unser Vater, der im Himmel ist", lehrte Jesus. „Himmel" bedeutet hier „Universum" oder als natürliche Folge „überall". Jesus sagte auch, Gott ist Geist – das bedeutet: überall.

Auf dem Areopag verkündete Paulus den Männern von Athen: „Denn Gott, der die Welt gemacht hat und alle Dinge, die darin sind, und der der Herr des Himmels und der Erde ist, lebt nicht in Tempeln, von Menschenhand geschaffen ... *Denn in ihm leben wir und bewegen wir uns und haben unser Dasein, wie manche eurer weisen Männer sagten,* denn ihm sind wir verwandt."[3] Paulus' Worte sind der Schlüssel, die Bedeutung von „Himmel" zu verstehen.

In der Bibel wird der Ausdruck „Himmel" als Metapher verwendet, um die Vorstellung von Frieden, Ordnung und Harmonie auszudrücken. Die Gelehrten der Antike beobachteten beim Studium des Himmels die Ordnung und Harmonie der Planeten. Die Propheten versuchten zu zeigen, daß die Menschheit wie die Himmelskörper funktionieren könnte, das heißt, daß die Menschheitsfamilie zu harmonischer Handlungsweise und geordnetem Verhalten fähig ist – zum Wohle aller.

In Zeiten des Friedens, des Wohlstandes und der Ruhe sagen Menschen des Nahen Ostens häufig: „Wir sind im Himmel." Bildlich gesprochen bedeutet „Himmel" auch ein erweitertes Bewußtsein, in dem Gedanken des Mangels und der Furcht verschwinden. „Himmel" ist also auch ein Seinszustand und nicht nur ein bestimmter Ort. Geographisch gesehen sind wir schon jetzt im Himmel. Der Planet Erde befindet sich in einem unermeßlich weiten Kosmos. Tatsächlich gibt es niemanden, der uns ehrlich sagen kann, wo genau sich die Erde befindet. Wir sind irgendwo in einem gewaltigen Universum von Galaxien, das keinen Anfangspunkt hat, von dem aus man messen könnte. Wissenschaftler haben zwar viele Theorien, doch gibt es kein gesichertes Wissen, wie es mit uns begann. Und ebensowenig wissen wir, auf welche Weise oder ob die Erde einmal enden wird. Alles, was wir wissen, ist, daß wir uns irgendwo im All befinden.[4]

---

[3] Apg 17:24–28, Errico

[4] Siehe „Wo sind wir?" im Anhang auf Seite 259 f.

In seinen Reden wies Jesus häufig auf das „Himmelreich" hin und erklärte es anhand von Gleichnissen. Der besondere „Himmelsstaat" ist ein universales Reich, in dem Jesus als Messias durch seine Lehren und Gebote regiert. Seine universale Herrschaft wird, sobald sie in Kraft getreten ist, endlich Menschen aller Rassen, Hautfarben und Religionen einschließen. Mit anderen Worten, es wird Frieden und Harmonie herrschen – und damit der „Himmel" auf Erden.

Probleme und Herausforderungen werden im messianischen Reich ohne Kriege und Kämpfe gelöst werden. In den gewandelten Herzen und Köpfen der Völker wird uneingeschränkt Liebe herrschen. So läßt „Himmelreich" auch auf die Überlegenheit von Liebe in der Menschheit schließen.

LICHT

Nuchra ist das aramäische Wort für „Licht", „Erleuchtung" und „Verständnis". In vielen Bibelstellen symbolisiert „Licht" das Wort Gottes. Es bedeutet auch „eine wahre Lehre". Darum sagt der Psalmist: „Dein Wort ist meines Fußes Leuchte und ein Licht auf meinem Wege."[5]

Im ersten Kapitel des Buches Genesis gibt der Verfasser in bezug auf Licht einen wissenschaftlichen Einblick in die Schöpfung. Dort heißt es: „Dann rief Gott aus: Es werde Licht! Und es ward Licht. Nun sah Gott das Licht, daß es schön war."[6] Das Licht war der erste Schöpfungsakt.

> „Die moderne Kosmologie stellte fest, daß der urzeitliche Feuerball der Anfang des Universums war. Dieser Feuerball erschien ganz plötzlich. Alle existierende Materie und Energie ist ein direktes Ergebnis dieser Erscheinung von ‚Licht', das heißt dem urzeitlichen Feuerball."[7]

[5] Ps 119:105, LB

[6] Gen 1:3, Errico

[7] Errico, *The Mysteries of Creation, The Genesis Story*, „Modern Science,", S. 93

Die biblischen Verfasser glaubten wie wir, daß alles aus Licht hervorkommt. Moderne Physiker erklären, Materie sei nichts anderes als Licht oder Energie, die von Schwerkraft eingefangen ist. Und genau dieses Licht ist die Quelle unserer physischen Existenz.

Jesus sprach von sich selbst als vom „Licht der Welt", eine Äußerung, die zu verstehen gab, daß seine Lehre wie die große Lichtquelle der Erde, die Sonne, ist. Und so, gerade wie die Sonne Licht und Leben über unseren Planeten ausgießt, so „gießt" die Lehre Jesu Leben und Erleuchtung über die Menschen aus – überall. Den Ausspruch Jesu „Ich bin das Licht der Welt" kann man auch so wiedergeben: „Meine Lehre erleuchtet die Welt der Menschheit." Ist Licht vorhanden, sehen wir Menschen klar; und wo Licht ist, haben wir es nicht nötig zu schwanken.

Eine weitere kraftvolle Aussage Jesu ist: „Ihr seid das Licht der Welt." Wir haben die Verantwortung, Liebe, Gerechtigkeit, Mitgefühl und Güte als Lebensstil aufscheinen zu lassen, um die Welt um uns herum zu erleuchten. Das Licht der Wahrheit Gottes leuchtet immer, in jedem Jahrhundert und in allen Generationen. Es offenbart der Menschheitsfamilie eine glücklichere und gesündere Lebensweise. Wiederum sagte der Mann aus Galiläa: „Wer meiner Lehre folgt, wird nicht in der Finsternis [im Unwissen] wandeln, sondern wird das Licht des Lebens für sich selbst finden."[8]

Der Name Jesu

> „Und im sechsten Monat wurde der Engel Gabriel von Gott gesandt in eine Stadt in Galiläa, die heißt Nazareth ... Und der Engel sprach zu ihr: Fürchte dich nicht, Maria, du hast Gnade bei Gott gefunden. Siehe, du wirst schwanger werden und einen Sohn gebären, und du sollst ihm den Namen Jesus geben."
>
> *Lukas 1:26, 30–31, LB*

---

[8] Joh 8:12, Errico

Yeschoa oder *Yeschua* ist die nordgaliläisch-aramäische Form von
„Jesus". Dieser Name war in den biblischen Ländern des 1. Jahrhunderts häufig und weit verbreitet. Unsere Form des Namens
Jesus stammt von einer Kurzform des klassischen hebräisch-ara-
mäischen Namens *Yeschua*. Der Name *Yeschua* wiederum ist eine
Kurzform von „Joshua", dem Sohn Nuns, dem berühmten biblischen Helden.

Der Name *Jesus* bedeutet „Yahwe rettet", „Retter," „Erlöser."
Exegeten gehen davon aus, daß „Jesus" ursprünglich und präziser
„Yahwe hilft" bedeutete. Die vollständige hebräische Form des
Namens ist *Yehoshua*. In der Heiligen Schrift kommt der Name in
der gekürzten Form *Yeshua* vor. „Joshua" wurde häufig vor dem
babylonischen Exil gewählt, danach übernahmen die Juden die
Kurzform Yeschua.

Trotz dieser Veränderung starb der Name „Joshua" nicht völlig aus. Der Name „Jesus" war bei den Juden bis zum Beginn des
2. Jahrhunderts n. Chr. sehr populär. Dann hörten die Juden auf,
„Jesus" als Personennamen zu verwenden, und belebten die klassische Form „Joshua". So kam der Name Jesus seit dem 2. Jahrhundert n. Chr. im jüdischen Volk also eher selten vor.

Jesus erfüllte den Verfassern des Neuen Testaments zufolge viele
messianische Prophezeiungen. Aus diesem Grund erhielten Maria
und Joseph die Anweisung, ihren Sohn *Yeschua* zu nennen:
„Yahwe rettet" oder „Retter". Sein Auftrag war, sein Volk von
Sünden (Irrtümern) zu erretten.

„Dann wird sie einen Sohn gebären und du sollst ihn Jesus
nennen, wahrhaftig, er wird sein Volk von seinen Sünden wieder
zurück zum Leben führen."[9] Das Wort „Sünde" – auf Aramäisch
hata – bedeutet interessanterweise „das Ziel verfehlen". Und das
Wort „retten", *haiwej*, bedeutet „wiederbeleben", „wiederherstellen", „Leben spenden" und „wiederaufleben". Jesus sollte
durch sein Leben und seine Lehren die geistige Lebenskraft sei-

---

[9] Mt 1:21, Errico

nes Volkes wiederbeleben und wiederherstellen. Sie hatten „das Ziel verfehlt" und ihren Weg verloren. Jesus war nicht nur die Hoffnung für sein eigenes Volk, sondern für alle Völker, und deshalb sangen die Engel bei seiner Geburt: „Lob und Preis sei Gott in der Höhe, und auf der ganzen Erde Frieden und gute Hoffnung für die Menschheitsfamilie."[10]

„Christus" ist ein Titel und kein Eigenname. *Christos* ist die griechische Übersetzung des aramäischen *m'schieha*. *M'schieha*, „Messias", besitzt im Aramäischen drei Bedeutungen: „der Gesalbte", „der Ernannte", und „der Geweihte". Es kann auch „der Berufene" bedeuten, „einer, der das Licht Gottes trägt". Laut hebräischer Bibel wurden Könige, Priester und manchmal auch Propheten, wenn sie ihr Amt antraten, gesalbt.

Es ist hochinteressant, daß die biblischen Könige ebenfalls den Titel *m'schieha*, „Messias" bzw. „Christus", trugen. Sie waren Gesalbte oder Gechristete. Mit geweihtem Öl zu salben, das wie eine Salbe auf die Krone des Kopfes aufgetragen wurde, ist ein uralter Ritus. Das hebräische Wort für „salben" lautet *maschach*, daher der Titel „Messias" (der Gesalbte).

Der Akt der Salbung ist die Übertragung göttlicher Kräfte auf die Person, die diese besondere Salbung erhält, und folglich wurde man als „der Gesalbte des Herrn" bekannt. Mit anderen Worten wurde der Gesalbte durch Adoption (versinnbildlicht durch den Akt der Salbung) ein Sohn *Yahwehs* (des Herrn). David nannte König Saul „den Gesalbten des Herrn" oder auch „Yahwes Gesalbten," einen Christus Gottes.

Jesus war der Gesalbte oder der Christus, weil seine Berufung von Gott war. Keine Organisation oder bestimmte religiöse Gruppe hatte Jesus von Nazareth gesalbt. Gott hatte ihn ernannt. Das Leben selbst hatte Jesus berufen, eine einzigartige Mission für die Menschheit zu erfüllen.

[10] Lk 2:14, Errico

DER EINZIG GEZEUGTE

„Und das Wort ist Fleisch geworden und hat unter uns ge-
wohnt (und wir haben seine Herrlichkeit geschaut, die Herrlichkeit des einzig vom Vater Gezeugten), voller Gnade und
Wahrheit."

Johannes 1:14, KJV

Was meinte der Verfasser des Johannesevangeliums mit „der einzig Gezeugte"? Biblische Autoren drücken häufig geistliche Vorstellungen und Wahrheiten in bildlicher Rede und menschlicher
Denkweise aus. Aus diesem Grund können wir das Anliegen und
die Absicht des Verfassers leicht mißverstehen.

Nach semitischer Denkweise ist Gott Geist. Gott zeugt nicht
und ist nicht gezeugt worden. Er ist den Bedingungen von Zeit,
Raum oder Geburt nicht unterworfen. Dennoch sprechen Menschen des Nahen Ostens von Gott auf poetische und metaphorische Weise, als habe er Ohren, Hände, Augen und sogar Flügel.

Das aramäische *ichidaya* bedeutet nicht „der einzig Gezeugte".
Es bedeutet „einzig", „alleinig", „kostbar", „geliebt" und „einzigartig", und deshalb bezieht sich dieses Wort auch auf den „erstgeborenen Sohn".

Aramäisch sprechende Menschen nehmen diesen Ausdruck
wörtlich, wenn es ihre Kinder betrifft, besonders dann, wenn sie
zwischen einem erstgeborenen Sohn und seinem Vater unterscheiden. Sprechen sie aber von Gott, verstehen sie ihn bildlich.
Wir müssen also unterscheiden: Geht es um die nahöstliche Sitte
hinter der Bedeutung von *ichidaya*, oder ist der Ausspruch bildlich
gemeint?

Interessanterweise bedeutet der Begriff *monogenes* im griechischen Neuen Testament ebenfalls nicht „der einzig Gezeugte".
Wie kam es dann, daß wir „der einzig Gezeugte" sowohl für das
aramäische als auch für das griechische Wort verwenden? Ein rö-
misch-katholischer Gelehrter des Neuen Testaments bringt Klarheit in dieses historische Kapitel:

„Im Griechischen heißt es wörtlich ‚von einer einzigen (*monos*) Art'. Obwohl *genos* mit *gennan*, ‚zeugen', entfernt verwandt ist, rechtfertigt das Griechische kaum, *monogenes* mit ‚der einzig Gezeugte' zu übersetzen. Die alte lateinische Version übersetzte es ganz richtig mit *unicus*, ‚einzig', und dort, wo es sich nicht auf Jesus bezog, verwendete es auch Hieronymus in dieser Bedeutung. Aber um der arianischen Behauptung, Jesus sei nicht gezeugt, sondern erschaffen, entgegenzutreten, übersetzte Hieronymus es in Textstellen wie dieser (ebenso Johannes 1:18, 3:16, und 18) mit *unigenitus*, ‚der einzig Gezeugte'. Der Einfluß der Vulgata auf die King James Bibel ließ ‚der einzig Gezeugte' zur maßgeblichen englischen Übersetzung werden.[11] (Wie wir nachdrücklich betonten, wandte Johannes ‚gezeugt' nicht auf Jesus an.) *Monogenes* beschreibt eine Eigenschaft Jesu, seine Einzigartigkeit, und nicht das, was in der trinitarischen Theologie seine ‚Prozession' genannt wird. Es spiegelt das hebräische *yahid*, ‚einzig', ‚kostbar', wider, wie es in Genesis 22:2, 12, 16 für Abrahams Sohn Isaak und im Hebräerbrief 11:17 als *monogenes* für Isaak verwendet wird. Isaak war Abrahams einzigartiger, kostbarer Sohn, aber nicht der einzige, den er zeugte."[12]

Im Nahen Osten ist der erstgeborene Sohn, der *ichidaya*, der „einzige Erbe" des väterlichen Besitzes. Dieser „geliebte Sohn" ist der Ruhm und die Ehre seines Vaters. Er ist derjenige, der an seines Vaters Stelle treten, seinen Namen tragen und sein Gewerbe erben wird. Er wird auch für den gesamten Haushalt seines Vaters verantwortlich sein und seines Vaters Frau oder Frauen Anweisungen erteilen.

Johannes verwendet *ichidaya*, um zu zeigen, daß Jesus ein einzig-

---

[11] Die Lutherbibel sagt: „der eingeborene Sohn", die Einheitsübersetzung sagt: „des einzigen Sohnes vom Vater".

[12] Brown, *The Gospel According to John I–XII, A New Translation with Introduction and Commentary*, „Bemerkungen" und „Einziger Sohn", S. 13–14

artiges und von Liebe getragenes Verhältnis zu Gott als Vater zum Ausdruck brachte. Jesu Leben war eine lebendige und machtvolle Manifestation göttlicher Sohnesschaft. Deshalb wurde er offenbar als „einziger Erbe" und „einzigartig geliebter Sohn" dieser universalen und geistigen Wahrheit göttlicher Sohnesschaft für die Menschheitsfamilie.

In seinem Brief an die Römer schreibt Paulus, daß Jesus „der Erstgeborene unter vielen Brüdern"[13] ist. Wir beginnen nun zu verstehen, daß wir und alle Völker durch die Botschaft des Messias Kinder Gottes sind, wie es uns das Neue Testament lehrt. Beständig offenbarte Jesus seine Sohnesschaft durch seine guten Werke, verschiedene Heilungen und seine unerklärbare Auferstehung von den Toten. „Und der offenbar wurde als Sohn Gottes mit Macht und dem Heiligen Geist, weil er von den Toten auferstand, und dieser ist Jesus der Messias, unser Herr."[14]

Wie ein *ichidaya*, ein „einzigartiger Sohn", Freude und Ehre in die Herzen seiner Eltern bringt, so bringt auch Jesus durch sein Leben und seine Lehre uns allen Freude. Die Menschheit hatte den Gedanken und das Bewußtsein geistlicher Sohnesschaft verloren. Jesus stellt unser Bewußtsein wieder her und verschafft dem Gedanken wieder Geltung, daß wir, die Menschheitsfamilie, das Bild Gottes und ihm ähnlich sind.[15]

Ein nahöstlicher Vater ist sehr stolz und überglücklich, wenn er seinen „erstgeborenen Sohn" sieht, weil er sich selbst in seinem Nachkommen sieht. Johannes sagt über Gott als Vater: „der Ruhm als des einzigartigen Sohnes des Vaters". Nach den Worten des Johannes erfahren die Menschen nur durch die Lehren Jesu erneut von ihrer göttlichen Sohnesschaft.

„Aber denen, die ihn aufnahmen, gab er Vermögen, Söhne Gottes zu werden, besonders jenen, die an seinen Namen glaubten."[16] In diesem Vers bedeutet das Wort „Macht", *schultana*, „Recht" oder „Autorität". Die aramäische Formulierung „an sei-

---

[13] Siehe Röm 8:29

[14] Röm 1:4, Errico

[15] Siehe Gen 1:26–27

[16] Joh 1:12, Errico

220

nen Namen glauben" heißt, „an seine Lehre glauben". Dieser Gedanke wird im Johannesbrief wiederholt: „Meine Geliebten, *jetzt*
sind wir die Kinder [Söhne] Gottes."[17]

SYMBOLIK

> „Und als Jesus getauft war, stieg er alsbald herauf aus dem
> Wasser. Und siehe, da tat sich ihm der Himmel auf, und er sah
> den Geist Gottes wie eine Taube herabfahren und über sich
> kommen."
>
> *Matthäus 3:16, LB*

„Der Himmel tat sich auf" ist die aramäische Art und Weise, auszudrücken, daß sich das Universum über die Gegenwart Jesu
freute, und der Himmel (Gott) den Auftrag Jesu bestätigte. Die
Lehre des Messias beseitigt die Kluft in unserem Denken, das
Himmel und Erde trennt.

Biblische Verfasser verwenden die Taube als Symbol für Sanftmut und Reinheit. Die Taube war der erste gezähmte Vogel. Als
Noah die Taube aus der Arche entsendet hatte, kehrte sie mit
einem blühenden Olivenzweig zurück, dem Symbol für Frieden,
Harmonie und Ruhe. Die Flut war gesunken, und vor ihnen lag
ein friedvolles Zeitalter.

In den Städten des Nahen Ostens lebt die Taube häufig mit
der Bevölkerung zusammen. Sie baut ihr Nest in Tempeln, Kir-
chengebäuden und Häusern. Wegen ihrer Reinheit und Harmlo-
sigkeit hat sie die Herzen der Menschen gewonnen, und deshalb
vertreiben sie sie nicht.

Beschreiben Menschen des Nahen Ostens eine fromme und
sanfte Person, sagen sie oft: „Er ist so gut und unschuldig, daß sich
sogar eine Taube auf ihm niederlassen würde." Sie sagen auch:
„Er ist so sanftmütig, daß ein Vogel nicht von ihm wegflöge." Jesus
gebot seinen Jüngern, „arglos wie die Tauben" zu sein, das heißt:

---

[17] 1 Joh 3:2

Sei rein, unschuldig und aufrecht, damit Fremde dich in ihrem Haus willkommen heißen und deine Botschaft aufnehmen.

Geist hat weder Gestalt noch Form, doch nahöstliche Verfasser symbolisieren ihn als Taube, damit ihre Leser sie verstehen. Der Geist des Herrn kam als reiner, sanftmütiger und argloser Vogel, als Taube, über Jesus, ein weiteres Symbol, daß Gott Jesus und seinen Auftrag angenommen hatte. Johannes sah den Geist in einem Moment der Trance auf dieselbe Weise, wie Ezechiel und andere Propheten Visionen von Gott und seiner Wohnung hatten.

Die Taube war das Zeichen einer neuen Friedensordnung und Erleuchtung, die den alten Zustand von Furcht und Krieg ersetzen würde. Jesus war bereit, seine neue Mission zu beginnen, die die Welt verändern und die Völker zu Gott bringen würde. Sein Besuch am Jordan fand den göttlichen Beifall seines himmlischen Vaters.

KIND DER HÖLLE

> „Weh euch, Schriftgelehrte und Pharisäer, ihr Heuchler, die ihr Land und Meer durchzieht, damit ihr einen Judengenossen gewinnt; und wenn er's geworden ist, macht ihr aus ihm ein Kind der Hölle, doppelt so schlimm wie ihr."
>
> *Matthäus 23:15, LB*

Redewendungen wie „Kind der Hölle" oder „Sohn der Hölle" sind in biblischen Ländern weit verbreitet. Oft kann man „Du Kind der Bosheit" hören, was bedeutet: „Deine Taten sind hinterhältig." *Bar-gehenna*, ein „Kind der Hölle", ist „eine korrupte Person", die so schlecht ist, daß sie höchstens noch als Brennmaterial taugt. (Vergessen Sie nicht, es handelt sich hierbei um bildhafte Redeweise.) Einen Baum, der keine Früchte trägt, kann man nach nahöstlichem Brauch nur noch als Brennstoff verwenden.

Die Pharisäer reisten über Land und Meer auf der Suche nach Konvertiten. Nach den Evangelien wußten sie, wie sie die Menschen mit ihrer falschen Frömmigkeit täuschen, Witwen und Waisen betrügen und selbst noch von den kleinsten Kräutern (Dill und Kreuzkümmel) in den Gärten der Menschen haargenau den Zehnten erheben konnten. Sie lehrten nicht wichtige Anliegen des Gesetzes wie Gnade, Gerechtigkeit und Vergebung, sondern lästige Einzelheiten. So lernten Konvertiten völlig überflüssige Dinge, die sie mehr verdarben, als sie es vor ihrem Übertritt gewesen waren. Sie lernten die ungerechte Verhaltensweise ihrer Lehrer und wurden noch korrupter als ihre religiösen Führer. Das ist die Bedeutung des Satzes: „Ihr macht aus ihm ein Kind der Hölle, doppelt so schlimm, wie ihr selbst."[18]

SATAN – EINE ALLTÄGLICHE REDENSART

Als Leser der Bibel ist eine unserer größten Herausforderungen und Schwierigkeiten, nicht alles, was wir in der Heiligen Schrift lesen, wörtlich zu nehmen. Betrachten wir einen Ausspruch aus dem Johannesevangelium. Die traditionelle Übersetzung lautet: „Jesus antwortete ihnen: Habe nicht ich euch Zwölf erwählt? Und einer von euch ist ein *Teufel.*"[19] Der nahöstliche, aramäische Text heißt: „Habe nicht ich euch, die Zwölf, ausgewählt, und doch ist unter euch ein *Satan?*"[20]

Satana, „Satan", ist von der aramäischen Wurzel *sata* abgeleitet und bedeutet „ausrutschen", „gleiten", „täuschen", „das Ziel verfehlen" und „jemanden in die Irre führen oder vom Weg abbringen." Nennt man auf Aramäisch einen anderen „Satan", so bedeutet das, der Betreffende ist vom Weg abgekommen oder irregeleitet worden. „Satan" ist ein chaldäisch-aramäischer Begriff. In den ersten fünf Büchern der Bibel kommt er selten vor. Auch Israels Propheten benutzten „Satan" kaum. Während des is-

---

[18] Viele Neutestamentler glauben, die Polemik gegen die Bewegung der Pharisäer sei nach Jesu Tod von späteren christlichen Verfassern den Evangelien hinzugefügt worden. Sie gehen auch davon aus, daß Jesus die Pharisäer und Schriftgelehrten niemals persönlich verbal angriff.

[19] Joh 6:70, LB

[20] Joh 6:20, Errico

raelitischen Exils und danach schlich sich der Begriff allmählich in die jüdische Literatur ein.

Im Matthäusevangelium wurde Jesus von Petrus gerügt. Der Jünger hatte versucht, seinen Meister zu überreden, nicht über seine bevorstehende Kreuzigung und seinen Tod zu sprechen. Jesus rügte nun seinerseits Petrus und nannte ihn einen „Satan". „Geh mir aus den Augen, Satan; du bist mir ein Ärgernis, weil du nicht an die Dinge Gottes, sondern an die Dinge der Menschen denkst."[21]

„Satan" bezieht sich hier auf Petrus' fehlgeleitete Absicht. Petrus hatte versucht, Jesu Weg umzuleiten. Er wollte nicht, daß sein Meister über Kreuz und Sterben sprach. Petrus' Warnung war für Jesus irreführend und hätte ihn von seinem Schicksal abhalten können. Auch wenn Petrus ehrenvolle Absichten hatte, steckten in seiner Rüge Konsequenzen, deren er sich nicht bewußt war. Wie die Volksmassen glaubte der Apostel an einen siegreichen Messias, und wie sie dachte und sprach er.

Sie erwarteten einen mächtigen, weltklugen, militanten Messias-König. Dieser Messias würde immer leben und das Volk von der Vorherrschaft und Unterdrückung der Römer befreien.

Selbst nach der Auferstehung[22] glaubten die Jünger noch an einen politischen Messias und seine Königsherrschaft.[23] Deshalb gab Jesus Petrus die Rüge zurück und nannte ihn einen „Satan".

In obiger Textstelle aus dem Johannesevangelium (6:20) wußte Jesus, daß unter den Zwölfen ein „Satan" war. Natürlich war es Judas, von dem er sprach. Von Beginn der Tätigkeit Jesu an hatte Judas fest an seinen Meister geglaubt. Als er aber erkannte, daß der Prophet aus Nazareth nicht der militante, politische Führer war, den er und das Volk sich erhofft hatten, versuchte er, sich von seinem Lehrer zu lösen.

Desillusioniert verließ Judas die Reihen der Apostel und verriet seinen Herrn und Meister.

---

[21] Mt 16:23, Errico

[22] Siehe Apg 1:6

[23] Siehe Mt 20:20–21

Wenn Jesus an dieser Stelle von Judas als „Satan" spricht, dann weist er darauf hin, daß Judas sich trügerisch und unehrlich verhalten würde. Solche Erklärungen sind in der aramäischen und arabischen Sprache üblich. „*Satana*", „du Satan", hört man die Leute oft einander nennen. In der Umgangssprache bedeutet *satana* auch „eine findige, geniale, raffinierte Person". Im Arabischen bezeichnet *schaitan* ebenfalls „einen schlauen Menschen". Die Termini, von denen „Satan" abstammen, beziehen sich also nicht auf ein böswilliges übernatürliches Wesen, sondern sind alltägliche Redensarten, die auf das menschliche Verhalten abzielen.

BILDLICHE REDEWEISE

> „Wahrlich, wahrlich, ich sage euch, wenn ein Mann an meinen Worten festhält, dann wird er niemals den Tod sehen. Da sagten die Juden zu ihm: Jetzt wissen wir, daß du einen Teufel hast. Abraham ist tot und die Propheten; und du sagst, wenn ein Mann an meiner Rede festhält, dann wird er niemals den Tod schmecken."
>
> *Johannes 8:51–52, KJV*

Nach der Lehre der Ältesten Israels zur Zeit Jesu bedeutete der Tod das Ende. Abraham und die Propheten waren gestorben und lagen in ihren Gräbern. Der Glaube der Menschen an den Tod, verlieh ihm diese schreckliche Endgültigkeit.

Zu einer anderen Gelegenheit sagte Jesus zu seinen Jüngern und zum Volk, Gott sei der Gott der Lebenden und nicht der Toten. „Habt ihr denn nicht gelesen von der Auferstehung der Toten, was euch gesagt ist von Gott, der da spricht ‚Ich bin der Gott Abrahams und der Gott Isaaks und der Gott Jakobs'?"[24] Alle hebräischen Propheten und Männer Gottes waren in einem geistigen Sinn noch am Leben, doch den Menschen war diese Wahrheit nicht bewußt. Nach der Lehre Jesu lebten Menschen, die gute

---

[24] Mt 22:31–32, LB

Taten vollbracht hatten, durch ihre guten Werke fort und würden nie vergessen werden.

Die Juden sagten, Jesus sei von einem Teufel besessen[25] . „Teufel" meint in diesem Fall einen „gefährlichen Mann", „einen Wahnsinnigen", „eine geistig verwirrte Person". Sie sagten schlicht: Jesus ist verrückt. „Teufel" ist ein dem Persischen entliehenes Wort, *dewana*, und bedeutet „eine verrückte Person". Der aramäische Text lautet: „Die Juden sagten zu ihm, nun sind wir uns sicher, daß du wahnsinnig bist."

Die Menschen im Nahen Osten schreiben jede Art von Wahnsinn und geistiger Verstörtheit Teufeln, Dämonen und Dschinnen (Geistern) zu. Psychologische Fachausdrücke, wie wir sie heute kennen, waren damals unbekannt. In vielen Gegenden des Nahen Ostens sind die Menschen auch heute noch nicht mit unseren medizinischen Ausdrücken vertraut. Geisteskrankheiten und emotionale Probleme psychologisch zu benennen war nahöstlichem Denken fremd.

Weil sie schockiert waren über sein Versprechen, „den Tod nicht zu schmecken", nannten die Zuhörer Jesus einen Verrückten. Für sie klang er lächerlich. Wie konnten sie glauben, daß dieser „Bauer" aus Nazareth größer sei als ihr Vorfahre Abraham oder sogar größer als die Propheten?

LIEBE KINDER

> „Liebe Kinder, ich bin noch eine kleine Weile bei euch. Ihr werdet mich suchen. Und wie ich zu den Juden sagte, sage ich jetzt auch zu euch: Wo ich hingehe, da könnt ihr nicht hinkommen."
>
> *Johannes 13:33, LB*

---

[25] Die Lutherbibel spricht in diesem Vers von „einem bösen Geist", die Einheitsübersetzung von „einem Dämon". „Dämon" kommt aus dem Griechischen. (Anm. d. Übers.) Die aramäische Redewendung „einen bösen Geist haben" bedeutet ebenfalls „verrückt sein".

Wollten nahöstliche Lehrer ihren Schülern Liebe und Nähe vermitteln, dann sprachen sie sie Aramäisch mit „liebe Kinder" an. Richteten kirchliche Amtsinhaber an Mitglieder ihrer Kirchen einen Brief, so schrieben sie: „Meine geliebten Kinder [Söhne]." In Unterhaltungen kann man auch heute noch die Menschen sich „mein Vater" oder „mein Sohn" nennen hören. Ältere sprechen Jüngere üblicherweise mit „mein Sohn" an.

Dieser Sitte entsprechend wird auch ein ungelernter Mann, unabhängig von seinem Alter, mit „Kind" angesprochen oder gerufen. Als Gott Jeremia rief, dem Volk zu predigen, sagte der Prophet: „Ich bin ein Kind." Das bedeutete „Ich bin nicht ausgebildet." Im Arabischen wird eine solche Person *dschahil*, „unerfahren", genannt.

PAULUS LEHRT DIE KREUZIGUNG

„Ich bin mit Christus gekreuzigt worden; dennoch lebe ich, aber nicht ich lebe, sondern Christus lebt in mir; und das Leben, das ich nun im Fleisch lebe, lebe ich durch den Glauben an den Sohn Gottes, der mich geliebt und sich für mich hingegeben hat. Ich mißachte nicht die Gnade Gottes, denn wenn die Gerechtigkeit durch das Gesetz käme, so wäre Christus umsonst gestorben."

Galater 2:20–21, KJV

Die Formulierung: „Ich bin mit Christus gekreuzigt worden", wörtlich zu nehmen, ergibt keinen Sinn. Viele Menschen interpretieren diesen Vers so, als müsse das Leben eines wahren Nachfolgers Christi ein Leben in Leiden und Armut sein. Aber das wollte der Apostel nicht sagen.

Paulus meint: „Ich teile die Leiden, die Jesus am Kreuz aushielt, weil ich lebe, wie er lebte." Die Leute verleumdeten, schikanierten und verfolgten Paulus des Evangeliums wegen, das er verkündete. So wie Jesus einen Preis – sein eigenes Leben – für seine Lehre zahlte, so zahlte Paulus, indem er sich bei der Verkündigung von Jesu Evangelium vielen Gefahren und Unbequemlichkeiten aussetzte.

Der Apostel hatte die Tiefe und Bedeutung der Kreuzigung verstanden. Deshalb konnte er sein Leben ganz in die Hände Gottes geben und den Lehren Christi folgen. Im Vergleich damit wogen alle weltlichen Leidenschaften und Sehnsüchte nichts, denn Jesus, der Messias, bedeutete ihm alles.

Das Leben, das Paulus nun führte, war vollkommen von seinem neuen Glauben geleitet und motiviert. Dieser neue Glaube hatte durch Jesus ein erfrischendes Verständnis der hebräischen Bibel gebracht – ein Glaube, der geistige Prinzipien einschloß, die in Widerspruch zu den Grundsätzen der Welt standen.

Wenn der Apostel sagt, er „mißachte die Gnade Gottes nicht", so müssen wir diesen Satz als bildliche Redeweise verstehen. Paulus wußte, daß die Werke des Gesetzes nicht wahren Glauben zum Ausdruck bringen können. Allein die Gnade, die liebende Güte Gottes offenbart aufrichtige Güte und wahren Glauben.

Das Gesetz sollte den Menschen in ihrem täglichen Miteinander Hilfe und Richtschnur sein. Es sollte die menschliche Gemeinschaft nicht versklaven oder erdrücken. Brach jemand die Gesetze Mose, dann waren Verurteilung und Strafe die Folge, während die liebende Güte, die Gnade Gottes, Liebe und Vergebung bringt. „Denn das Gesetz wurde durch Moses gegeben; aber Wahrheit und liebende Güte kamen durch Jesus, den Messias."[26]

SIEG ÜBER DEN TOD

„Tod, wo ist dein Sieg? Tod, wo ist dein Stachel? Der Stachel des Todes aber ist die Sünde, die Kraft aber der Sünde ist das Gesetz. Gott aber sei Dank, der uns den Sieg gibt durch unsern Herrn Jesus Christus!"

1. Korinther 15:55–57, LB

[26] Joh 1:17, Errico

Im Aramäischen bedeutet das Wort *Tod* „anderswo anwesend sein". Es meint weder Vernichtung noch das Ende der Existenz. Der Tod ist nicht endgültig.

Er ist und war auch niemals der Feind der Menschheit. Aufgrund von Furcht und Mißverständnis sah die Menschheit den Tod als einen unheimlichen und schrecklichen Gegner des Lebens an. Das Gesetz des Todes, das überall in der Natur wirkt, hält die Natur aber im Gleichgewicht und kommt der ganzen Schöpfung zugute.

Stellen Sie sich einmal vor, wie es wäre, wenn alle Menschen vom Anbeginn der Menschheit an noch immer in ihren irdischen Körpern auf dieser Erde leben würden. Es ist der physische Teil des Menschen, der wieder zu Erde werden muß, damit andere eine Chance im Spiel des Lebens erhalten können. In seiner geistigen Natur ist der Mensch aber unsterblich und unzerstörbar.

Die Übersetzung dieser Bibelstelle lautet:

> „Tod, wo ist dein Stachel? *Scheol*, wo ist dein Sieg? Der Stachel des Todes ist Sünde und die Macht der Sünde ist das Gesetz. Doch Dank sei Gott, der uns den Sieg gegeben hat durch unseren Herrn Jesus, den Messias."
>
> *1. Korinther 15: 55–57, Errico*

In seinem Hirtenbrief an die Korinther erklärt Paulus, warum der Tod einen Stachel hat und warum *scheol* den Sieg über die Menschheit davonträgt. Paulus schreibt, als Moses das Gesetz brachte, wurden die Menschen „sündenbewußt". Das Gesetz verstärkte die sichtbare Macht der Sünde, indem es erklärte, was richtig oder falsch, rein oder unrein ist. Das Ergebnis war, daß sich die Menschen machtlos gegenüber Sünde, Krankheit und Tod fühlten.

Durch seinen eigenen Tod und die Auferstehung vernichtete Jesus den „Stachel" des Todes – die Sünde. Durch Jesu Lehre erfahren wir, daß Sünde (Irrtum, das Ziel verfehlen) vergeben werden kann. Wir erfahren auch, daß jeder einzelne Mensch Macht über jeden einzelnen seiner Fehler (Sünden) hat.

Für Semiten bedeutet das Kreuz Tod – das Ende, Jesu Kreuz bedeutet jedoch neues Leben. Es zeigt, daß die Menschheit durch Verkörperung eines Messias-Christus-Bewußtseins Einfluß auf Sünde, Krankheit und Tod hat.

Jesu dramatische und triumphale Auferstehung aus dem dunklen und gefürchteten Grab war kein Versuch, eine religiöse Doktrin über ewiges Leben zu beweisen. Sie sollte ein lang verborgenes Geheimnis der Natur aufdecken – daß Leben niemals ein Ende hat. Die Auferstehung offenbart eindeutig, daß Leben seinem Wesen nach geistig und deshalb ewig und nicht flüchtig ist.

Auch seinem Schüler Timotheus versichert der Apostel Paulus:

„Und nun ist sie durch die Erscheinung unseres Erlösers Jesus, des Messias, offenbar geworden, der den Tod aufgehoben und durch seine frohe Botschaft Leben und Unsterblichkeit offenbart hat."

2. Timotheus 1:10, Errico

Jesus vernichtete die *Angst* vor dem Tod, nicht den Vorgang des Sterbens selbst. Das Gesetz des Lebens bringt uns in die Welt, und es ist dasselbe Gesetz des Lebens, das uns auch wieder hinausträgt.

Man könnte sagen, Geburt und Tod sind die entgegengesetzten Enden desselben Stabes. Es ist die Macht des Todes und der Verwesung, die aus einem frisch gesäten Samenkorn neues Leben entstehen läßt. Das Gesetz des Todes bewirkt, daß Leben weitergeht und sich vervielfacht.

Während des letzten Passahmahles, das Jesus mit seinen Jüngern teilte, machte er ihnen Mut. Sie waren sehr niedergeschlagen, bedrückt und hatten vor der vor ihnen liegenden düsteren und mit bösen Ahnungen versehenen Zukunft Angst. Ihre Hoffnung auf eine politische Wiederherstellung des davidischen Königreiches und einen alle unterwerfenden, militanten Messias war geschwunden. Jetzt waren die Herzen der Jünger schwer von Gedanken an den Tod ihres geliebten Lehrers.

Jesus sagte zu ihnen: „Ich werde euch nicht hilflos zurücklassen, nach einer kleinen Weile werde ich zu euch kommen. Und die Welt wird mich nicht sehen, aber ihr werdet mich sehen; weil ich lebe, sollt auch ihr leben. An diesem Tag werdet ihr wissen, daß ich bei meinem Vater bin und ihr mit mir, und ich bin mit euch."[27]

Nach der Kreuzigung und Auferstehung ihres Meisters erschien Jesus ihnen und sagte: „Seht, ich bin immer bei euch bis ans Ende der Welt." Jesus würde sich seinen Jüngern immer offenbaren, nicht nur in der Zeit der Apostel, sondern in allen kommenden Zeitaltern. „Wer meine Gebote hat und ihnen folgt, der ist es, der mich liebt; wer mich liebt, den wird auch mein Vater lieben, und ich werde ihn lieben und mich ihm *offenbaren.* "[28]

---

[27] Joh 14:18–20, Errico

[28] Joh 14:21, Errico. Zur genaueren Erklärung der Auferstehung Jesu siehe S. 250, „Der Tod und die Auferstehung Jesu".

KAPITEL 10

DIE SIEBEN SCHLÜSSEL:
HIER UND DA IN DER BIBEL

HIMMLISCHE SCHÄTZE

„Schafft nicht für euch selbst Schätze beiseite, im Boden vergraben, an einem Ort, wo Motten und Rost sie zerstören
und wo Diebe einbrechen und stehlen. Aber schafft für euch
selbst Schätze im Himmel beiseite, die weder Motte noch
Rost zerstören und wo kein Dieb einbrechen und stehlen
kann. Denn wo dein Schatz ist, dort ist auch dein Herz."

Matthäus 6:19–21, Errico

Im Altertum vergruben Menschen des Nahen Ostens ihre Wertgegenstände, Gold- und Silbermünzen, um sie vor Räubern zu si-
chern. Kostspielige Kleidung, auch leicht verderbliche Waren be-
wahrten sie in geheimen Verstecken auf, die in die Häusermauern
eingelassen waren. Auch sie nicht gestohlen werden konnten, so
wurden sie oft von Rost oder Insekten, wie zum Beispiel Motten,
unbrauchbar.

Sichere Aufbewahrungsorte wie Banken oder andere Stellen
waren unbekannt. Wer Wertsachen besaß, vergrub sie meist heimlich des Nachts. Natürlich gab es auch Menschen, die nach diesen versteckten Schätzen suchten. So war derjenige, der seine
Wertgegenstände heimlich vergraben hatte, meist in ständiger
Sorge, jemand könnte sie entdecken. Das Herz, die Sinne, Ge-

danken und Energien des Eigentümers waren darum beständig mit seinem vergrabenen Schatz beschäftigt. „Denn wo dein Schatz ist, dort ist auch dein Herz."

Schafft Schätze „im Himmel", wo Räuber sie nicht stehlen und Motten sie nicht zerstören können, war Jesu Empfehlung. Jesus gebraucht den Ausdruck „Himmel" als Metapher. „Himmel" wandten die Verfasser der Bibel häufig an, um etwas Beständiges und Nichtflüchtiges darzustellen.

„Schätze im Himmel" sind gute Werke, die real und ewig sind, nicht flüchtig. Diese geistigen Schätze gehen von einer Generation auf die nächste über und kommen ihren Besitzern wie auch der Gemeinschaft zugute. Materielle Dinge dagegen kommen und gehen. Manchmal sind sie im Überfluß vorhanden, manchmal sind sie rar.

Jesus riet nicht davon ab, Dinge aufzubewahren, auch spielte er die Bedeutung materieller Werte nicht herunter. Aber er erkannte, daß materielle Dinge allein nicht Wohlergehen, echtes Glück und wahre Freude gewährleisten können, die ein Mensch braucht, um ein erfülltes Leben zu leben. Er machte Mut, gute Werke zu tun, die für jedermann wahre „Schätze im Himmel" sind.

EIN EINFACHES AUGE

> „Das Auge ist das Licht des Leibes. Wenn dein Auge lauter ist, so wird dein ganzer Leib licht sein. Wenn aber dein Auge böse ist, so wird dein ganzer Leib finster sein. Wenn nun das Licht, das in dir ist, Finsternis ist, wie groß wird dann die Finsternis sein!"
>
> *Matthäus 6:22–23, LB*

Jesus weist seine Jünger und Anhänger an, ein „lauteres Auge" zu haben. Was ist „ein lauteres Auge"? Bietet das aramäische Matthäusevangelium vielleicht eine andere Übersetzung?

Neustestamentler bieten verschiedenste Interpretationen. Souter, ein Experte der griechischen Bibel, ist der Meinung, das griechische *haplous*, das hier mit „lauter" wiedergegeben ist, bedeute,

„das Auge auf ein ganz bestimmtes Objekt auszurichten". Er hält es für ein Symbol der Einzigartigkeit einer Absicht. Andere meinen, es drücke „Großzügigkeit" aus, und wieder andere interpretieren es als ein Auge, das vertrauensvoll und frei von allem Neid ist.

Schauen wir uns die aramäische Textstelle an:

> „Die Leuchte des Körpers ist das Auge; wenn dann dein Auge einfach ist, ist auch dein ganzer Körper erhellt. Doch wenn dein Auge schlecht ist, ist dein ganzer Körper dunkel. Wenn dann das Licht, das in dir ist, dunkel ist, wieviel mehr wird deine Dunkelheit sein!"
>
> *Matthäus 6:22–23, Errico*

Das aramäische Wort *peschitta* bedeutet „einfach", „rein", „normal" und „ursprünglich". *Peschitta* beschreibt das Auge als „einfaches Auge", ein bildlicher Ausdruck für einen Menschen, der keine bösen Absichten hat, dessen Beweggründe und Ziele rein sind. Wenn das Auge „einfach" ist, dann ist der Körper voller Licht. Wenn das Auge aber „schlecht", das heißt verschlagen, listig, ist oder Böses im Schilde führt, dann ist der Körper voll Dunkelheit.

Im modernen Aramäisch sagt man von einem unaufrichtigen Menschen oder einem Menschen mit Hintergedanken: Er hat „salzige Augen", was unserem „unsteten Blick" entspricht.

„Wenn dann das Licht, das in dir ist, dunkel ist, wieviel mehr wird dann deine Dunkelheit sein" ist eine aramäische Redensart, die sagt: Wenn eine verschlagene Person ihre krummen Dinge „gut" nennt, wieviel schlechter müssen dann erst die Dinge sein, die sie „schlecht" nennt.

DIE WEISEN UND DER STERN

> „Als nun Jesus in Bethlehem in Judäa in den Tagen des Königs Herodes geboren war, kamen Magier aus dem Osten

nach Jerusalem und fragten: Wo ist der König der Juden, der geboren worden ist? Denn wir haben im Osten seinen Stern gesehen und sind gekommen, ihm zu huldigen. ... Als sie nun die Worte des Königs gehört hatten, gingen sie fort; und siehe, dieser Stern, den sie ihm Osten gesehen hatten, zog vor ihnen her und blieb dort stehen, wo sich der kleine Knabe befand. Als sie dann den Stern sahen, frohlockten sie über die Maßen mit ungeheurer Freude. Und als sie das Haus betraten und den kleinen Knaben mit Maria, seiner Mutter, sahen, fielen sie nieder und knieten vor ihm; und sie öffneten ihre Schatztruhen und boten ihm Gaben aus Gold, Myrrhe und Weihrauch."

Matthäus 2:1–2, 9–11, Errico

Kapitel eins und zwei des Matthäusevangeliums dienen als Vorwort des Evangeliums. Die meisten Neutestamentler gehen davon aus, die Kindheitsgeschichte Jesu (Kapitel 1 und 2) habe auf einer separaten Schriftrolle gestanden. Diese Schriftrolle war kein Teil des frühen, ursprünglichen Matthäusevangeliums. Heute ist sie ein Teil der sogenannten *heiligen Lebensgeschichte* des Nazareners Jesus, der der Messias (Christus) wurde.

Maguscheh ist das aramäische Wort für Magier, das in den deutschen Bibeln mit „Weiser" übersetzt wird. Seine Wurzel ist das babylonische und persische *magno*, das „empfänglich" bedeutet. Es ist dieselbe Wurzel, aus der unsere Wörter „Magie", „Magier" und „magisch" stammen.

Wer waren diese Magier, diese Weisen? Es waren in der Kunst der Magie und Zauberei ausgebildete chaldäische Priester, die auch Wahrsager, Feuer-, Sonnenanbeter und Hellseher waren. Sie waren die Astrologen des Altertums, die die Sterne sowohl aus astrologischer als auch aus astronomischer Sicht studierten.

Matthäus spricht weder über die Anzahl der Magier, noch sagt er, daß sie Könige waren. Dennoch überliefert die spätere christliche Tradition, es seien drei Könige gewesen. Die Vorstellung, es habe sich bei den Magiern um Könige gehandelt, ist von Psalm 72:10 und Jesaja 49:7 abgeleitet, und die *drei Weisen* sind aufgrund der drei Gaben eine Vermutung. Nach einer frühen Überlieferung des Nahen Ostens waren es zwölf Magier.

Menschen des Nahen Ostens sehen häufig eine Beziehung zwischen den Menschen und den Sternen. So glauben sie zum Beispiel, daß jeder Mensch einen bestimmten Stern am Himmel hat, der das Geheimnis seines Geschickes wahrt. „Sternengucker" können jedem seinen persönlichen Stern ausfindig machen und dann sein Schicksal wahrsagen.

Ist ein Mann oder eine Frau sehr sympathisch, sagen nahöstliche Menschen: „Sein oder ihr Stern ist anziehend." Lieben sich zwei Menschen, heißt es: „Ihre Sterne sind in Harmonie." Tauchen dagegen ungünstige Umstände auf, erklären sie: „Ihre Sterne haben sich in eine Sphäre des Unglücks bewegt."

Nahezu tausend Jahre lang warteten die Menschen des Nahen Ostens auf das Erscheinen eines Welt-Erlösers. Er sollte ein Zeitalter von großem universalen Frieden herbeiführen. Perser und Babylonier erwarteten, daß ein großer Führer auftrete. Deshalb nahmen die Magier auch an, daß das plötzliche Erscheinen eines besonderen Sterns dieses lang erwartete Ereignis verkündet. Solche Vermutungen waren nicht ungewöhnlich. Antike Schriften berichten, daß auch bei der Geburt Alexanders des Großen ein besonderer Stern erschienen sei.

In der antiken Welt waren die Sterne ein Kompaß der Seefahrt. „Der Stern, den sie im Osten gesehen hatten, zog vor ihnen her" bedeutet, der Stern leitete die Weisen, er selbst aber bewegte sich nicht.

Dr. Abraham M. Rihbany berichtet, daß

„nach morgenländischer Auffassung die „himmlischen Heerscharen" nicht nur Staub sind, sondern die Verkünder der göttlichen Macht und Liebe. Jesu Geburtsgeschichte vergeistigt in den Evangelien den Glauben der Orientalen über

Gottes Absicht mit diesen Lichtern des Firmamentes, indem sie einen großen Stern den Weisen den Weg zum Geburtsort des Friedensfürsten zeigen lassen. Das reine und klare Licht des Sterns symbolisiert Frieden und Heilsein, die ‚in der Fülle der Zeit' das Reich Gottes auf Erden errichten werden."[1]

SEELE UND GEIST

„Nun möge er, der Gott des Friedens, euch ganz und gar heiligen, einen jeden von euch; und möge euer ganzer Geist, eure Seele und euer Körper unversehrt bewahrt bleiben bis zum Kommen unseres Herrn Jesus, des Messias."

1. Thessalonicher 5: 23, Errico

In seinem Brief an die Thessalonicher spricht Paulus vom Menschen als dreieinigem Wesen von Geist, Seele und Körper. Die meisten von uns begreifen, daß sich der Körper von der Seele oder der Körper vom Geist unterscheidet. Doch was ist der Unterschied zwischen Seele und Geist?

Die Verfasser der Bibel verwenden „Seele" und „Geist" synonym. Für uns ist es daher schwierig, den Unterschied zwischen „Seele" und „Geist" zu verstehen. Gibt es eine Lösung?

Im Folgenden gebe ich ein einfaches Beispiel, um den Unterschied zwischen „Seele" und „Geist" verständlich zu machen. Es ist ein illustrierendes Beispiel und keine Erklärung, wie sie in der Bibel verwendet wird.

Geist ist die feinstofflichste Essenz im Universum. Er ist unberührbar und unsichtbar. Seele ist ebenfalls von feinstofflicher Essenz, doch ist sie dichter als Geist. Wir können die Seele durch unsere Gefühle spüren. Die physische Erscheinung, der Körper, ist die dichteste Manifestation dieser Seele-Geist-Essenz.

---

[1] Rihbany, *Jesus aus dem Nahen Osten*, „Der Stern", S. 38

Ich glaube, daß folgendes geschieht: Geist wandelt sich selbst in Seele, und Seele verwandelt sich in eine körperliche Form. Geist, Seele und Körper bleiben unterschieden und sind doch eins, was mit der biblischen Vorstellung übereinstimmt, die den Menschen als eine vollständige Einheit sieht, das heißt als eine Geist-Seele-Körper-Manifestation.

Um diese Differenzierung von Geist, Seele und Körper noch weiter zu veranschaulichen, können wir sie auch mit den verschiedenen Erscheinungsformen von Wasser vergleichen. Die Kombination von zwei Teilen Wasserstoff und einem Teil Sauerstoff ist eine chemische Verbindung, die wir Wasser nennen. Eis ist die höchst strukturierte und am wenigsten frei fließende Form dieser Verbindung und könnte mit dem physischen Körper verglichen werden. Schmilzt Eis, wird es flüssiges, frei fließendes Wasser, das mit der Seele vergleichbar ist.

Erhitzt man Wasser, verwandelt es sich in Dampf oder Dunst. Dampf hat immer noch seine ursprüngliche chemische Zusammensetzung, auch wenn er nicht mehr in der Weise wie Wasser eingeschränkt ist. Dieses letzte Stadium kann mit der feinstofflichsten Essenz unseres Wesens verglichen werden – dem Geist.

Mit Hilfe eines Vergleiches habe ich die stufenweise Manifestation eines Menschen beschrieben. Der Körper ist fein, die Seele ist feiner, und am feinsten ist der Geist. Alle drei zusammen bilden ein Wesen. Wir dürfen die obengenannten Vorstellungen und Bilder nicht im Sinne eines theologischen Dogmas verstehen. Sie sind einfach nur ein Versuch, Fragen zu beantworten, die mir während meiner Vorträge immer wieder gestellt werden.

Die Bedeutung der Seele

Bibelwissenschaftler benutzen vier grundlegende Sprachen, um „Seele" zu untersuchen: Aramäisch, Hebräisch, Griechisch und Latein. Das hebräische Wort für „Seele" ist *nefesch*, das aramäische *nafscha* (ausgespochen: nauscha), das griechische *psyche*. *Psyche* und *logos* sind die Wurzeln unseres Wortes „Psychologie", das

das Sprechen oder das gesprochene Wort der Seele bedeutet. Sehr interessant ist, daß *psyche* auch das Wort für „Schmetterling" ist.

„Seele" heißt auf lateinisch *anima* und ist der weibliche Aspekt von Seele. *Animus* bedeutet „Geist", stellt aber auch den männlichen Aspekt von Seele dar.

Nefesch und *nafscha* bedeuten mehr als nur „Seele". Beide Wörter meinen in erster Linie „Wesen oder Dasein". Sie bedeuten auch „Selbst", „Leben", „Person", „Individuum" und „Atem".

Sprachwissenschaftlich gesehen hat *nefesch* mit Luft zu tun, besonders mit dem Lebensatem des Kopfes als dem Zentrum generativer Vitalität. Im Buch Genesis heißt es:

> „Da machte Gott der HERR den Menschen aus Erde vom Acker und blies ihm den Odem des Lebens in seine Nasenlöcher. Und so ward der Mensch ein lebendiges Wesen."
>
> *Genesis 2:7, LB*

Auf der Ebene einer Erscheinungswelt hat *nefesch* oder *nafscha* mit Atem zu tun oder mit allen dunstigen Substanzen wie Nebel, Tau oder schwerem, kaltem Dunst. Die Szene in Genesis – Gott bläst in die Nasenlöcher seiner Geschöpfe, belebt die rote Tonfigur und gibt ihr Seele – war eine sehr sinnliche Darstellung der Erschaffung der Seele, des Daseins. In der Regel blies die Hebamme im Nahen Osten des Altertums in die Nasenlöcher eines neugeborenen Kindes. Gott übernimmt in diesem Genesisvers die Aufgabe einer Hebamme. Dieser Genesisvers hat eine sehr große wissenschaftliche und esoterische Bedeutung, die allerdings weit über diese kurze Erklärung hinausgeht.[2]

Ezechiel und die Seele

---

[2] Rocco A. Errico, *The Mysteries of Creation,* siehe Ankündigung hinten im Buch

„Siehe, alle Seelen gehören mir; wie die Seele des Vaters so ist auch die Seele des Sohnes mein; die Seele, die sündigt, soll sterben."

Ezechiel 18:4, KJV

Das aramäische und hebräische *nefesh* und *nafscha* werden im Deutschen mit „Seele" übersetzt. Nehmen wir den Vers wörtlich, müssen wir annehmen, daß die Seele stirbt, wenn sie sündigt. Aber bezieht sich Ezechiel überhaupt auf den Tod? Kann die Seele sterben? Ist die Seele nicht unsterblich? Sehen wir uns eine andere Übersetzung dieses und einiger vorangegangener Verse an. Ezechiel sagt:

„Das Wort des Herrn erging an mich und sagte, O menschliches Wesen, warum gebrauchst du im Land Israel dieses Sprichwort, das lautet: Die Eltern haben saure Trauben gegessen und den Kindern sind die Zähne stumpf geworden? So wahr ich lebe, spricht Gott der Herr, soll dieses Sprichwort niemals mehr in Israel gebraucht werden. Denn alle Leben [*nafscha*] sind mein, das Leben [*nafscha*] des Vaters ist mein, und das Leben [*nafscha*] des Sohnes ist ebenfalls mein; die Person [*nafscha*], die sündigt, soll sterben."

Ezechiel 18:1–4, Errico

Diese Übersetzung wäre auch für den hebräischen Text gültig.

„Die Eltern haben saure Trauben gegessen, und den Kindern sind die Zähne stumpf geworden" ist ein nahöstliches Sprichwort. Es bedeutet, daß Kinder für die Sünden oder Verbrechen ihrer Eltern bezahlen können. In Israel erhielten Kinder die Bestrafung, die ihre Eltern verdient hatten. Nur Gott allein hatte die Macht, Israels altes Gesetz und seinen Glauben an diese Art der Vergeltung zu ändern. (Siehe dazu das Buch Josua 7:1–25)

Der Prophet sah für Israel einen neuen Tag heraufziehen, an dem das alte Gesetz, das Kinder für die Taten ihrer Eltern bestrafte, zu einem Ende kommen würde. Nun verstehen wir den Satz: „Die Seele, die eine Sünde begeht, soll sterben." *Seele* steht im deutschen Text für das aramäische Wort „Leben", „Person". Derjenige, der Unrecht tut, eine Sünde oder ein Verbrechen begeht, soll sterben und kein anderer.

Das Neue Testament und die Seele

Schauen wir uns eine Lehre Jesu nach dem Matthäusevangelium an:

> „Was nützt es einem Menschen, wenn er die ganze Welt gewinnt, dabei aber sein Leben einbüßt? Um welchen Preis kann ein Mensch sein Leben zurückkaufen?"
>
> *Matthäus 16:26, EÜ*

Untersuchen wir diese Lehre Jesu vom ursprünglich aramäischen Text aus, und denken wir daran, daß *nafscha* auch „Seele" und „Selbst" bedeuten kann. Ich beginne meine Übersetzung mit Vers 24:

> „Darauf sagte Jesus zu seinen Jüngern, jeder, der mir nachfolgen will, muß sein Leben [*nafscha*] verleugnen, sein Kreuz auf sich nehmen und mir folgen. Denn jeder, der sein Leben [*nafscha*] retten will, wird es verlieren; und jeder, der sein Leben [*nafscha*] um meinetwillen verliert, wird es finden. Denn welchen Nutzen hätte ein Mensch, wenn er die ganze Welt gewinnt, aber sein Leben [*nafscha*] verliert? Oder was kann ein Mensch schon im Tausch für sein Leben [*nafscha*] geben?"
>
> *Matthäus 16:24–26, Errico*

Nafscha ist die Lebenskraft eines menschlichen Wesens, das, was einen Menschen belebt. Es ist der Sitz des Verlangens, der Liebe und der Vorstellungskraft. Daher berührte die Frage, die Jesus seinen Jüngern stellte, das Zentrum und den innersten Kern ihres Wesens.

Seine Jünger wußten, daß ihr Leben in Gefahr war, weil die Lehren ihres Meisters umstritten waren. Andere glaubten, Jesu Lehren seien ketzerisch. Seine Schüler mußten sich der Herausforderung stellen, sich zu seiner Lehre zu bekennen (das Kreuz auf sich nehmen) und vielleicht ihr Leben zu verlieren. Doch wenn sie sich der Herausforderung stellten, würden sie ein größeres Leben finden.

Die Seele ist weder nebulös noch ätherisch; sie ist *das* Zentrum, aus dem wir leben. Was könnten wir schon als Entgelt für unser eigenes „Selbst" (Seele – *nafscha*), unser eigenes Leben geben? Was nützte es uns, wenn wir den größten materiellen Reichtum gewinnen, aber die Verbindung zur unserem eigenen Leben, unserer Lebenskraft, verlieren würden? Die Herausforderung der Lehren Jesu hilft uns, unser wahres Selbst zu entdecken und zu schätzen.

Geist

Im Hebräischen ist „Geist" *ruach* und im Aramäischen *ruha*. Die semitische Wurzel *ruh* bedeutet „atmen" oder „blasen". *Ruach* oder *ruha* hat in den semitischen Sprachen viele Bedeutungen: Heiliger Geist, Atem, Wind, lebendiges, beseeltes Leben, Dunst, Stolz, Temperament, Neigung, Rheumatismus – und viele Nebenbedeutungen.

Als Verb bedeutet es „vergrößern", „erweitern", „erleichtern", „ausdehnen", „sich von Krankheit erholen". Es kommt in vielen semitischen Redewendungen vor. Erinnern wir uns daran, daß die Verfasser der Bibel „Seele" und „Geist" synonym verwenden.

Jesus sagte der Frau aus Samaria: „Gott ist Geist."[3] Die Essenz, das absolute Sein Gottes ist Geist. Aber wer ist Gott? „Gott" wird in der aramäischen Sprache als „der aus sich selbst existierende Eine – *ithia*" (griechisch: *theos*) definiert. Er ist die alles durchwirkende Gegenwart oder das alles durchwirkende Prinzip. Von

---

[3] Siehe Joh 4:24

diesem aus sich selbst existierenden Prinzip entströmen alle Lebensformen. Folglich ist die Wurzel all dessen, was sichtbar ist – Geist. Die Essenz, das Wesen eines Menschen ist ebenfalls Geist, manifestiert sich aber als Seele-Körper.

Als Jesus der Frau aus Samaria erklärte: Gott ist Geist, dachte diese sicher nicht an ein „aus sich selbst existierendes Wesen". Sie konnte nicht in metaphysischen Kategorien denken. Sie wird an eine lokale Gottheit gedacht haben, die die Menschen auf den Bergen Samarias und nicht im Tempel von Jerusalem anbeteten.

Jesus berichtigte dieses Mißverständnis, als er ihr sagte: „Gott ist Geist."

Wir können Gott keinen Aufenthaltsort zuweisen. Gott *ist* der Ewige Geist. Und Geist ist fortdauernd, unwandelbar, transzendent und doch immanent. Gott – Geist – ist überall, eine alles durchdringende Gegenwart und allumfassend.

Die Assyrer sagen von einem sehr dynamischen und charismatischen Redner, er besitzte *ruha*, das heißt, der Redner und das, was er sagt, sind machtvoll, brilliant und außerordentlich überzeugend. Mit *ruha* beschreiben sie auch einen Menschen, der ein heißblütiges oder unkontrolliertes Temperament besitzt.

> „Und alsbald war in ihrer Synagoge ein Mensch, besessen von einem unreinen Geist; der schrie: Was willst du von uns, Jesus von Nazareth? Du bist gekommen, uns zu vernichten. Ich weiß, wer du bist: der Heilige Gottes! Und Jesus bedrohte ihn und sprach: Verstumme und fahre aus von ihm!"
>
> *Markus 1:23–25, LB*

Das aramäische *ruha tamtha* bedeutet „ein unreiner Geist" und meint eine Person, die mental im Ungleichgewicht ist und ein unkontrolliertes Temperament an den Tag legt. Menschen des Nahen Ostens nennen jede schädliche Angewohnheit oder Neigung „unrein". Ein geistig verwirrter Mensch darf einen Fürsten oder König rügen, ohne ihn damit zu beleidigen und dafür bestraft zu werden.

Als Jesus in der Synagoge sprach, sah ihn ein verwirrter Mann und wurde wütend. Er hatte vermutlich die Anklagen anderer gegen ihn, den Lehrer aus Galiläa, gehört und konnte seinen Zorn über ihn nicht zurückhalten. Die religiösen Führer hielten Jesus für gefährlich und für eine Bedrohung ihres Glaubens, hatte er doch die Schriftgelehrten und Pharisäer widerlegt. Jesus wies den geisteskranken Mann zurecht, beruhigte und heilte ihn.

Semiten verwenden *ruha,* um alle möglichen Arten von körperlichen, emotionalen und geistigen Krankheiten zu beschreiben.

In Lukas 8:2 trieb Jesus sieben unreine Geister aus Maria von Magdala aus. Sie stehen für sieben verrückte Gedanken oder schlechte Angewohnheiten, von denen Jesus sie befreite. Von dieser Zeit an war Maria eine hingebungsvolle Anhängerin Jesu.

„Geist" bedeutet auch: Ausstrahlung, Einfluß, Schwingung, Eingebung – und „böser Geist": eine böse Person, schlechtes Verhalten oder Eifersucht.

In 1. Samuel 18:10–11 heißt es: „Am andern Tag kam der böse Geist von Gott über Saul, und er geriet in Raserei in seinem Hause" (LB). David spielte auf seiner Harfe, um König Saul zu beruhigen. Saul brauste jedoch auf und warf einen Speer nach David. Hier haben wir ein Problem: Ließ Gott buchstäblich einen „bösen Geist" über Saul kommen? In unserer modernen Denkweise wissen wir, daß Gott über niemanden einen „bösen Geist" kommen läßt. In den Tagen der Bibel aber schrieben die Menschen alle Geschehnisse ihrem Gott oder ihren Göttern zu. Offensichtlich war König Saul auf David eifersüchtig. Er wußte, daß der Prophet Samuel David heimlich zum neuen König gesalbt hatte und daß seine Dynastie enden würde. David war für Sauls Söhne zum Rivalen geworden. So beschloß der König, David umzubringen.

Die Lehre, die wir hieraus ziehen können, ist eindeutig. Wir Menschen machen sehr oft Gott, unsichtbare böse Kräfte oder andere für die Dinge, die uns zustoßen, verantwortlich. In Wahrheit jedoch erschaffen wir selbst „böse Geister" – Eifersucht. Wir sind für unsere eigenen Reaktionen selbst verantwortlich, welch widrige Umstände sich uns auch in den Weg stellen.

BUTTER UND HONIG

> „Butter und Honig soll er [Immanuel] essen, damit er versteht, das Böse abzulehnen und das Gute zu wählen."
>
> *Jesaja 7:15, Errico*

Wir verstehen den kulturellen Hintergrund dieses Verses besser, wenn wir bedenken, daß „Butter und Honig" im Nahen Osten ein Symbol für Frieden, Harmonie, Sanftmut und Wohlstand ist. Verfasser der Bibel nannten beispielsweise Palästina „ein Land, in dem Milch und Honig fließen" (Ex 3:8, LB), das heißt, Palästina würde ein Land des Friedens und des Wohlstands sein.

In jenen Tagen tranken wohlhabende Menschen Schafsmilch, die auch verbuttert wurde. Kuhmilch und daraus herstellte Produkte waren Nahrungsmittel der Armen.

Schafe sind sanftmütige Tiere. Vertrauensvoll lassen sie sich von ihren Hirten hüten und versorgen. Sie leisten Feinden keinen Widerstand und wehren sich nicht, wenn sie zur Schlachtbank geführt werden. Menschen, die Schafzucht betreiben, sind für ihre Gastfreundschaft, Aufrichtigkeit und Gottesfurcht bekannt.

Viele große Propheten waren, als Gott sie berief, Schafzüchter. In der Kultur des Nahen Ostens ist das Schaf ein Symbol für Sanftmut, und wer Schafsmilch trinkt, so glaubt man, hat ein gutmütiges und sanftes Wesen.

Honig ist ein Sinnbild für Harmonie und Wohlstand. Der Grund ist sein Entstehen in der Natur: Bienen sammeln von verschiedenfarbigen Blüten Nektar. Blumenfarben haben für Menschen des Nahen Ostens symbolische Bedeutung. Sie stehen wie Honig für Frieden, Weisheit, Harmonie und Wohlstand.

Hinter diesem Satz Jesajas steht die Vorstellung: Regiert ein geistiges Verständnis die Herzen der Menschen, dann wird die Menschheit in Frieden und Wohlstand leben – „Butter und Honig" essen. Die Nationen werden einander vertrauen, Waffen werden überflüssig sein.

AUFRICHTIGE DEMUT

> „Und ich war bei euch in Schwachheit und in Furcht und mit großem Zittern; und mein Wort und meine Predigt geschahen nicht mit überredenden Worten menschlicher Weisheit, sondern in Erweisung des Geistes und der Kraft."
>
> *1. Korinther 2:3–4, LB*

Gelehrte und weise Menschen des Nahen Ostens tun sich mit ihrem Wissen nicht hervor, sie behalten es für sich. Sie befürchten, von einer unendlichen Flut schwieriger, umstrittener Fragen überfallen zu werden, die zu weiteren Fragen, zu Auseinandersetzungen, verbalen Angriffen, Differenzen und Streit führen können.

Weise Lehrer meiden die Öffentlichkeit. Sie lassen die Menschen auf sich zukommen. Eine wahre Führungspersönlichkeit tritt bescheiden auf und läßt sich Zeit zu antworten. Häufig täuscht sie Unwissenheit vor. Wie wir im aramäischen Text lesen:

> „Laßt nicht zu, daß jemand sich selbst täuscht. Laßt jeden unter euch, der denkt, er sei weise in dieser Welt, einen Dummkopf werden, damit er wahrhaft weise werden möge."
>
> *1. Korinther 3:18, Lamsa*

Während seines Aufenthaltes in Korinth nahm Paulus die Rolle des weisen Lehrers auf sich:

> „Und ich war bei euch in großer Ehrerbietung und mit Zittern. Und meine Rede und Verkündigung war nicht voll ver-

führerischer Worte der Weisheit, aber ein Beweis für den Geist und die Kraft."

1. Korinther 2:3–4, Errico

Als Paulus vor den Korinthern sprach, stellte er weder Schwäche noch Furcht zur Schau. Er trat bescheiden auf und lehrte in Ehrerbietung. Er verschwieg seine fundierte Kenntnis des jüdischen Gesetzes und der alten Traditionen der Ältesten, weil er die *einfachen* Worte Christi lehren wollte. Er wollte die Kraft des Geistes offenbaren, die sich in diesen Worten erweist.

Die Lehren Jesu sind nicht auf berechnender Weisheit und komplizierte, strittige Auslegungen der Schrift gegründet. Sein Evangelium ist Ausdruck eines einfachen, direkten Glaubens an die Macht der Liebe, der Barmherzigkeit und Sanftmut. Dieser neue Weg kann nicht durch geistreiche Worte, in theologischen Erörterungen oder mit Zeichen und Wundern erklärt werden. Allein durch Demut und die Macht Gottes nimmt er Gestalt an. Glaube, der auf die Weisheit und Macht Gottes vertraut, ist ewig und unerschütterlich.

BARMHERZIGKEIT

Es war später Nachmittag. Der Tag war heiß gewesen, doch nun begann kühle, trockene Luft über den See Genezareth zu streichen und die gespannte Menschenmenge zu erfrischen. Sie waren gekommen, um Jesus am Berghang lehren zu hören. Jesus stand auf, sammelte sich und sagte auf Aramäisch:

> „*Tuwayhon lamrahmaneh: dalayhon nehwon rhameh,* Erfreut sind alle Barmherzigen, denn das Erbarmen wird zu ihnen zurückkehren!"

Matthäus 5:7, Errico

Tuwayhon wird meist mit „gesegnet" übersetzt, doch „gesegnet" ist in den semitischen Sprachen *barech. Tuwayhon* stammt von der

Wurzel *tuub* oder *tuuw* und bedeutet das Beste, das eine Person oder ein Ort besitzt, auch „glücklich", „zufrieden", „glückselig", „erfreut", „begnadet". „Erfreut" meint großes Glück, Wohlstand und überfließende Güte.

Seine hebräische Entsprechung *ashre* drückt dieselbe Vorstellung aus. Psalmen, die mit „gesegnet" beginnen, verwenden *ashre*, was „glücklich" und „begünstigt" bedeutet. Beide Wörter sind also inhaltlich identisch.

M'rahmaneh bezieht sich auf barmherzige und mitleidsvolle Menschen. Seine Wurzel ist *rhm* und bedeutet „lieben", „sich erfreuen", „zuvorkommend, freundlich sein". Barmherzige sind jene, die barmherzige und wohltätige Werke tun. Jesus lehrte praktische Barmherzigkeit. Für fromme Menschen des Nahen Ostens ist in Werken der Nächstenliebe, die aus einem barmherzigen Herzen kommen, Gott am Werk.

Nahöstliche Menschen sind nicht nur für ihre Gastfreundschaft bekannt, sondern auch für ihre nachbarliche Hilfe, ihre Freundlichkeit Fremden und selbst ihren Feinden gegenüber, wenn diese in Not sind. Die Redensart: „Heute haben wir genug, doch niemand weiß, was der nächste Tag bringen wird. Dieselbe Hand, die heute hilft, mag morgen selbst Unterstützung brauchen. Niemand kann für sich allein leben" ist ein ungeschriebenes soziales Gesetz. Wer barmherzig ist, zu dem wird Barmherzigkeit zurückkehren. Wer Gutes tut, zu dem wird Güte zurückkehren. Wer wohltätig ist, dem wird es an nichts fehlen. Es ist leicht nachzuvollziehen, warum Jesus nicht aufhörte, Barmherzigkeit als ein geistiges Gesetz und Prinzip des Reiches Gottes zu betonen.

Rahma, „Barmherzigkeit" oder „Mitleid", ist interessant und faszinierend, weil es so viele einzigartige Bedeutungen besitzt: „Liebe", „Zuneigung", „Freund", „Güte" und „ein weiches Herz". Darüber hinaus bezieht es sich auf innere Organe wie

---

[4] Lev 19:18; Mt 22:39, LB

„Gebärmutter", „Hoden", „Blase", und der Plural *rahmeh* bedeutet „Eingeweide".

Sehr häufig hören wir den berühmten biblischen Satz: „Du sollst deinen Nächsten lieben *wie dich selbst.*"⁴ In Levitikus und im Matthäusevangelium steht in der aramäischen Peschitta das Verb *rham*, „lieben".

Die Aufforderung Mose, „seinen Nächsten zu lieben wie sich selbst", wird von Jesus bekräftigt und ist bar jeglicher Sentimentalität. *Rham* bedeutet „herzlich", „freundlich", „freundschaftlich" – jemandem „gut gesinnt sein". Das, was seine Religion schon Jahrhunderte vor seiner Zeit hervorgehoben hatte, wurde auch von Jesus immer wieder betont. Er bestätigte die höchsten Ideale, damit die Menschheitsfamilie Frieden und Versöhnung ausüben möge.

Barmherzige Liebe nährt und ermutigt die besten Kräfte im Menschen und schafft ein gesundes emotionales Umfeld. Doch beachten Sie den letzten Teil des Satzes: „Liebe deinen Nächsten wie dich selbst." Das Wort für „selbst" lautet *nafscha* und bedeutet auch „dein Leben", „Sein" oder „Seele". Mit anderen Worten: die barmherzige Fürsorge und Liebe, die ich für mein eigenes Selbst, meine Seele, besitze, ist die Basis für die Liebe und Barmherzigkeit, die ich meinem Nächsten entgegenbringen kann. Darum ist Barmherzigkeit sich selbst gegenüber von so großer Bedeutung.

Doch was ist Barmherzigkeit? Barmherzigkeit ist ein Zustand, in dem Güte herrscht und in dem der Mensch sich selbst gegenüber Wohlwollen und *Gnade* walten läßt. Dr. Rubin, ein bekannter Psychiater, schreibt:

> „Barmherzigkeit sind all jene Gedanken, Gefühle, Stimmungen, Einsichten und Handlungen, die dem Interesse des eigentlichen Selbst dienen. Sie schließen alle Funktionen ein, die das eigentliche Selbst schützen, erhalten und stärken. Sie schließen auch all jene Funktionen mit ein, die den Selbsthaß verringern oder beseitigen, eine größere Selbstannahme

zur Folge haben und zu einem stärkeren Selbstwertgefühl führen. Barmherzigkeit kommt dort zur Geltung, wo immer und wann immer das Bewußtsein Unterdrückung und Unbewußtheit beseitigt und die Wirklichkeit das Nichtwirkliche ersetzt. ... Der Stoff, aus dem die Menschheit gemacht ist, verlangt nach emotionaler Nahrung, und diese wird im Kampf um Barmherzigkeit uns selbst gegenüber geboren, gegen alle inneren und äußeren Kräfte, die uns etwas anderes diktieren wollen."[5]

Wenn jeder Mensch tiefe Barmherzigkeit für sich selbst empfindet, wird zweifellos barmherzige Liebe für andere verstärkt. Diese Barmherzigkeit kommt nicht einfach aus einer religiösen Regelung menschlichen Miteinanders, sondern aus einem lebensfähigen und eigenmotivierten Zustand des Wohlwollens und der Gnade, der einem selbst und auch anderen zugute kommt. Wir bestätigen den biblischen Anspruch, daß der Mensch ein „Bild Gottes ist und ihm ähnlich", wenn wir als Individuen *rahma*, Barmherzigkeit, entdecken, die durch natürliches Geburtsrecht unser eigen ist. Wahre Barmherzigkeit und Spiritualität sind nichts weiter als eines Menschen humanes Verhalten.

DER TOD UND DIE AUFERSTEHUNG JESU

Jesu Tod war der Schlüssel, die Tür zur Freiheit zu öffnen – nicht nur für die Apostel und Jesu unmittelbare Anhänger, sondern für die ganze Menschheit. Sein Tod überschritt alle physischen Begrenzungen und dehnte seinen geistigen Einfluß über die ganze Welt aus. Den Tod Jesu erklärte Dr. George M. Lamsa poetisch, bildhaft:

---

[5] Rubin, *Compassion and Self-Hate, An Alternative to Despair,* „Compassion in process," S. 139 f.

„Ein in der Sahara stehendes Glas Wasser enthält zwar alle Qualitäten von Wasser, ist aber isoliert. Über eine solch kleine Wassermenge können weder Schiffe fahren, noch können Fische in ihr leben und schwimmen. In dem Moment, in dem dieses Wasser verdunstet, wird es ein integraler Bestandteil allen Wassers in der Luft und im Meer. Ebenso verhält es sich mit dem physisch lebendigen, aber geistig isolierten Menschen, bis er mit anderen geistigen Kräften in Berührung kommt. So dachte Jesus über seinen Tod. Dieser war das Ende seiner physischen Existenz, doch ein umfassenderer Beginn seiner geistigen Persönlichkeit, die alle Schranken der Isolation überwinden und ihm für alle Zeiten die Nachfolge aufrechter Seelen in jedem Land und jedem Jahrhundert gewinnen sollte. Dies brachte ihn dazu, nach Jerusalem zu gehen. Sein Tod war die Erfüllung seines Schicksals."[6]

Neutestamentler verstehen die Textstellen des Evangeliums von Jesu Sieg über den Tod, seine Auferstehung vom Grab und seine Himmelfahrt gewöhnlich als Geschichten des Glaubens und als theologische Kompositionen. Andere Exegeten glauben, es handele sich dabei um Legenden, und wieder andere meinen, die Jünger hätten Visionen von ihrem auferstandenen Meister und Lehrer gehabt.

Auch der Einfluß, den Jesus auf seine Jünger hatte, als er noch unter ihnen war, muß berücksichtigt werden. Zweifellos ging sein Eindruck, den er auf sie gemacht hatte, tiefer, als ihnen bewußt war. Er war so machtvoll, daß er aus ihren Herzen und Seelen nicht getilgt werden konnte.

Jesu körperliche Gegenwart offenbarte nur zur Hälfte die absolute Bedeutung jener außerordentlichen, ethischen Ideale, die er verkörperte.

Menschliche Erfahrung lehrt, daß wir niemals die geistige Größe der Menschen, die wir mit unseren Augen sehen und mit

---

[6] Lamsa, *My Neighbor Jesus,* „On the Cross", S. 139

unseren Händen berühren, vollständig erfassen können, so lange sie unter uns sind. Was die physische Gegenwart nur teilweise zu erkennen gibt, wird erst durch ihre geistige Gegenwart nach ihrem Tod vollständig offenbart.

Der Verlust eines geliebten Menschen, der die höchsten Ideale verkörperte, stärkt und erleuchtet die Erinnerung. Er verleiht der Vorstellungskraft, die machtvollste Fähigkeit der Seele, freie und kräftigere Flügel. Wir dürfen sie uns freilich nicht als eine Fähigkeit vorstellen, Phantasiereisen oder Absurditäten auszudenken. Imagination ist die Kraft, die uns mit dem geistigen Genius der Menschheit zu verbinden vermag.

Die Antwort, wie die Auferstehung Jesu zu verstehen ist, können nur die Apostel und Jünger selbst geben. *Sie* waren es, die von diesem erstaunlichen Geschehen berichteten. Vor Jesu Tod erfaßten sie die Tiefe und Bedeutung seiner Sendung und Lehre nicht. Sie hatten von einem messianischen Königreich geträumt, in dem sie und ihr Herr die Völker regieren würden. Doch die Kreuzigung zerstörte all ihre Träume und politischen Ambitionen. Ihre zerbrochenen Hoffnungen und der schmerzvolle Verlust ihres Lehrers waren so groß, daß sie bald in ihre alten Berufe zurückkehrten. Dennoch begann der Tod Jesu im Bewußtsein seiner Jünger tiefgreifende geistige und emotionale Veränderungen herbeizuführen. Er begann, ihr Denken und ihre visionären Kräfte zu befreien und auszudehnen. Dieser vernichtende Verlust ließ sie schon bald in Visionen und Träumen Jesus als ihren auferstandenen Lehrer, als lebendige Gegenwart erleben. Sie waren nun in der Lage, ihre bisherige Denkweise zu überschreiten, Dinge geistig zu verstehen und ihren Herrn und Lehrer als verherrlichten Messias zu sehen. Er war bei ihnen und flößte ihnen Kraft und Mut ein. Dieser geistige Einfluß war so machtvoll und durchgreifend, daß die Jünger wußten, Jesus hatte den Tod überwunden. So tiefgreifend war ihre Erfahrung, daß sie bereit waren, Tod und Martyrium ins Auge zu blicken.

Das aramäische *kam leh* bedeutet: Er ist auferstanden. Er hat gesiegt. Er hat überwunden. Er hat sein Lebensziel erreicht. In jeder

Generation, in jedem Zeitalter gehört der auferstandene Messias-Christus in seiner geistigen Natur der Menschheitsfamilie an.

Ich glaube, daß der Mensch Jesus ein einfacher Mann war. Seine Quelle war Gott und seine Religion der Glaube Israels. Seine geistige Einsicht entzündet noch immer die Herzen und Seelen von Männern, Frauen und Kindern der ganzen Welt.

SCHLUSSBEMERKUNG

In diesem Buch haben wir viele Themen gestreift, und doch nur einen kleinen Widerschein jenes machtvollen Lichtes gesehen, das vom Aramäischen, der Sprache Jesu, ausgeht. In nachfolgenden Büchern werden wir durch nahöstliche Augen weitere wertvolle Schätze der Bibel enthüllen und uns mit den sieben Schlüsseln weitere Türen aufschließen. Bis dahin:

> *schlamay hubey dalaha awuun:*
> *le'alem almien amen.*

Friede und Liebe von Gott, unserem Vater,

für immer und ewig.

Amen

ANHANG

ZUSATZTEXTE

Abschnitte aus Rocco A. Erricos Buch „The Mysteries of Creation"[1]

DAS GEHEIMNIS

Bei meiner Vorlesungen über die Schöpfung wurde ich oft gefragt: „Wenn die Menschen nach Gottes Ebenbild erschaffen worden sind, warum neigen wir dann dazu zu versagen und hoffnungslos zu sein? Gewöhnlich antworte ich: „Die menschliche Natur ist ein Geheimnis. In unserer Essenz sind wir Geist und in unserem Ausdruck Mensch. Anders formuliert: Wir sind göttlich Mensch und menschlich Gott."

Als menschliche Wesen können wir uns in die höchsten Höhen emporschwingen und in die tiefsten Tiefen fallen. Wir wählen, ob wir unser Leben in Angst und Schrecken oder gelassen und ruhig leben wollen. Stark und sensibel werden wir geboren. Doch wir sind verletzbar. Wir besitzen die erstaunliche Fähigkeit, zu sein oder zu tun, was immer wir uns wünschen – aber auch die Fähigkeit zu irren. Es ist verhängnisvoll, dass Fehlbarkeit oft mit Versagen und Sünde gleichgesetzt wird. Fehlbarkeit bedeutet nicht, dass wir in unserer Essenz Versager sind. Auch ist es falsch, Fehlbarkeit mit Sünde gleichzusetzen.

Unser heutiges Denken hat zwei gegensätzliche Götter inthronisiert: den Gott des Erfolges und den Gott des Versagens. Diese Götter haben Gott und den Teufel verdrängt. Den Gott des Erfolges beten wir an und opfern ihm uns selbst, unsere Familie, unsere Energie und unsere Zeit, um den Klauen des furchtbaren Gottes des Versagens zu entfliehen.

---

[1] Siehe die Ankündigung der deutschsprachigen Ausgabe hinten im Buch.

In unserer Kultur stehen wir unter dem Druck, verdienstvolle und außerordentliche Ziele erreichen zu müssen, Gewinner zu sein, sich erfolgreich zu zeigen und zu leben. Für sogenannt fehlerhafte und fehlbare Geschöpfe ist anscheinend kein Platz. Fehler machen zu können bedeutet nicht, dass der Mensch an sich eine Fehlkonstruktion ist. Verletzlich zu sein, ist eine charakteristische Eigenschaft des Menschen. Sie lehrt uns Demut und gibt uns Gelegenheit, Mitgefühl, Verständnis und Liebe für uns selbst und andere wachsen zu lassen. Wenn Fehlbarkeit akzeptiert und nicht bekämpft wird, dann bahnt uns gerade diese Verletzlichkeit einen Weg des Mitgefühls, auf dem Furcht nicht länger unseren Verstand dominiert. Haben wir das verstanden, werden wir frei, frei Fehler zu machen, ohne uns schuldig zu fühlen, uns zu schämen oder uns zu verdammen.

Wenn wir uns aufrichtig als Gottes Ebenbild verstehen, lernen wir zu vergeben und uns aus der selbst auferlegten Unterdrückung zu befreien. Dann entdecken wir eine reiche, große innere Zufriedenheit. Wir erkennen, dass das Leben uns nichts aufzwingt, sondern uns voranbringt. Wir sind nicht länger Getriebene, sondern werden geführt.

Das uns innewohnende „Ebenbild" Gottes, unser Einssein mit Gott ist das Fundament des Seins. Dieses Ebenbild ist keine Garantie für Vollkommenheit. Es ist eher ein Zustand des Miteinanders, in dem wir unseren Schöpfer erkennen. Er wird zum fruchtbaren Boden, auf dem jedes einzelne Herz und jeder Geist gedeiht und in dem er erhalten wird. Im folgenden Lied beschreibt der Psalmist treffend und poetisch, was Menschsein bedeutet:

> Was ist ein Mensch,
> dass Du seiner gedenkst?
> Und jeder Einzelne
> dass Du ihn umsorgt hast?
> Du hast ihn ein wenig geringer gestellt als die Engel
> und hast ihn mit Pracht
> und mit Herrlichkeit gekleidet.

Du hast ihm Macht gegeben
über das Werk Deiner Hände.
Du hast ihm alles unter die Füße gelegt:
alle Schafe und Ochsen,
die Raubtiere und das Wild
und die Vögel des Himmels
und die Fische im Meer und alles,
was auf den Pfaden des Meeres dahinzieht ...

Psalm 8:4–8, Aramäischer Peschitta-Text, Errico

DER PLURAL DER ERMUNTERUNG

„Lasst uns" ist kein Pluralis Majestatis. Es ist der „Plural der Beratung, der Erwägung". Umberto Cassuto nennt ihn den „Plural der Ermunterung". Er sagt: „Wenn jemand sich selbst ermuntert, eine ihm gestellte Aufgabe zu erfüllen, dann benutzt er den Plural: ,Lasst uns gehen', ,wir wollen uns erheben', ,lasst uns Platz nehmen' und ähnliches mehr.[2] Diese Redeweise nennt man Selbst-Ermunterung.

In 2. Samuel 24:14 finden wir ein gutes Beispiel. „Lasst uns in die Hand des HERRN fallen ... ich will nicht in die Hand des Menschen fallen." Der Kohortativ[3] beginnt im Plural und endet im Singular.

Ein anderes Beispiel finden wir in Gen. 11:7–8. Gott spricht: „Lasst uns hinabsteigen ... und so zerstreute sie *Jahweh*."

Genesis 1 berichtet, dass die Schöpfung eindeutig ein göttlicher Beschluss war. Göttliche Entscheidung ist im Nahen Osten ein bekanntes und gebräuchliches Schöpfungsmotiv.

Der biblische Autor verwendet also ein Motiv, das im Nahen Osten allgemein bekannt war.

---

[2] Umberto Cassuto, *A Commentary on the Book of Genesis: Part One, From Adam to Noah*, pp. 55–56

[3] Lat. Konjunktiv der Aufforderung (Anm. d. Übers.)

EL SCHADDAI

El Schaddai war ein den Patriarchen bekannter Beiname Gottes und ein Eigenschaftsname *Jahwes*. Es wurde mit „Der Allmächtige" oder „Der Genügende" übersetzt. Bis zum heutigen Tag gibt es keine übereinstimmende Überlieferung der ursprünglichen Bedeutung dieses Gottesnamens, und kein Hebraist kann mit Sicherheit eine bestimmte Bedeutung belegen. Auch für die Übersetzung „Gott der Allmächtige" fehlt jeder Beweis und jede Rechtfertigung. Im Aramäischen bedeutet *schaddai* „Der Starke". Die traditionelle englische Übersetzung „almighty" ist eine Übertragung des lateinischen „omnipotent" der Vulgata, aus der die King-James-Bibel übersetzt wurde.

Einige Hebraisten leiten *el shaddai* vom akkadischen *schadu* (Berg) ab, „der Eine des Berges", ein königlicher und göttlicher Titel, andere vom hebräischen *schadad* (mächtig sein), „der Allmächtige", wieder andere vermuten, es bedeute „der Vielbrüstige", auch „der Erhalter".

In dem Essay „Der Gott mit den Brüsten: *el schaddai*" schreibt Professor David Biale: „Fruchtbarkeitsvorstellungen sind mit der Vorstellung eines androgynen Gottes verbunden, ... [sie beinhalten] die Möglichkeit, dass Gott die ganze menschliche Konstitution widerspiegelt – und nicht nur seinen maskulinen Aspekt – [was] für einige biblische Autoren eine Tatsache war."

WO SIND WIR ?

Haben Sie sich jemals gefragt: „Wo sind wir?" Wo wir sind ist ein großes Rätsel.

Wir wissen, dass wir auf einem Planeten leben, den wir Erde nennen, der zur Galaxie Milchstraße gehört, die irgendwo im weiten Universum von Galaxien liegt. Astronomen und Astrophysiker erforschten, dass sich das Universum weiter ausdehnt und dass Raum gekrümmt ist. Das Problem ist nur, dass wir das Ausmaß bevölkerten Raums nicht messen können, weil es in der ungeheuren Ausdehnung des Universums von Galaxien weder einen Anfangs- noch einen Endpunkt gibt.

Wir fühlen, wo wir sind, weil wir der Gegend oder dem Ort, an dem wir leben, einen Namen gegeben haben. Parameter zu setzen, läßt uns uns wohlfühlen. Aber einem Ort einen Namen zu geben und Grenzen festzulegen, sagt nichts darüber aus, wo wir sind.

Ein Beispiel: Überqueren wir die Grenze von Kalifornien nach Arizona, weiß das Land nicht, dass es geteilt und umbenannt worden ist. Orte und Dinge zu benennen, ist angenehm und notwendig. Sie erleichtern uns die Kommunikation. Die Realität aber ist: Orte und Dinge sind namenlos. Um den Philosophen Max Müller zu zitieren: „Dinge sind Gedachtes" (Engl.: Things are Thinks).

Es gibt natürlich auch Menschen, die sich der Antwort auf die Frage: „Wo sind wir?" philosophisch und religiös nähern. Wenn ich einen Vortrag über die Schöpfung halte, bitte ich häufig meine Zuhörer, mir diese Frage zu beantworten. Die Zuhörer sind meist schnell bereit, mir mit erlernten philosophischen oder religiösen Sätzen zu antworten wie: „Wir sind hier." „Wir sind in Gott." „Wir sind jetzt.." Diese Antworten ziehen natürlich weitere Fragen nach sich. „Wo ist hier?" „Wo in Gott?" „Wer oder was ist Gott?" „Wo und was ist das Jetzt?"

Alle Antworten, ganz gleich wie einleuchtend sie für das rationale Denken auch sein mögen, sind bei näherer Betrachtung nur Ablenkungsmanöver. Sie bieten uns keine uns wirklich befriedigende Klärung, denn diese Art von Fragen verlangen zu ihrer Lösung unser ganzes Sein und unseren ganzen Einsatz.

Wir können keine ehrliche und aufrichtige Antwort auf die Frage: „Wo sind wir?" geben.

So unglaublich uns das auch erscheinen mag, so müssen wir doch der Tatsache ins Auge blicken, dass wir verloren sind! Zweifellos ist es für uns demütigend, festzustellen, dass wir nicht wissen, wo wir sind. Es ist nicht nur unvorstellbar, sich darüber Gedanken zu machen, es ist geradezu erdrückend, sich vorzustellen, wie unsere Existenz überhaupt möglich ist! Mit anderen Worten: Unsere menschliche Existenz ist ein Rätsel!

Sobald wir dies zutiefst realisiert haben, ist dies der Beginn von Weisheit und das Ende von Arroganz. Wir haben die kindliche Fähigkeit wiedererlangt zu staunen, neugierig zu sein, einfühlsam und aufgeschlossen mit uns selbst und allem, was uns umgibt, umzugehen.

Wir leben in einem unermesslich weiten, sich ausdehnenden, geheimnisvollen Universum, von dem wir trotz zunehmender Erkenntnisse in den Naturwissenschaften, der Metaphysik, der Theologie und Anthropologie so wenig wissen. Der Zustand unserer Existenz ist ein großes Geheimnis. Sogar unsere physische Form ist für uns ein großes Wunder und Geheimnis.

Und das Erstaunlichste ist, auch unser Leben ist ein Mysterium.

GLOSSAR

Akkadisch, ostsemitische Sprache. Unterscheidet sich vom Babylonischen und Assyrischen wie ein Dialekt vom andern. Als Umgangssprache wurde es im 1. Jh. v. Chr. vom Aramäischen abgelöst. Zur akkadischen Literatur gehört das „Gilgamesch-Epos".

Aramäer, Nachkommen Arams, eines Sohnes Sems und Enkels von Noah. Siehe auch „Semiten".

Gehenna ist von dem Namen des berüchtigten Tals Gei Hinnom südwestlich von Jerusalem abgeleitet. Im 8. Jh. v. Chr. wurde dort dem assyrischen Gott Moloch geopfert (auch Menschenopfer). König Joschija ließ deshalb bei seiner Kulturreform (632–621 v. Chr.) das Tal durch Gebeinverbrennung verunreinigen. Das Tal wurde nun zu einem Müllplatz, wo ein nie verlöschendes Feuer den Abfall Jerusalems verbrannte. Unter dem Namen *Gehenna* wurde es zum Symbol des Ortes, an dem Verdammte bestraft wurden, und zum Synonym für „Hölle". *Gehenna* wörtlich übersetzt deutet zur Zeit Jesu „Bedauern, Reue, gedankliche Qualen, mentales Leiden" an.

Hebräer wird als Name für die Israeliten zunächst überwiegend von Außenstehenden und gegenüber Außenstehenden gebraucht. Die Bedeutung ist nicht gesichert. Im AT begegnet man dem Begriff „Hebräer" zunächst als Bezeichnung für Fremdarbeiter allgemein, für die Sklaven in Ägypten, dann für einen bestimmten Teil der Bevölkerung, der außerhalb der kanaanitischen Städte lebte. In nachexilischer Zeit wird „Hebräer" zum Ehrennamen und zur jüdischen Selbstbezeichnung. – Nach der „Völkertafel" in Gen 10 ist „Hebräer" von „Eber", einem Enkel Sems, abgeleitet. Die Hebräer sind seine Nachfahren.

Hebräische Bibel, Bezeichnung für das Alte Testament

Kenomaye, aramäisch für „Substanz" oder „Attribut".

„Auf nahöstliche Weise erklärt, stelle man sich die Sonne mit drei Eigenschaften vor, nämlich Farbe, Licht und Hitze. Drei Eigenschaften und doch gibt es nur eine Sonne. ... Die Nestorianer glauben, daß Christus Gott ist und daß der Heilige Geist Gott ist, aber sie glauben nicht an drei verschiedene Wesenheiten oder Personen.
Das Leiden Jesu wird an folgendem Beispiel verdeutlicht: Man kann ein Stück Eisen zum Glühen bringen und es in eine bestimmte Form hämmern, so lange es heiß ist. Doch man hämmert immer nur das Eisen, nicht die Hitze. Das nestorianische Konzept ist also, daß Jesus, der Mensch, menschlichem Leiden ausgesetzt, der Geist Gottes aber weder menschlichem Leiden noch dem Tod ausgesetzt war."
Aus: Der Koran in Kürze von George M. Lamsa, Verlag Hans-Jürgen Maurer 2001, S. 29

Nasiräer, Männer und Frauen, die sich sowohl im AT als auch im NT für eine bestimmte Zeit oder auch lebenslänglich mit einem Askese-Gelübde Gott weihten und während dieser Zeit nur für Gott lebten. Auch Eltern konnten ihr Kind dem Nasiräat geloben; z. B. Simsons Mutter für Simson (Ri 13:5); Zacharias für Johannes, den späteren Täufer (Lk 1:5). Zum Nasiräergelübde (Num 6:3–12) gehörte Enthaltsamkeit von allem, was vom Weinstock stammte. Kein Schermesser durfte das Haupthaar schneiden. Das Ende der Gelübdezeit wurde durch das Scheren des Haares angezeigt, das zusammen mit einem Dankopfer im Tempel verbrannt wurde.

Peschitta, aramäisch für „einfach", „wahr", „ernsthaft", „gerade" bedeutet: das Orginal. Die Peschitta ist ein Kanon von Büchern des AT und NT. Sie erhielt diesen Namen, um sie von anderen Überarbeitungen oder Übersetzungen zu unterscheiden, die nach der Spaltung auf dem Konzil von Edessa 431 und Chalcedon 451 n. Chr. in Umlauf kamen. Bis zu diesem Zeitpunkt war sie als autorisierte, allgemein anerkannte Bibel in Gebrauch. Der östliche Peschitta-Text ist der *aramäische Urtext* sowohl des ATs als auch des NTs und *keine* Rückübersetzung aus dem Griechischen ins Aramäische, was die Wissenschaft bisher angenommen hat. In deutschen Nachschlagewerken wird vermutet, daß im 5. Jh. wahrscheinlich der Bischof von Edessa eine solche Rückübersetzung ins Aramäische vorgenommen hat. Der assyrische Theologe Dr. George Lamsa hat das überzeugend widerlegt.
Die ältesten noch erhaltenen und in Estrangela-Schrift abgefaßten Peschitta-Manuskripte werden auf das 5. Jh. n. Chr. datiert. Damit haben sie das gleiche Alter wie die ältesten noch erhaltenen griechischen Manuskripte. Von diesen unterscheidet sich die Peschitta dadurch, daß sie eine in sich vollkommen geschlossene Repräsentantin nahöstlicher Sitten und Bräuche, Denkens und Fühlens ist und kein einziges Fremdwort enthält. Der arabischsprachige libanesisch-amerikanische Theologe Rihbany, auf den sich Dr. Errico immer wieder bezieht, schreibt in seinem Buch *Jesus aus dem Nahen Osten* (siehe Bibliografie): „Ich meine, einen Brief von zu Hause zu lesen, sooft ich die Bibel öffne."
Eine weitere einzigartige Besonderheit der Peschitta ist, daß die verschiedenen von ihr noch existierenden und aus verschiedenen Jahrhunderten stammenden Handschriften der gleichen Bibelbücher völlig miteinander übereinstimmen. Auch dies trifft für die griechischen Manuskripte nicht zu.
Der Peschitta-Text ist noch heute die autorisierte Bibel der Christen vom Nahen Osten bis Indien, obwohl alle, die sie benutzen, Arabisch oder einen südindischen Dialekt sprechen. Die Peschitta-Bibel wird auch von den Katholiken des Nahen Ostens und von Muslimen anerkannt und verehrt.
Die Peschitta darf nicht mit dem Peschitto-Text verwechselt werden, der in Serto verfaßt ist und bereits sehr früh unter europäischem Einfluß textlich verändert wurde.

In zwanzigjähriger Arbeit übertrug Dr. George M. Lamsa den östlichen Peschitta-Text der Bibel ins Englische (veröffentlicht 1957). Eine ausführlichere Abhandlung über die Peschitta findet sich in der Einführung zu Dr. Lamsas Bibelübersetzung und in seinem Buch *Ursprung des Neuen Testaments* (beide siehe Bibliographie).

Pseudepigraphen, Bücher mit Pseudotiteln oder Pseudoautoren, auch „Apokryphen" genannt. Eine Sammlung nachbiblischer Schriften aus dem Zeitraum 300 v. Chr. bis 200 n. Chr., die von Juden verfaßt und gesammelt wurden. Die Pseudepigraphen sind eine grundlegende Lektüre für das Verständnis des frühen Judentums und das Studium der Ursprünge des Christentums, da bedeutsame soziale Veränderungen, kulturelle Vorstellungen, zum Beispiel über die Stellung der Frau, klar aus diesen nachbiblischen Schriften hervorgehen.

Scheol, Nach dem alten hebr. Glauben ist *scheol* für die Verstorbenen ein Ort der Ruhe und Bewegungslosigkeit, wo der Lebenssatte ausruht, der Verzweifelte Ruhe findet, die große Sippe zusammen ist, aber alle nur Schatten sind. Dort warten sie auf den Tag des Gerichtes. Obwohl Jahwe Herr über *scheol* ist, hat er keine Gerichtsbarkeit über die Verstorbenen. Das Wort *scheol* erscheint in der Bibel an 65 Stellen.

Semiten, übliche, aber verfälschende Bezeichnung für Angehörige des orientaliden Menschentypus. Sie sind eine Gruppe von Völkern mit untereinander verwandten semitischen Sprachen. „Semiten" ist abgeleitet von dem Namen Sem (eigentlich Schem), einem Sohn Noahs. Sem gilt als Stammvater aller Semiten, der Akkadier, Aramäer, Assyrer, Chaldäer, Hebräer und der Araber.

Tanach, in der jüdischen Theologie das Alte Testament bezeichnende Kunstwort (TNK) aus den Buchstaben T (für Tora, das Gesetz, oder aramäisch: die Lehren), N (für Nevim, die Propheten und K (für Ketuvim, die Schriften).

Tora, die fünf Bücher Mose. Herkömmlich mit „Gesetz" übersetzt, ist ihre Bedeutung jedoch weit umfassender: „Lehre", „Anleitung". Vor der christlichen Ära wurde das hebräische *tora* ins griechische *nomos*, „Gesetz", übersetzt. Aramäisch Sprechende bevorzugten es, *tora* mit *oraytha*, „Lehre", „Erleuchtung" zu übersetzen, wahrscheinlich um die Schwierigkeiten zu vermeiden, die das Wort „Gesetz" beinhaltet.

BIBLIOGRAPHIE

Aviezer, Nathan, *In the Beginning: Biblical Creation and Science*. Hoboken, N.J., KTAV Pub. House, Inc. 1990

Berry, George Ricker, *The Interlinear Literal Translation of the Hebrew Old Testament: Genesis and Exodus*, Chicago, Follett Pub. Co. 1959

Brown, Raymond, *The Gospel According to John I–XII, A New Translation with Introduction and Commentary,* Garden City, New York, Doubleday 1966

Black, Matthew, *Aramaic Approach to the Gospels and Acts*, Oxford, Clarendon Press, 1946, 2nd ed. 1954, 3rd ed. 1967

Burkert, Walter *The Orientalizing Revolution: Near Eastern Influence on Greek Culture in the Early Archaic Age*, Cambridge, Harvard Univ. Press 1992

Burkitt, F. Crawford, *Early Eastern Christianity*, St. Margaret's Lectures 1904, "The Syriac-Speaking Church", New York, E. P. Dutton Co. 1904

Burney, C. F. *The Aramaic Origin of the Fourth Gospel*, London, Oxford University Press 1922

Burton, Richard F., *Thousand Nights and A Night*, Vol. 10, "Terminal Essay", London, Burton Club for Private Members Only 1886

Cassuto, Umberto, *A Commentary on the Book of Genesis, Part One: From Adam to Noah*, Translated by Israel Abrahams, Jerusalem, Magnes Press 1989

Cassuto, Umberto, *Biblical & Oriental Studies: Vol 1: Bible*, Jerusalem, Magnes Press 1973

Cohen, A., Soncino Books of the Bible, *Isaiah*, Commentary by Dr. Israel W. Sloti, London, Novello & Co. 1972

Durant, Will, *Our Oriental Heritage*, New York, Simon and Schuster 1954

Errico, Rocco A., *Das aramäische Vaterunser: Jesu ursprüngliche Botschaft entschlüsselt,* Freiburg 2006, Verlag Hans-Jürgen Maurer, ISBN 978-3-929345-16-2

Errico, Rocco A., *The Message of Matthew: An annotated Parallel Aramaic-English Gospel of Matthew*, Irvine, Calif., Noohra Foundation 1991, ISBN 978-0-9631292-0-8

Errico, Rocco A., *The Mysteries of Creation: The Genesis Story*, Irvine, Calif., Noohra Foundation 1993, ISBN 978-0-9631292-3-9

Errico, Rocco A. und Lamsa, George M., *Aramaic Light on the Gospel of Matthew*, Santa Fe, New Mexico 2000, ISBN 978-0-9631292-6-0

Errico, Rocco A. und Lamsa, George M., *Aramaic Light on the Gospel of John*, Smyrna, Georgia 2002, ISBN 978-0-9631292-8-4

Errico, Rocco A. und Lamsa, George M., *Aramaic Light on James through Revelation*, Smyrna, Georgia, 2006, ISBN 978-0-9760080-2-6

Fitzmyer, Joseph A., *A Wandering Aramean: A Collection of Aramaic Essays*, Chico, Calif., Scholar Press 1979

Gibson, Margaret Dunlop, *The Commentaries of Ishodad of Merv*, London, Cambridge University Press 1911

Halpern, Baruch and Levenson, Jon, Editors, *Traditions in Transformation: Turning Points in Biblical Faith*, Winona Lake Inc., Eisenbrauns 1981

Heschel, Abraham J., *The Prophets*: The Jewish Publication Society of America, New York, Harper & Row 1962

Hitti, Philip K., *The Near East in History*, New York, D. Van Nostrand 1960

Hitti, Philip K., *History of the Arabs*, London, Macmillan and Co. 1937

Hitti, Philip K., *Syria: A Short History*, New York, The Macmillan Co. 1959

Lamsa, George M., *The Holy Bible from Ancient Eastern Manuscripts*, Philadelphia, A. J. Holman Co. 1939 und Harper San Francisco, ISBN 978-0-06-064923-4

Lamsa, George M., *Old Testament Light*, Englewood Cliffs, N.J., Prentice-Hall Inc. 1964

Lamsa, George M., *Gospel Light*, Philadelphia, A. J. Holman Co. 1939; Deutsche Ausgabe: *Die Evangelien in aramäischer Sicht*, Neuer Johannes Verlag, Lugano 1995, ISBN 978-3-907119-03-7

Lamsa, George M., *New Testament Commentary*, Philadelphia, A. J. Holman Co. 1945

Lamsa, George M., *My Neighbor Jesus*, Aramaic Bible Society, 1932

Lamsa, George M., *More Light on the Gospel*, Garden City, N.Y., Doubleday and Co. 1968

Lamsa, George M., *The Book of Psalms, According to the Eastern Version*, Philadelphia, A. J. Holman Co. 1939

Lamsa, George M., *Key to Original Gospels*, Philadelphia, The John C. Winston Co. 1931

Lamsa, George M., *New Testament Origin*, Chicago, Ziff Davis Pub. Co. 1947; Deutsche Ausgabe: *Ursprung des Neuen Testaments*, Neuer Johannes Verlag, Lugano 1988, ISBN 978-3-907119-04-4

Lamsa, George M., *Idioms in the Bible Explained*, San Francisco, CA, Harper & Row 1985, ISBN 978-0-06-064927-2

Lamsa, George M. and Emhardt, W.C., *The Oldest Christian People*, New York, Macmillan Co. 1926

Marxsen, Willi, *The Resurrection of Jesus of Nazareth*, Philadelphia, Fortress Press 1970

Marxsen, Willi, *Jesus and Easter: Did God Raise the Historical Jesus from the Dead?*, Nashville, Abingdon Press 1990

Mingana, D. Alphonsi, *Narsai*, in two volumes in Aramaic, Mosul, Irak, Goormachtigh 1905

Naville, Edoward, *Archaeology of the Old Testament: Was the Old Testament Written in Hebrew?*, London, Roxburghe House 1913

Neusner, J., Levine, Baruch A., and Frerichs, Ernest S., *Judaic Perspectives on Ancient Israel*, Philadelphia, Fortress Press 1987

O'Disho, *Marganitha*, Kerala, India, Mar Themotheus Memorial Printing 1965

Orlinsky, Harry M., *Understanding the Bible through History and Archaeology*, New York, Jewish Publication Society, KTAV Publishers 1972

Plaut, W. Gunther, *The Torah: Genesis*, New York, Union of American Hebrew Congregations 1974

Price, Ira Maurice, *The Ancestry of Our English Bible: An Account of Manuscripts, Texts, and Versions of the Bible*, New York, Harper and Brothers 1956

Rihbany, Abraham M., *Jesus aus dem Nahen Osten*, Freiburg 2003, Verlag Hans-Jürgen Maurer, ISBN 978-3-929345-17-9

Rihbany, Abraham M., *The Hidden Treasure of Rasmola*, Boston, Houghton Mifflin Co. 1914

Radday, Yehuda T. and Brenner, Athalya, *On Humour and the Comic in the Hebrew Bible*, Sheffield, England, Almond Press 1990

Roth, Cecil and Wigoder, Geoffrey, Editors in Chief, *The New Standard Jewish Encyclopedia*, Garden City, N.Y., Doubleday and Co. 1970

Rubin, Theodore Isaac, *Compassion and Self-Hate: An Alternative to Despair*, New York, David Mckay Co. 1975

Sarna, Nahum M., *Genesis: The JPS Torah Commentary*, New York Jewish Publication Society 1989

Silver, Daniel Jeremy, *A History of Judaism*, vol. 1, New York, Basic Books, Inc. 1974

Stewart, John, *Nestorian Missionary Enterprise: A Church on Fire*, Edinburgh, T. & T. Clark 1928

Tarshish, Allan, *Not By Power: The Story of the Growth of Judaism*, New York, Bookman Associates 1960

Torrey, Charles Cutler, *The Four Gospels, A New Translation*, New York, Harper and Brothers 1947

Westermann, Claus, *Biblischer Kommentar: Genesis 1–11,* Neukirchener Verlag des Erziehungswesens GmbH , Neukirchen-Vluyn 1973, ISBN 3-7876-0028-9

Wight, Fred H., *Manners and Customs of Bible Lands*, Chicago, Moody Press 1953

Wigram, W. A., *The Assyrians and Their Neighbors*, London, B. Bell & Co. 1929

Williams, James G., *The Bible, violence and the sacred: liberation from the myth of sanctioned violence*, Valley Forge, Pa., Trinity Press International 1995

Würthwein, Ernst, *The Text of the Old Testament*, Grand Rapids, Wm. B. Eerdmans Publishing Co., 1979. Deutsche Originalfassung: *Der Text des Alten Testaments,* Württ. Bibelanstalt, Stuttgart 1952

Zeitlin, Irving M., *Ancient Judaism*, Oxford, Polity Press, Basil Blackwell 1984

Zeitlin, Irving M., *Jesus and the Judaism of His Time*, Oxford, Polity Press, Basil Blackwell 1988

Bibeltexte und Manuskripte

Biblia Hebraica Stuttgartensia, Stuttgart 1983

The New Testament, Peshitta Text, Classical Eastern (Assyrian-Chaldean) Aramaic script. Mosul, Baghdad 1950

Genesis Through Malachi, Aramaic-Peshitta text, London, The Whitefriars Press Ltd. 1954

Über den Autor

Dr. Rocco A. Errico ist einer der bedeutendsten Aramäisch-Gelehrten unserer Zeit. Sein Spezialgebiet ist die Auslegung der Bibel vor dem Hintergrund der semitischen Kultur und aramäischen Sprache. In über 40 Jahren Forschung wurde er zum Experten für Brauchtum, Sprichwörter und Redensarten, für Symbolik, Psychologie und Philosophie der semitischen Völker.

Dr. Rocco Errico ist Gründer und Präsident der *Noohra Foundation*, USA (Noohra, vom aramäischen Wort für „Licht": *nuchra*). Die *Noohra Foundation* ist eine gemeinnützige, nicht-konfessionelle, spirituelle Bildungsorganisation für aramäische Bibelstudien, aramäische Forschung und daraus resultierende Veröffentlichungen.

Schon als Kind fühlte Rocco Errico seine Berufung zum Geistlichen. Bereits als Sechzehnjähriger begann er zu predigen. Nach seiner Ordination führte er 34 Jahre lang eigene Gemeinden.

Als er Anfang der 1960er-Jahre Dr. George M. Lamsa, den weltberühmten assyrischen Bibelübersetzer kennenlernte, war das für ihn mehr als eine glückliche Fügung. 1964 wurde er sein Schüler und studierte zehn Jahre lang intensiv bei ihm die aramäische Sprache, die nahöstliche Kultur und den nahöstlichen Zugang zur Bibel.

Dr. Lamsa wurde Ende des 19. Jahrhunderts in den Bergen des heutigen Nord-Iraks in ein christliches Nomadenvolk geboren, das sich noch die Sitten, Bräuche und das galiläische Aramäisch der Zeit Jesu bewahrt hatte. In zwanzigjähriger Arbeit übersetzte er aus aramäischen Manuskripten die Heilige Schrift ins Englische (1957) und erhielt dafür weltweit Anerkennung.

Rocco Errico trägt mehrere Doktortitel in Theologie und Philosophie. Das amerikanische Bistum der Kirche des Ostens verlieh ihm den Ehrentitel „Erster Exeget" (*Malpana d'miltha d'lahu*).

Rocco Errico spricht fließend Spanisch und übersetzte drei seiner Bücher ins Spanische.

Heute lehrt Dr. Rocco Errico an Schulen für Geistliche der verschiedensten Konfessionen. Er schreibt regelmäßig Artikel für religiöse Zeitschriften und war als Redakteur und Journalist für die Zeitschrift *Light for All* tätig. Durch zahlreiche Vorträge, öffentliche Seminare, Radio- und Fernsehauftritte ist er in ganz Amerika bekannt. Seine Vortragsreisen führten ihn auch nach England, Irland und Deutschland.

Rocco Errico lebt in Atlanta/Georgia, USA. Er hat drei erwachsene Kinder. Wenn er keine Vortragsreisen unternimmt, schreibt er Bücher und bildet Geistliche aus. Zur Zeit liegen neun Bücher von ihm vor, darunter auch eine moderne Aramäisch-Grammatik. Weitere Übersetzungen von Dr. Rocco Erricos Büchern werden im Verlag Hans-Jürgen Maurer folgen.

Weitere Informationen auf

www.verlaghjmaurer.de

und auf

www.noohra.com

Rocco A. Errico

Das aramäische Vaterunser

Buch:
ISBN 978-3-929345-16-2
132 Seiten, Paperback, 12,90 Euro

Hörbuch-CD:
ISBN 978-3-929345-26-1
Deutsch und Englisch. 50 Minuten, 16,90 Euro

Rocco A. Errico
Die Mysterien der Schöpfung

ISBN 978-3-929345-62-9
162 Seiten, Paperback, 16,90 Euro

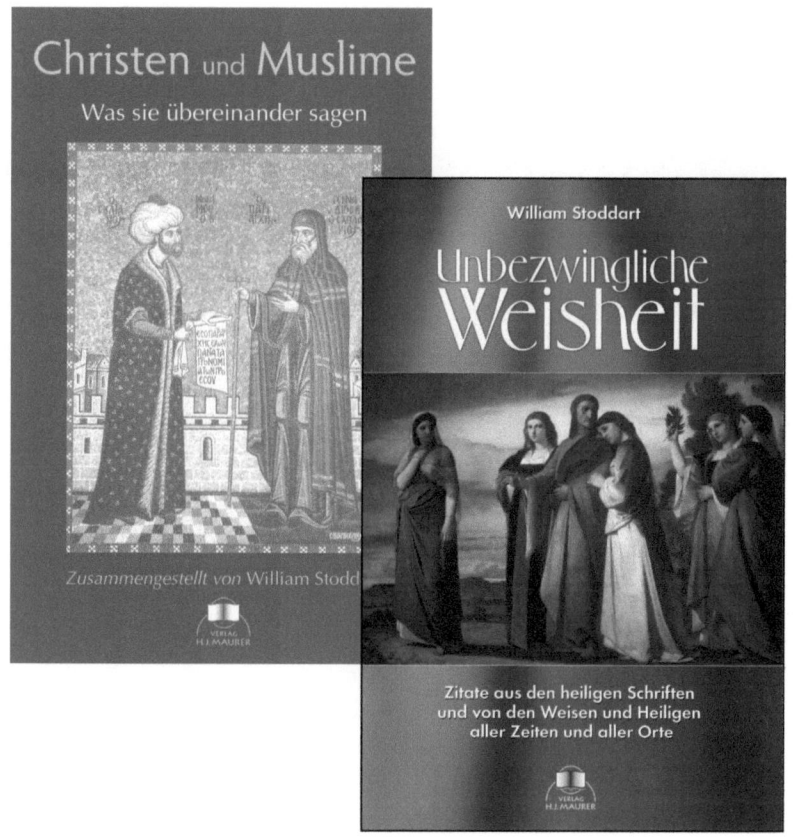

Asahel Grant
Die Nestorianer
204 Seiten, Paperback, 18,90 Euro
ISBN 978-3-929345-15-5

Im November 1835, also knapp 60 Jahre vor George M. Lamsas Geburt, errichteten amerikanische Missionare in Urmiah im Nordwesten des Iran eine protestantische Mission. Sechs Jahre später veröffentlichte der dort arbeitende Arzt Asahel Grant (1807–1844) diese erste westliche Monographie über die assyrische Bevölkerung, der auch George M. Lamsa (1892–1974) entstammte. Dieses Buch war zu seiner Zeit ein internationaler Bestseller.

Grant gibt in ihm einen einzigartigen Augenzeugenbericht über ein Land, in dem Christen viele Jahrhunderte lang völlig unbeeinflusst von der westlichen Zivilisation ihr galiläisches Aramäisch und ihre uralten Sitten und Bräuche bewahren konnten.

Weitere Informationen auf www.verlaghjmaurer.de